冯梦龙与江南文化研究系列丛书

冯梦龙与江南文化

苏州市冯梦龙研究会 编

苏州大学出版社
Soochow University Press

2020年7月,苏州市冯梦龙研究会第三届会员大会暨三届一次理事会议会员合影

2020年7月,苏州市冯梦龙研究会第三届会员大会暨三届一次理事会议现场

2021年1月,苏州市冯梦龙研究会召开第三届理事会第二次会议

编委会名单

总 策 划：屈玲妮　顾建宏
学术顾问：马汉民
顾　　问：夏赵云　周晓军
编委会主任：陶建平
主　　编：陈来生
编　　委：(排名不分先后)
　　　　　　查全福　邓维华　马亚中　徐国源
　　　　　　冯冰瑶　张新如　毛海荣　赵维康

目录

向 450 岁冯梦龙的致敬（代序） 黄　靖 / 001

传承冯梦龙政德品质　展现新时代干部担当 沈志栋 / 001

新时代冯梦龙廉政文化的发展 夏赵云 / 006

要把冯梦龙文化打造成江南文化新高地、文化旅游新亮点
　　——纪念冯梦龙诞生 450 周年和赴闽任职 390 周年
　　　　　　　　　　　　　　　　顾建宏　陶建平 / 013

冯梦龙与江南廉政文化
　　——苏州市冯梦龙研究会 2021 年研究课题
　　　　　　　　　苏州市冯梦龙研究会课题组 / 041

冯梦龙与江南乡村振兴
　　——苏州市冯梦龙研究会 2022 年研究课题
　　　　　　　　　苏州市冯梦龙研究会课题组 / 070

江南的冯梦龙·冯梦龙的江南文化
　　——苏州市冯梦龙研究会 2023 年研究课题
　　　　　　　　　苏州市冯梦龙研究会课题组 / 089

文坛的参天大树　廉政的不朽楷模
　　——一个"冯粉"向大师的礼敬 马汉民 / 129

解读冯梦龙大运河文学　传承冯梦龙大运河文化　　　陈来生 / 134

试说冯梦龙作品中的大运河和漕运　　　马亚中 / 150

冯梦龙文学与大运河　　　陶建平 / 180

弘扬冯梦龙民本思想　为乡村振兴提供路径和思想保障

　　　乐建新 / 184

论李贽思想对冯梦龙人生之影响　　　何晓畅 / 195

从"第二个结合"看当代"人民至上"思想对
冯梦龙"一念为民"思想的继承与发展　　　卢彩娱 / 200

浅谈冯梦龙治理文化的传承与发展　　　郑万江 / 207

文学巨擘　廉政楷模
　　——纪念冯梦龙诞生450周年　　　许金龙 / 216

冯梦龙与白蛇文化　　　李德柱 / 223

光阴的故事
　　——大运河与冯梦龙文化　　　顾雪珺 / 226

向 450 岁冯梦龙的致敬（代序）

黄 靖

今年是冯梦龙诞生 450 周年和赴闽任寿宁知县 390 周年。呈现在大家面前的"冯梦龙与江南文化研究系列丛书"（包括《冯梦龙与江南文化》《山歌唱响新时代》两册）既是数年来苏州市冯梦龙研究会的成果总汇，也是向 450 岁的冯梦龙献礼。

冯梦龙（1574—1646）是明代杰出的文学家、思想家、戏曲家。习近平总书记多年来曾在不同场合肯定冯梦龙的作品和德政，多次引用他的名言警句。冯梦龙以其对小说、戏曲、民歌、笑话等通俗文学的创作、搜集、整理、编辑，为后世留下了三千万言的文化"富矿"，为中国文化作出了独特的贡献。苏州作为冯梦龙的故乡及其文化遗产的孕育地和发祥地，自当充分保护、挖掘和利用好这一珍贵而独特的历史文化。苏州市冯梦龙研究会紧紧围绕"以江南文化润扬两个文明，以传统经典助力乡村振兴"这条主线，通过冯梦龙的经历和作品，以及社会背景所涉及的相关内容，提炼出能够古为今用的一些现象和规律，用作现代社会经济发展的指导和参照，并凝练成了《冯梦龙与江南文化》一书。在大力弘扬传统文化、助推社会经济发展的当下，这是非常有价值和意义的。

一、我们为何要致敬冯梦龙

冯梦龙生活的晚明时期，西方正经历文艺复兴运动。无独有偶，中国也出现了一场具有资本主义萌芽性质的思想解放和"文艺复兴"运动，涌现出不少进步的思想家、文学家和艺术家，尤其是王阳明、李贽、汤显祖等人以惊世骇俗的思想、振聋发聩的见解、创新卓绝的成就，照亮了冯梦龙的成长之路。生逢其时的冯梦龙，经历了跌宕起伏的传奇人生，成为一位具有时代特色的作家和富有社会责任感的官员。

就冯梦龙的创作而言，他对通俗文学极为推崇，搜集、辑录、改订、出版了数十种作品，记录了大量社会经济文化场景，不但取得了较高的艺术成就，更以三千万言创下了中国历代文人文学创作数量之最。冯梦龙的"三言"（《喻世明言》《警世通言》《醒世恒言》）等作品自问世起不仅风靡中国，也成为最早被翻译成外文的中国文学作品，享有"有海水的地方就有冯梦龙的作品"之誉，这无疑为中外文化交流作出了重要贡献。18世纪，法国耶稣会士开始大量译介中国古代文学作品。1735年，巴黎出版的《中华帝国全志》收译了两篇冯梦龙的小说——《庄子休鼓盆成大道》和《吕大郎还金完骨肉》；19世纪以后，又有五十多篇"三言"中的小说被译为英文，二十四篇被译为法文；此外，德文、俄文、意大利文、西班牙文等文字的译本也很多。"三言"于明末清初传到日本，对日本的通俗文学产生了很大的影响，冈白驹、泽田一斋师徒二人从"三言二拍"和《西湖佳话》中选出部分作品译成日文，编成日本的"三言"（《小说精言》《小说奇言》《小说粹言》）。德国著名诗人席勒读了收有冯梦龙作品的《今古奇观》后惊讶不已，在写给歌德的信里称当时作家埋头于"风行一时的中国小说"，并作为"一种恰当的消遣"。

就冯梦龙的德政而言，他在思想上受王阳明、李贽影响，其醒世思想和王阳明的救世思想是一脉相承的。冯梦龙在《〈醒世恒言〉叙》中写道，要用文学创作来唤醒世人。上任福建寿宁知县后，他身体力行，以"一念为民之心"的执政思想、"不求名而求实"的办事作风、"老梅标冷趣"的品格操守、"兴学立教"的教化理念、移风易俗的先进思想，实施自己的德政措施，造福百姓。《福宁府志》《寿宁县志》均将他列入《循吏传》，称其"政简刑清，首尚文学，遇民以恩，待士有礼"。习近平总书记高度评价："冯梦龙去上任走了半年。当时我就一个感慨，一个才高八斗的封建时代知县，怎么千辛万苦都去，难道我们共产党人还不如封建时代的一个官员吗?"

已因著有"三言"等大作而名动天下的冯梦龙,却在本该颐养天年的年纪历经千辛万苦去远隔千里的穷乡僻壤上任,并且捐俸兴学、勤政为民,电影《冯梦龙传奇》中冯梦龙的扮演者、著名歌唱家阎维文对此解读得较为透彻:"冯梦龙是我国明代的文学家、思想家。他在60岁的时候跋山涉水,从苏州远赴福建一个偏僻穷县寿宁当县令。任职期间,他减轻徭税、改革吏治、革除弊习、为民除害,造福一方百姓。……冯梦龙赴任前已经完成了著名的《喻世明言》《警世通言》《醒世恒言》等文学作品,按说也是功成名就了,为什么还要在颐养天年的花甲之年跨越万重山,去做一个穷乡僻壤的县令?用今天的话说,他是要实现人生的价值,这个价值在他看来,就是古人追求的人生'三不朽'——立德、立功、立言。著书立说既已立言,他还要实现'为官一任、造福一方'的理想抱负,做到实实在在的为民立德、立功。"

冯梦龙的一生,经历丰富,充满传奇色彩。他学富五车,多才多艺;思想解放,怀才不遇;仕途坎坷,一鸣惊人;年少时曾狂放不羁,年迈时又因一心为民而备受称赞;作品极具才情被争相传阅,又因涉及礼教而屡遭攻讦。中国社会科学院文学研究所研究员孙丽华说得好:"冯梦龙编写的白话短篇小说集《喻世明言》《警世通言》《醒世恒言》,合称"三言",写尽了世间百态,令世世代代的读书人如痴如醉。他才华早露,曾雄心勃勃,像一团燃烧的烈火般不甘忍受礼法束缚。他的人生充满起伏变化,有叛逆,也有内省;有放诞,也有遵从。经过漫长岁月里的希冀、挣扎与沉浮,最终还是回归了传统文人的道路,操持国计民生,心系天下百姓。"其实,人的思想和行为必须放在时代背景下解读,才能在了解其多重性和辩证性的基础上做出真实的评判。对晚明历史背景下的冯梦龙,也要历史地、辩证地看待,才能读到他的闪光点,读懂他的先进性。冯梦龙的作品因语涉俚俗或涉及礼教而被封禁,对他的评价和研究也一直没能得到学界应有的重视。直到习近平总书记多次称赞冯梦龙,中央文献出版社出版的《做焦裕禄式的县委书记》

一书首次公开发表习近平总书记关于冯梦龙的论述，才引起了大家对冯梦龙文化的广泛重视，并推动冯梦龙研究逐步深化，冯梦龙廉政文化、勤政文化才发挥应有的价值，冯梦龙的文学地位才得以回归。

冯梦龙，值得我们致敬！

二、我们如何去致敬冯梦龙

冯梦龙充满传奇的人生，是极富魅力、极具特色的文化"富矿"。我们要全面梳理冯梦龙文化，对标福建找差距，与时俱进谋发展，充分挖掘冯梦龙文化资源，并通过种种形式尽可能地加以开发利用，用冯梦龙文化的经典遗产滋养美好乡风，助推乡村振兴，推进江南社会经济发展。

（一）我们已经做的

1982年，福建寿宁从日本引进冯梦龙所著的《寿宁待志》并于次年出版，引发冯梦龙研究热潮。1984年开始，宁德地区、寿宁县、福建省相继成立冯梦龙研究会，并从通俗文艺、廉政文化、法治文化三个视角进行研究。值得一提的是，2017年，福建省采纳"冯学"专家建议，将冯梦龙文化工程列入福建优秀传统文化传承发展工程，冯梦龙不仅成为福建历史上三大法治名人之一，更与朱熹、郑成功、林则徐、严复、陈嘉庚等并列为福建省六大历史名人，成为福建省的一张文化名片。

冯梦龙在《寿宁待志》中自称是"直隶苏州府吴县籍长洲县人"，其具体位置学界尚未定论，但无疑苏州是冯梦龙的故乡。1987年，苏州承办了第二次全国冯梦龙学术讨论会，肯定了福建率先提出的"冯梦龙研究要有一个大突破"的开拓性意义，成立了"冯梦龙研究筹备委员会"。1991年，中国俗文学全国学术讨论会在苏州召开，会议把冯梦龙研究列入中国俗文学学会研究的重点课题。2012年10月，苏州市冯梦龙研究会成立。2014年，相城区黄埭镇新巷村更名为冯梦龙村，将挖掘冯梦龙文化和农业、生态、旅游相结合，使冯梦龙文化在人文生态建设、旅游创新发展中焕发光彩。2015年9月，相城区在冯梦龙村举办了首届冯梦龙文化旅游节，还举行了电影《冯梦龙传奇》的开机仪式。2018年，冯梦龙村建成冯梦龙纪念馆，力图从为官生涯、文学成就、吴地渊源、文化研究等方面全面还原冯梦龙历史原貌。2021年9月，冯梦龙廉政文化论坛、冯梦龙文学与大运河研讨会和莫言书屋启扉仪式先后在冯梦龙村举行。2022年，苏州拍摄了冯梦龙电影《醉吴歌》。2023年，开展"冯梦龙杯"新山歌征集活动，山歌集于2024年正式出版。

挖掘弘扬冯梦龙文化，使冯梦龙村的文化旅游得到了健康发展，"名人故里、文化兴村"等乡村文化旅游成效进一步显现，冯梦龙村成为社会主义新农村建设示范村。一是充分挖掘和弘扬冯梦龙文化资源，在冯梦龙村建成了冯梦龙纪念馆、冯梦龙书院、德本堂（好人馆）、新言堂、冯梦龙村新时代文明实践广场等一批优质场馆、阵地，大量旅客、单位前来学习、参观；冯梦龙纪念馆获评江苏省社会科学普及示范基地，冯梦龙书院入选苏州市未成年人文明礼仪养成教育实践基地、相城区首批新时代文明实践点。二是在村内主干道设立社会主义核心价值观、家规家训、善行义举榜等公益广告牌匾，加大冯梦龙文化宣传力度；开展乡风文明户评比、书法家送冯梦龙名言警句进村入户等活动；每季度向村民开展道德讲堂宣传教育。三是成立"梦龙文明银行"，试点积分考核制度，通过文明积分倡导村民做"冯梦龙式的十种人"；引导群众遵纪守法、移风易俗、遵守村规民约，激发群众参与基层治理的积极性和创造性。四是成立冯梦龙村理事会、冯梦龙村议事会，向村民发放自办家宴宣传手册、殡葬政策解读手册，鼓励村民进行散坟搬迁，助力乡风文明建设。目前，冯梦龙村已成为全国文明村、全国乡村旅游重点村。

挖掘弘扬冯梦龙文化，提升了文化自信，滋养了美好乡风。一是承办了苏州市美丽乡村健康行、苏州市中国农民丰收节两项市级重要活动；自2015年以来，连续举办多届冯梦龙文化节特色活动；在各传统节日，结合文化传统组织开展各类文娱活动，丰富了村民生活，增添了生活乐趣。二是在冯梦龙书院定期开展新时代文明实践活动，开办"德泽渊源·耕读梦龙"阅读季，举办梦龙读书会、刻书体验、读书分享等系列活动，推动全民阅读。三是丰富村民文化生活，举办"冯梦龙文化大舞台"活动，开设"梦龙书场"；开展冯梦龙村雅集、"最美乡道荧光夜跑"等青年时尚活动；组建"冯梦龙村山歌舞蹈队"，倡导全民健身；组建"冯梦龙山歌队"，创作的原创作品《冯梦龙山歌联唱》、音乐情景剧《追歌》先后获得首届苏州市群众文化繁星奖表演艺术类（音乐）铜奖、第二届苏州市群众文化繁星奖表演艺术类（音乐）银奖。四是将"梦龙新言"和"冯梦龙精神"内涵融入人居环境整治工作中，巩固人居环境建设成果，提高环境长效管理水平，使这项工作融入冯梦龙村"激情燃烧、干事创业"的乡村振兴浪潮中，最终呈现"生态优、村庄美、产业特、农民富、集体强、乡风好"的江苏省特色田园乡村新面貌。

（二）我们正在做的

苏州市冯梦龙研究会自2012年成立以来，经常性开展特色化、标志性的活动。"冯梦龙与江南文化研究系列丛书"就是当地廉政文化建设、江南文化研究和现代山歌征集等成果的集中展示。丛书之一《冯梦龙与江南文化》共收录18篇论文和研究报告，其中3篇是苏州市冯梦龙研究会课题组从2021年到2023年研究课题的集体成果，还有15篇则分别来自高校教授、"冯学"专家、苏州市冯梦龙研究会骨干和冯梦龙研究爱好者，有严谨的论文，也有散文式的漫谈，大家一起来研究冯梦龙这位江南文化的传承者和中华文化在海外的传播者，为苏州打造江南文化中心城市和经典城市，为江南廉政文化和苏州乡村振兴，共襄盛举。

苏州市冯梦龙研究会课题组的集体研究成果，分别从"冯梦龙与江南廉政文化""冯梦龙与江南乡村振兴""江南的冯梦龙·冯梦龙的江南文化"三个角度全面探讨了冯梦龙与江南、与江南文化、与江南廉政文化、与江南乡村振兴的关系，通过对冯梦龙政德思想的解析，提出"江南廉韵"建设要注重冯梦龙文化，弘扬冯梦龙民本思想为苏州乡村振兴提供思想保障，传承冯梦龙特色文化为苏州乡村振兴提供内容支撑；提出乡村振兴要善于顶层设计、统筹谋划，要善于因地制宜、错位发展，要善于多业融合、资源整合，要善于提炼优势、打造品牌，要善于文化兴村、文明强村；传承冯梦龙江南文化，打造冯梦龙文旅品牌，强化顶层设计、突出规划引领，做好文旅产业布局、强化优势产品引领，努力通过冯梦龙文化资源的挖掘、传承和开发利用，实现其创造性转化、创新性发展。

其他的个人研究成果，也是角度各异、精彩纷呈。中共苏州相城区委书记沈志栋的《传承冯梦龙政德品质 展现新时代干部担当》一文指出，被习近平总书记在不同场合多次肯定的好官冯梦龙及其身上爱民、务实、清廉的政德品质，通过时间检验，历经大浪淘沙，与"领导干部要讲政德"的明确要求遥相呼应，成为我们一脉相承的价值追求和以古鉴今的行为典范。中共苏州相城区黄埭镇党委书记夏赵云在《新时代冯梦龙廉政文化的发展》一文中，认为廉政文化作为中国传统文化中的瑰宝，历代受到传承和创新，它创造了一系列的品德规范，又促进了廉政文化的不断发展；文章探讨了冯梦龙廉政文化建设的内涵及形成原因，并对其在我国新时代的推行与发展提出建议，为当代廉政党风的建设提供了有益的借鉴。苏州市冯梦龙研究会会长顾建宏、副会长陶建平的论文《要把冯梦龙文化打造成江南文化新高地、文化旅游新亮点》，呼吁对标福建找差距，与时俱进谋发展，充分利用冯梦龙文化这个独特而卓越的文化资源，在学术研究和文化应用两个方面双轮驱动，通过文化复兴、文旅融合、乡村振兴等，为打造江南文化经典、树立文化自信、推进文旅产业贡献特有的力量，打造苏州江南文化新高地、文化旅游新亮点。"冯学"前辈、自称"冯粉"的马汉民先生，以《文坛的参天大树 廉政的不朽楷模》为题，表达他对冯梦龙的深深的敬意。苏州科技大学陈来生教授的《解读冯梦龙大运河文学 传承冯梦龙大运河文化》,通过对大运河与冯梦龙大运河文学的解读,梳理冯梦龙大运河文化的启迪和传承:运河贸易与城镇盛衰的关系及其启示,统一市场、钞关减税、亲商环境及其现代启示,长年经商在外对传统思想和家庭观念的冲击及其思考,诚信有好报、勤劳能致富的劝诫及其警示,古今对比,总结经验教训。苏州大学文学院马亚中教授的《试说冯梦龙作品中的大运河和漕运》,通过阅读和钩稽冯梦龙作品中有关河漕内容的一些细节,从冯梦龙对于运河治理的认识、冯梦龙作品中反映的河漕世相和河漕经济,以及与大运河文献史料的比勘等方面,力求还原再现明代河漕文化的诸多侧面,以求呈现出大运河对于中国社会的巨大影响。苏州市冯梦龙研究会副会长陶建平的《冯梦龙文学与大运河》,论述了大运河的重要性,以及对流经地方的文化经济、生产生活的带动性;通过对冯梦龙文学中涉及的大运河的故事和作品的梳理,研究文旅融合、合理开发。苏州智汇旅游规划设计研究院副院长乐建新的《弘扬冯梦龙民本思想 为乡村振兴提供路径和思想保障》,通过深入研究冯梦龙在寿宁以民为本的具体实践,提出学习冯梦龙工作作风,为乡村振兴提供路径支持的路径对策。除了本地作者的大作,还有外地作者卢彩娱、郑万江、何晓畅、许金龙、李德柱等"冯学"研究者的来稿,从各个方面对冯梦龙文化加以论述。冯梦龙文化的爱好者顾雪珺,还是一名高职学校的学生,在《光阴的故事》一文里,讲述生机激滟的运河之水,浸润了古今多少人的一生,而且生生不息、代代相传。我愿借这个"光阴的故事",用作者们或严谨或诗意的笔触所融会的妙笔生花,向450年前的梦龙先生致敬!

(黄靖,苏州市人大常委会副主任)

传承冯梦龙政德品质
展现新时代干部担当

沈志栋

在党的二十大报告中,习近平总书记开创性地提出中华优秀传统文化同科学社会主义价值观主张具有高度契合性这一重要论断,既阐明了"第二个结合"何以能结合的深层原因,也对广大党员干部在新时代新征程上如何立德固本、明德守正具有很强的现实启发意义,并为其提供了科学的方法论指引。其中,被总书记在不同场合多次肯定的好官冯梦龙,及其身上爱民、务实、清廉的政德品质,更是通过时间检验,历经大浪淘沙,与"领导干部要讲政德"的明确要求遥相呼应,成为我们一脉相承的价值追求和以古鉴今的行为典范。

相较于"好官",通俗文学作家是冯梦龙更为大众所知的身份标签,在《习近平总书记的文学情缘》中,也专门讲到总书记在中央党校有段时间天天翻看"三言"。在冯梦龙生命的大多数时间,一颗济世的心始终被封藏在俗世文学的情真教化里,直到垂暮之年,才在一片遥远而贫瘠的土地上有了实践落地的机会。仕途多舛的冯梦龙,57岁才被补为贡生,61岁受命担任福建寿宁知县,① 从苏州到寿宁,水陆兼程600多千米,光上任就走了半年。在随后的四年时间里,他减轻徭役、改革吏治、明断讼案、革除弊习、整顿学风、兴利除害,打造了一个百姓安居乐业的寿宁,也留下了闪耀至今的政德精神光芒,冯梦龙值得我们纪念,他的政德品质更值得我们传承与发展。

---

① 魏同贤. 冯梦龙全集·冯梦龙年谱 [M]. 南京:凤凰出版社,2007:38,42.

一、在传承"一念为民之心"中筑牢政德根基

寿宁作为福建最犄角旮旯的地方,从冯梦龙笔下"地僻人难至,山多云易生"的描述,以及寿宁县委书记被称为"省尾书记"的戏谑,包括总书记也曾讲述的"记得我在宁德工作时,早上出发,傍晚才能到寿宁。那个地方都是山路,我上山时想起了戚继光的诗,'一年三百六十日,都是横戈马上行'。到了寿宁以后,我要下车但下不来了,被颠得腰肌劳损了,后来让人把我抬下来,第二天才好"①,其偏僻程度可见一斑。而冯梦龙在花甲之年毅然跋山涉水前往,既是一念为民的初心所系,也是自我实现的价值追求。或者说,古代士人的最终理想本就是在兼济天下的千钧棋盘中实现的。来到寿宁后,冯梦龙奔走乡野、体察民情,在《寿宁待志》中经常能看到"父老云""当问之老农耳"的字句,根据"岭峻溪深,民贫俗俭"的县情特点,冯梦龙提出了"险其走集,可使无寇;宽其赋役,可使无饥;省其谳牍,可使无讼"②的治县方略。特别是针对寿宁山高水寒、粮食产量低的燃眉之急,他身体力行指导农民如何育种、耕田、治水、施肥,并积极学习贮银输谷的良法,大力发展经济改善民生,短短三年时间让县仓"储俱见谷",最终赢得了百姓的爱戴和后世的称颂。

2000年7月,时任福建省委副书记、省长的习近平同志接受《中华儿女》杂志采访,曾振聋发聩地问道:"封建社会的官吏还讲究'为官一任,造福一方',我们共产党人不干点对人民有益的事情,说得过去吗?"③面对崭新的发展形势和严峻的发展考验,我们更要以"一念为民"的情怀筑牢政德根基、汲取前进力量,始终坚持"人民至上"的价值导向,弘扬践行"四下基层"的工作方法,以百姓心为心,真

---

① 习近平总书记的文学情缘 [J]. 共产党员(河北),2016(32):55-58.
② 冯梦龙. 寿宁待志 [M]. 陈煜奎,校点. 福州:福建人民出版社,1983:88.
③ 中共宁德市委宣传部,宁德市文学艺术联合会. 宁德文丛·散文卷 [M]. 福州:海峡文艺出版社,2021:204.

心实意关注群众"急难愁盼",从群众最期盼的事情抓起,从群众最不满意的地方改起,真正把实事办实、好事办好,让人民群众对美好生活的新期待不断成为现实。

二、在传承"以勤补拙之为"中展现政德担当

冯梦龙曾自述生平做事"不求名而求实",在寿宁为官"大事小事,俱用全力;有事无事,俱抱苦心"。面对城防松懈、四门洞开,他现场察看地形、研究重建方案,不到半年就重起谯楼、修复城隘;面对虎暴成患、人力难除,他亲寻巧匠、设阱捕虎,让老百姓得以安居;面对蟾溪旱涝无常,他又将自己的书稿出售捐作资金,最终修筑东坝,解决蓄水之难;面对大批量的积案,他坚持"旧案不推托,难题不回避","犀溪断牛案"流传千秋;还有我们更加耳熟能详的禁溺女婴、治巫捐药等故事,不胜枚举。可以说,一个"勤"字贯穿了冯梦龙在寿宁为官从政的生涯,怀着"做一分亦是一分功业"的朴素情怀,"安危不贰其志,险易不革其心",冯梦龙以实际行动诠释了以勤补拙的担当。

政如农功,不勤无以成事。在习近平总书记提出的新时代好干部二十字标准中,同样包含着勤政务实、敢于担当的要求,这也是古往今来对于"立政德"不变的评价标准。作为基层党员干部,我们长期处于工作落实的"最后一公里",更要坚持以勤为先、干字当头,坚决克服"平平安安占位子,忙忙碌碌装样子,疲疲沓沓混日子,年年都是老样子"的习气,在困难面前敢闯敢试,在矛盾面前敢抓敢管,在改革面前敢做敢当,全力破解发展过程中所遇到的"疑难杂症",努力创造更多实实在在的工作成绩。

三、在传承"与梅同清之志"中涵养政德品质

"老梅标冷趣,我与尔同清",冯梦龙在《戴清亭》一诗中以老梅自况自勉,表达自己要像梅花一样,怀有凌寒飘香、风霜高洁的清雅情

怀,这也是他在寿宁为官清廉守正的真实写照。到任后,冯梦龙坚持倡廉树模,大力弘扬戴镗、方可正等前任知县的清廉作风,并捐俸修缮四知堂,将其作为官吏廉政警示教育场所,经常带官员到四知堂里进行廉洁教育。所谓"四知",即"天知、地知、你知、我知",来源于东汉杨震深夜拒金的故事,冯梦龙深以为然、引为榜样,这何尝不是千百年来循吏们代代相传的一份警醒。在古代,这样的慎独慎微是圣人君子内省自律的自我追求;到今天,也应成为新时代党员干部为官从政的必备修养。

党的十八大以来,习近平总书记在讲话中多次强调,党员干部要恪守党的初心,密切联系群众,始终做到心中有党、心中有民、心中有责、心中有戒,语重心长地提醒领导干部"应当时刻做到慎独"。当前,形形色色的风险和诱惑层出不穷、复杂交织,我们更要保持清醒的头脑,主动加强党纪学习教育,时刻注意自重、自省、自警、自励,进一步绷紧纪律之弦,大力弘扬"清、慎、勤"的优良作风,树立廉洁奉公的干部形象,练就百毒不侵的铮铮铁骨,合力巩固和发展风清气正的良好政治生态,为在新的时代征程上推进高质量发展提供坚实保障。

四、在传承"俟时待志之怀"中提升政德境界

"曷言乎待志?犹云未成乎志也。"这是冯梦龙自己对《寿宁待志》这一志名的解释。在他看来,修志工作"一日有一日之闻见",所以要以待其时;"一人有一人之才识",所以要以待其人,"与其贸焉而成之,宁逊焉而待之"①,充分展现出尊重客观规律、实事求是的态度。修志如此,推动发展何尝不是这样。

习近平总书记特别强调,历史接力是一棒接着一棒向前奔跑的,党和国家事业是一程接着一程向前推进的。作为党员干部,我们要牢固树立正确政绩观,既要有"功成必定有我"的责任担当,坚信滴水穿石

---

① 冯梦龙. 寿宁待志[M]. 陈煜奎,校点. 福州:福建人民出版社,1983:前言.

不舍寸功，只争朝夕干事创业，竭心尽力把能干的事干到最好；同时也要有"功成不必在我"的宽广襟怀，牢记移山之力不在一人，在条件不具备、时机不成熟的情况下，多做一些打基础、做铺垫的事，前人栽树、后人乘凉的事，相信后来者会做得更好。总书记讲要把工作留在"政声人去后，民意闲谈中"，让人不由得想到冯梦龙，想到《寿宁待志》，想到他的文化烙印已然深深镌刻在寿宁这座福建边陲小镇的深处：梦龙街、梦龙广场、梦龙湖、梦龙塔、梦龙大道、梦龙春茶……如今寿宁人仍在用各种各样的传说、故事、歌谣演绎着他的传奇，这是属于冯梦龙的传奇，也是"待志"的意义，"政声人去后，民意闲谈中"更应当成为我们政德追求的最高境界。

国无德不兴，人无德不立。冯梦龙在政德品质上可谓为后世树立了一个光辉典范，对于新时代党员干部进一步提升政德水平也有着宝贵的借鉴和遵循意义。为更好传承冯梦龙政德品质，相城区在2014年正式把黄埭镇新巷村更名为冯梦龙村，将弘扬政德文化与推动乡村振兴有机结合，高标准打造了全区廉政教育基地，冯梦龙村成功获评中国美丽休闲乡村。如今十年过去，无数党员干部走进冯梦龙村接受政德教育的洗礼，更多游人旅客通过冯梦龙村了解了冯梦龙一生的传奇故事。重新修建的四知堂外春光熠熠、草色尤青，给人以无限的怀想和力量。

（沈志栋，中共苏州相城区委书记）

新时代冯梦龙廉政文化的发展

夏赵云

廉政文化,是人们关于廉洁从政的思想、信仰、知识、行为规范和与之相适应的生活方式、工作方式和社会评价的总和,是廉洁从政行为在文化和观念上的客观反映。廉政文化在我国有着悠久的历史传统,是中华优秀传统文化的重要组成部分,它不会因政治和体制的改革变化而消失。廉政文化作为中国传统文化中的瑰宝,历代受到传承和创新,它创造了一系列的品德规范,这些品德规范反过来又促进了廉政文化的不断发展。基于此,本文探讨了冯梦龙廉政文化建设的内涵及形成原因,并对其在新时代的推行与发展提出建议,希望能够为当代廉政党风的建设提供一些借鉴。

一、冯梦龙廉政文化的内涵

目前,学者们对冯梦龙的研究,不仅体现在冯梦龙的文学建树方面,对他就任寿宁知县时的施政理念、政治抱负等方面的挖掘研究也取得了重大突破。习近平总书记对冯梦龙为民务实的清廉形象也给予过高度评价,要求共产党人以古鉴今,以史为镜。

冯梦龙在寿宁任知县时,严格以"卑职人微言轻,但能自律,安能律人"的原则约束自己,并把清正廉洁的前辈知县戴镗作为学习的楷模。他深感为官之苦,不仅因为寿宁地僻民穷,还因为他把当官看作一个苦差事,且愿意忍受痛苦,过贫穷的日子。即便如此,他还拿出自己的俸禄为人民做好事。百姓没钱买药,他便捐钱施药。他奉行"为官一任,造福一方"的从政理念,为当地群众办了大量的实事好事。"做一分亦是一分功业,宽一分亦是一分恩惠",中国古代知识分子

"以天下为己任"的政治理想在冯梦龙身上体现得淋漓尽致。因此,在当代推进党风廉政建设的过程中,冯梦龙的廉政文化思想是非常值得借鉴与学习的,这对我国廉政文化的建设具有重大意义。

自2010年以来,黄埭镇就弘扬冯梦龙廉政文化推出了一系列举措,如与中国社会科学院文学研究所民俗文化研究中心举办了冯梦龙专题研讨会,建成并开放冯梦龙纪念馆、冯梦龙廉政文化培训中心等文化阵地,协助拍摄电影《冯梦龙传奇》《醉吴歌》,开展以冯梦龙廉政文化思想"形成在苏州、实践在寿宁、价值在当代"为主题的冯梦龙廉政文化论坛,发掘冯梦龙廉政思想的体现与价值。

二、冯梦龙廉政文化形成的原因

冯梦龙的廉政文化不是凭空产生的,而是基于其丰富的创作实践。首先,他所从事的文艺创作摆脱不了他的生活痕迹。其次,他也有意无意地在作品中重现自己的生命体验。因此,要想深入了解冯梦龙的思想就要去探寻他的生平,去揣摩他文艺作品的诞生是基于何种生活现实。同时,冯梦龙能够取得巨大的艺术成就,与他所处的历史环境息息相关。因此,此处主要从其所处的社会环境及他的个人经历两个方面进行分析论述。

(一)社会环境

冯梦龙生活在明朝中后期,当时的政治局势已经严重恶化。整个官僚机构几乎陷于瘫痪,一方面"人滞于官",另一方面"官曹空虚"。同时,权贵群臣皆不以国事为重,而是忙于各自聚敛财物,"守令安廉"的官员并没有多少俸禄和薪酬。由此可见,明朝中后期,朝廷上下乃至整个官场为了贪图享乐而卖官求爵、欺压百姓的恶行十分严重,且影响极坏,民众怨愤越来越大。昏庸、腐败至极的封建统治必然会造成社会的动荡和社会风气的败坏。世风日下,人心不古,冯梦龙所在的江南长洲县也是如此。整个社会都充斥着腥膻的污浊之气,明朝整个局势已经出现岌岌可危之势。可以说,这样一个新旧王朝更替的时代,对冯梦龙文学思想的形成产生了很大的影响。这也使得他的作品中充斥着对现实社会的批判，以及对丑陋官场的讽刺。

(二) 主观因素

冯梦龙出身于一个传统的儒学家庭，其父与当时苏州的大儒王仁孝有密切来往，这种家庭背景也使他受到了儒家思想潜移默化的影响。冯梦龙青壮年时期，用心科举，钻研时文，但始终未能及第。科场上的失意反而开拓了冯梦龙广阔的视野，使他有了更进一步接触社会底层人民生活的机会。他熟悉底层市民生活的状况，通过与世人的接触，深切体会到他们的思想感情和爱好需求，也更加体恤平常百姓的艰苦生活。一个从小受封建社会正统儒学思想浸染的人偏偏遇上一个思想界天翻地覆的时代，不合世俗、胆大前卫的冯梦龙，便将自己的毕生精力全部投入被正统文人蔑视，被底层劳动人民认可、喜爱和接受的通俗文学中，以期有佐教化。

三、当代推行冯梦龙廉政文化的策略

开展廉政文化建设，就是要以生机勃勃的文化形式，反映党风廉政建设和廉洁政府建设这一严肃的政治问题，就是要引导人们思廉务廉，营造反腐倡廉的氛围，教育和领导党员干部群众廉洁自律，为纠正党风、转变社会风气作出贡献，只有树立这样的指导思想和目标，才能建设廉洁政府文化，加强党风廉政建设，促进社会风气的根本好转，也才能取得实实在在的效果。近年来，黄埭镇围绕"打造廉政品牌、突出廉政亮点、拓展廉政内涵"这一目标，积极探索廉政教育，廉洁宣传多点发力，以期做强做优冯梦龙廉政文化品牌亮化工程。

一是以文化为灵魂，唱响廉政文化时代新声。任何文艺思想的传播都离不开媒介，随着媒介的发展，冯梦龙廉政思想在当代更加广泛地传播开来。

黄埭镇借助城市商业综合体、主次干道显示屏、公交站台等宣传阵地，加大冯梦龙廉政文化宣传力度，对冯梦龙名言警句、作品故事进行宣传展示，使冯梦龙廉政文化家喻户晓。加大与新华社、新华日报、央广网、中国新闻社等重量级媒体的合作，广泛宣传发展廉洁文化的重要性，努力创造、教育和引导党员在全社会弘扬崇尚廉洁的良好风尚，提高广大干部对冯梦龙廉政文化的认识。充分运用"学习强国"、视频号、抖音号等线上媒体平台，不断提升冯梦龙廉政文化的影响力和知名度，将"冯梦龙政德文化"打造成为相城乃至全国廉政文化的亮丽名片。

探寻梦龙影视文化产业的发展模式。冯梦龙的作品本身就极具特色，且通俗易懂，为编剧和导演提供了很好的创作素材。运用好冯梦龙的政绩、作品及其影响，创作拍摄更多优质的冯梦龙影视剧。在冯梦龙电影《醉吴歌》即将上映之际，进一步加大对电影的宣传推广力度，不断激活冯梦龙廉政文化的宣教力量。创作、拍摄更多与冯梦龙廉政文化、政德文化相关的宣传视频，将冯梦龙特色IP人物和冯梦龙名言警句相结合，不断激活冯梦龙廉政文化力量。

汇编经典，不断凝聚文化认同。紧紧抓住冯梦龙廉政文化效应，由探讨冯梦龙的"为官之道"入手，深度挖掘冯梦龙廉政文化，开展"政德文化"专项研究，从冯梦龙文化中蕴含的"未角智，先炼品"等思想中挖掘冯梦龙廉政文化的丰富内涵和时代价值。举办冯梦龙学术研讨会、冯梦龙山歌会等活动，编写《冯梦龙研究》《冯梦龙经典名言注解》《中国古代廉吏故事》等廉政教育图书，打造冯梦龙文化品牌。

二是以产业为支撑，夯实廉政文化教育空间。加强冯梦龙廉政文化建设，不能满足于在一定阶段开展轰轰烈烈的活动，而要研究建立廉政文化教育活动不断发展的空间和长效机制，使之既立足当前，又着眼长远。

自2018年起，黄埭镇就积极打造冯梦龙廉政教育基地项目，围绕冯梦龙为官、为民、为文的主要事迹和作品典故，紧抓全国一二三产融合发展先导区和省级特色田园乡村的机遇，唱响冯梦龙廉政文化品牌，使基地成为学者文人研究冯梦龙政德文化，党员干部接受廉政教育、加强党性锻炼的重要阵地。冯梦龙纪念馆、冯梦龙书院、冯梦龙廉政文化培训中心、四知堂、德本堂（好人馆）、新言堂、清莲园、千亩果园、梦龙花海、山歌文化馆、喜宜酒店、喜溪民宿等相关阵地及配套设施的建成开放，为参观者沉浸式感悟廉政文化提供了丰沃土壤。

用好"好官冯梦龙""廉吏之乡"金字招牌，做精做亮冯梦龙廉政文化平台载体。进一步优化布置冯梦龙纪念馆、四知堂、冯梦龙廉政文化培训中心等"清廉场馆"，深度开发冯梦龙政德文化、水上廉政课堂系列精品课程。通过"江南小剧场"、梦龙书场、广笑府等场馆开展冯梦龙山歌、评弹、相声、脱口秀等演出，传唱冯梦龙廉政之声。打造青少年廉政研学基地，把廉政宣教与群众期盼结合起来，通过组织开展冯梦龙故事会、廉政书画展等文化活动，与冯梦龙廉政教育基地形成联动，扩大党员干部、青少年的廉洁文化参与面。

突出廉、农、文、旅多种业态一体化协同融合发展思路。围绕廉政文化搭台、特色旅游唱戏、生态农业助力、协同融合发展思路，把廉政文化宣教、文旅项目建设整合成一体，抱团建设、合力推动，深度开发冯梦龙政德文化、水上廉政课堂系列精品课程，精心打造一条"品梦龙文化，扬清风正气"的"梦龙清风"廉政文旅专线。扎实推进廉政文化创意设计包装，开创新形式、构造新元素，将冯梦龙廉政文化融入日常文旅体验，有重点、全方位、多层次地提供冯梦龙廉政特色文创产品和服务。适时延长场馆开放时间，举办冯梦龙廉政夜游活动，依托产业振兴为廉政文化建设提供坚实保障和动力。

三是以惠民为核心，加强"廉居共建"强魂润心。以古喻今，文化润泽，大力弘扬冯梦龙廉政文化，以廉政文化涵养乡风文明，以清风正气打造村民精神家园。

将冯梦龙廉政文化与黄埭家风文化结合起来，打造孝廉文化研学基地，为乡村振兴营造风清气正的良好环境。以冯梦龙书院、德本堂

（好人馆）等场馆为阵地，开展刻书体验、读书分享等各类实践教育活动。整理冯梦龙修身齐家名言100句，征集"好家风、好家训"，联合书法家协会开展书写好家风、好家训活动。以"道德讲堂""阳澄讲台"为平台，将廉政文化融入理论宣讲，培根铸魂，启智润心。培养优秀宣讲骨干，将冯梦龙廉政文化和党的最新理论宣传到千家万户。

推进"三治融合"，提升民生服务能力。始终把"群众没有不满意"作为服务宗旨，在党员评事、村民议事、律师询事、法官断事"四事工作法"基础上，融入"青年建事"机制，健全自治、法治、德治相结合的乡村治理体系。发挥党员先锋模范作用，采取"支部+网格"的模式，将党建服务点设在网格上，设置法治宣传岗、环保宣传岗、文体活动岗等乡风文明岗，开展一系列志愿服务活动。深化冯梦龙村"一人一委一网"体系建设，探索全面推行冯梦龙村廉政工作"123"工作法，全面梳理整合基层党员干部廉洁履职行为规范，依靠廉政建设为乡村振兴提供精神源泉和智力支持。

扩大廉政文化市场，持续宣传冯梦龙廉洁文化。积极创作生动形象的廉政文艺作品，用好"冯梦龙山歌队"，结合节日，开展常态化惠民演出。持续办好冯梦龙中秋灯会活动，结合冯梦龙和评弹文化品牌，开展"评弹之乡　品味黄埭"冯梦龙专场文艺演出，把廉政文化与传统文化、现代旅游链接起来。持续开展"耕读梦龙"乡村阅读季活动，邀请著名作家讲解冯梦龙文化，深入挖掘冯梦龙的政绩史实和文化贡献，打造以冯梦龙文化展示为特色、以宣扬廉政精神为目的、以特色生态农业为基础，集廉政教育体验、文化休闲产业、现代农业观光于一体的精神家园和文化高地。

结　语

古语云"公生明，廉生威"，无论历史如何改变，时代如何发展，廉政永远是时代的召唤和人们的期待，廉洁是所有人必须要有的品格。

加强新时代廉洁文化建设必须坚持系统观念，从涵养文化、强化教育、创新载体等方面持续用心用力。冯梦龙廉政文化有着悠久的历史，在新时代背景下，推行与发展冯梦龙廉政文化对于我国的党风党纪建设具有十分重要的意义，也是一种创新性的廉政文化建设方式，值得广泛发扬与推广。

（夏赵云，中共苏州相城区黄埭镇党委书记）

要把冯梦龙文化打造成江南文化新高地、文化旅游新亮点

——纪念冯梦龙诞生 450 周年和赴闽任职 390 周年

顾建宏　陶建平

冯梦龙是难得的文化奇人、廉政伟人和吏治达人。作为"中国通俗文学之父",他一生著述三千万言,备受欢迎,他的"三言"(《喻世明言》《警世通言》《醒世恒言》)不仅风靡中国,也是最早被翻译成外文的中国文学作品。习近平总书记在多个场合赞扬其勤政为民,并多次引用其名言警句;读书万卷的毛泽东主席晚年爱不释手并留下大量批语的《智囊》,也出自冯梦龙手笔。习近平总书记多次强调要加强梳理、传承中华优秀传统文化,努力实现其创造性转化、创新性发展。冯梦龙作为江南文化的传承者和中华文化在海外的传播者,在苏州进一步提升文化软实力,打造江南文化中心城市和经典城市的进程中,冯梦龙文化乃是不可多得的品牌、可堪挖掘的"富矿"和引流打卡的特有 IP。

苏州历史文化资源很多,像冯梦龙这样一生充满传奇色彩、具有世界影响的名家巨匠却很少!目前苏州虽已在发掘、保护、传承冯梦龙文化方面做了一些工作,其中相城区成果尤为丰硕,已将冯梦龙文化打造成相城的一张文化名片,但冯梦龙文化在苏州的传播和受重视程度还远远不够,即使与冯梦龙担任过四年知县的福建寿宁县相比也存在很大差距。2024 年是冯梦龙诞生 450 周年和赴闽任寿宁知县 390 周年,苏州应利用这个契机,大力宣传冯梦龙文化,将其打造成江南文化新高地、文化旅游新亮点。

一、冯梦龙的生平和影响

冯梦龙（1574—1646），字犹龙，明代文学家、思想家、戏曲家。出身苏州理学名家，从小受到很好的文化教育，酷爱经学。青年时期高中秀才，却始终没有考中举人。科场失意、内心忧愤的他一度出入青楼酒馆，卖文为生。明崇祯三年（1630），始为贡生，后授丹徒（今镇江）县学训导，编过《四书指月》，并曾劝县令石景云为民落实升科不实之事。崇祯七年（1634），官任寿宁知县，为民造福，兴利除弊，甚有政绩。崇祯十一年（1638），辞官归乡。崇祯十七年（1644），"甲申之变"后，刊行《中兴伟略》，寄希望于明朝中兴。清顺治三年（1646）春，于兵火中自浙江台州回苏州，途中感愤而逝，一说被清兵所杀。①

（一）学富五车，多才多艺

冯梦龙从小好读书，他的忘年之交王挺评价他"上下数千年，澜翻廿一史"。他家富藏书，又广征博收，为他的著述奠定了坚实的资料基础；他天资聪颖，好学多思，为他的创作提供了生花妙笔；他个性洒脱、狂放不羁，且多才多艺、笔耕不辍，他酒令、牌戏无所不通，不仅撰写教辅书《麟经指月》为广大考生指点迷津，还编出俚俗小曲《挂枝儿》流传市井，甚至连牌戏他也有专门著述。受李贽（号卓吾）"童心说"的影响，冯梦龙也认为文学是作家真情的表露，因而对通俗文学高度推崇。他编纂的数十种作品为中国文化宝库留下了一批不朽的珍宝。其中不但有世人皆知的话本短篇小说"三言"，还有长篇历史演义《新平妖传》《新列国志》等；不但有《挂枝儿》《山歌》等民歌，还有《笑府》《广笑府》等笑话；不但有专述情爱的《情史》，还有古今智慧结晶《智囊》；不但有《太霞新奏》《墨憨斋定本传奇》等戏曲，还有记史类的《甲申纪事》《中兴伟略》等。他的方志类著作《寿宁待

---

① 魏同贤. 冯梦龙全集·冯梦龙年谱［M］. 南京：凤凰出版社，2007：38-59.

志》，不但记录了在寿宁时的政治主张及政绩，更以"待"字而特立于一般的县志，他不盲从，不自以为是，认识到自己的看法难免有局限，宁"逊焉而待"而不使"有訛焉"，这种认知极为难得。令人惊艳的是，冯梦龙研究什么都能达到极致。当时新出现一种马吊牌，据说就是后来的麻将，冯梦龙一如对待科举那样认真分析研究，撰写出一部《马吊牌经》，居然也风靡一时。他写的介绍打牌技巧的《叶子新斗谱》，年轻人奉若至宝，有些甚至因此沉溺打牌以致债台高筑，引发家长愤怒声讨冯梦龙，甚至将其告到官府。

虽说江山代有才人出，但古往今来，能在小说、戏曲、民歌、游戏、汇智等各方面都钻研精通并取得卓越成就的，唯冯梦龙一人而已。他的著作以"三言"的影响最大最广。空观主人凌濛初在《拍案惊奇》序中评价道："独龙子犹氏所辑《喻世》等诸言，颇存雅道，时著良规，一破今时陋习；而宋、元旧种，亦被搜括殆尽。"① 笑花主人在《今古奇观》序中说："墨憨斋增补《平妖》，穷工极变，不失本末，其技在《水浒》《三国》之间。至所纂《喻世》《警世》《醒世》三言，极摹人情世态之歧，备写悲欢离合之致，可谓钦异拔新，洞心骇目。"② 为纪念这位伟大的才子，2015 年 4 月 4 日，我国发行的第四组《中国古代文学家》邮票就收录了冯梦龙。从 1983 年到 2023 年，我国共发行《中国古代文学家》邮票 5 组计 23 人。按其主要创作成就分类，可分为六类。辞赋：司马相如、扬雄、班固；散文：贾谊、司马迁、韩愈、柳宗元、欧阳修；诗歌：屈原、陶渊明、曹植、李白、杜甫；宋词：苏轼、李清照、陆游、辛弃疾；小说：冯梦龙、蒲松龄、曹雪芹；戏剧：汤显祖、孔尚任、洪昇。按朝代划分：战国 1 人、汉朝 5 人、魏晋 2 人、唐朝 4 人、宋朝 5 人、明朝 2 人、清朝 4 人。这 23 位文学家无疑代表了中国古代文学的最高成就，可谓群贤毕至，令人高山仰止。其中

---

① 凌濛初. 拍案惊奇 [M]. 陈迩冬，郭隽杰，校注. 北京：人民文学出版社，1991：序.
② 高洪钧. 冯梦龙集笺注 [M]. 天津：天津古籍出版社，2006：88.

明代文学家只有冯梦龙和汤显祖,足见两人文学地位之高。从邮票上看,冯梦龙有书有酒有琵琶,手持折扇乐逍遥,其丰富多彩的人生可见一斑。

(二)怀才不遇,一鸣惊人

与封建社会的许多读书人一样,冯梦龙把童年和青年时代的主要精力都放在诵读经史以应科举上。他曾在《麟经指月》一书的《发凡》中回忆道:"不佞童年受经,逢人问道,四方之秘策,尽得疏观,廿载之苦心,亦多研悟。"① 然而他的科举道路十分坎坷,屡试不中,直到崇祯三年(1630)才补为贡生。后破例授丹徒县学训导,任内曾劝县令石景云为民落实升科不实之事,已初露为民请命的端倪。

作为一位很有社会责任感的作家,冯梦龙长期生活在社会底层,对社会的两面看得更为清楚。他的作品第一次描写了资本主义的萌芽和市民阶层的情态。明代,江南地区为全国税粮重心之所在,在繁荣的同时亦产生诸多经济社会问题与流弊。冯梦龙的"三言"反映了大的社会经济文化背景和商业活动改变人们思想言行的情景;记录了当时市民阶层的感情意识、道德观念和民间疾苦,较多地涉及了市民阶层的经济活动和小生产者的生活文化,表现了资本主义萌芽时期的社会风貌。"三言"中有不少作品描写了市井之民的生活,如《施润泽滩阙遇友》《吕大郎还金完骨肉》等描写了商贾和手工业者的故事,肯定了他们的诚信致富,赞扬了他们的淳朴友谊;《卖油郎独占花魁》里,小商人被作为正面人物加以肯定和颂扬,秦重服侍酒后的莘瑶琴那段描写,肯定了在婚姻和爱情问题上,可贵的不是金钱、门第、等级,而是彼此知心如意、相互尊重。这正是市民思想进步性的表现。

冯梦龙的作品还第一次表现了男女平等。李贽认为男女见识无长短之别,对历史上有作为的女性给予了极高的评价。冯梦龙也充分肯定妇女的才智,不但在作品中多加肯定,而且在《智囊》中专辑《闺智部》

---

① 高洪钧. 冯梦龙集笺注 [M]. 天津:天津古籍出版社,2006:12.

一卷，表彰古今才女。冯梦龙任寿宁知县时，为禁止当地溺杀女婴的陋俗，亲自起草发布《禁溺女告示》："一般十月怀胎，吃尽辛苦，不论男女，总是骨血，何忍淹弃？为父者你自想，若不收女，你妻从何而来？为母者你自想，若不收女，你身从何而活？况且生男未必孝顺，生女未必忤逆。"① 在"女子无才便是德"的封建时代，这一提倡男女平等的做法反封建性尤为鲜明和突出。

冯梦龙身怀大志，不鸣则已，一鸣惊人。明崇祯七年（1634），年届花甲的冯梦龙出任福建寿宁知县。任职四年期间，他鼓励百姓耕作，劝诫他们不要轻易打官司，不要溺杀女婴；他还消除匪祸虎患，抵御倭寇，崇文兴教，充分展现了爱民、务实、清廉的形象；对官府的赋税恩典、银粮往来、操办收支，冯梦龙敢于亮家底、晒清单。他在人口问题上也有自己的见解，认为"若二男二女，每生加一倍，日增不减，何以养之？""不若人生一男一女，永无增减，可以长久"②。因此，冯梦龙可算是古代最早突破"多子多孙为福"传统观念，倡导最为科学的"计划生育"的文人。《福宁府志》《寿宁县志》均将他列入《循吏传》，称他"政简刑清，首尚文学，遇民以恩，待士有礼"。

（三）警世醒世，教化济民

冯梦龙的醒世思想和王阳明的救世思想是一脉相通的。王阳明是明代首屈一指的大思想家，冯梦龙对其学说推崇备至。生活在明中叶的王阳明对现实的污浊痛心疾首，提出"良知说"，希望唤醒人们的良知，改变社会现状。生活在明后期的冯梦龙针对世上醉人多、醒者少的现实，要用文学创作来唤醒世人，"天不自醉人醉之，则天不自醒人醒之。以醒天之权与人，而以醒人之权与言。言恒而人恒，人恒而天亦得其恒。万世太平之福，其可量乎！"他在《〈醒世恒言〉叙》中说得更明确："忠孝为醒，而悖逆为醉；节俭为醒，而淫荡为醉；耳和目章，

---

① 冯梦龙. 寿宁待志 [M]. 陈煜奎，校点. 福州：福建人民出版社，1983：52.
② 此主张见《太平广记钞》卷七《古元之》批语. 参见吴申元. 中国人口思想史稿 [M]. 北京：中国社会科学出版社，1986：204.

口顺心贞为醒；而即聋从昧，与顽用嚚为醉。"①

冯梦龙虽然不反对文言小说，但他更强调文学作品的通俗性，认为作品通俗易懂才具有更强的艺术感染力。他在《〈古今小说〉叙》中说："大抵唐人选言，入于文心；宋人通俗，谐于里耳。天下之文心少而里耳多，则小说之资于选言者少，而资于通俗者多。试令说话人当场描写，可喜可愕，可悲可涕，可歌可舞；再欲捉刀，再欲下拜，再欲决胆，再欲捐金；怯者勇，淫者贞，薄者敦，顽钝者汗下。虽小诵《孝经》《论语》，其感人未必如是之捷且深也。噫，不通俗而能之乎？"②"文心"指的是文人典雅的作品，"里耳"是里巷平民的感受，只有通俗的作品，才能得到平民百姓的欣赏，才能起到教化作用，这不是被奉为经典的《孝经》《论语》这类书所能实现的。所以，冯梦龙对《喻世明言》《警世通言》《醒世恒言》"三言"命名的解释是："明者，取其可以导愚也。通者，取其可以适俗也。恒则习之而不厌，传之而可久。三刻殊名，其义一耳"③，明确表示这套书的目的是"导愚""适俗"和"习之而不厌，传之而可久"。书中的很多名言警句，如"智无常局""智能生胆，胆不能生智""人不可貌相，海水不可斗量""富贵无根本，尽从勤中得""势不可使尽，福不可享尽；便宜不可占尽，聪明不可用尽""恩德相结者，谓之知己；腹心相照者，谓之知心""事不三思终有悔，人能百忍自无忧""人逢喜事精神爽，月到中秋分外明""没有规矩，不成方圆"等，也能起到"喻世""警世""醒世"的效用。

冯梦龙著作中虽有对孔子及六经的嘲讽和否定，但其用以醒世的思想仍主要是封建伦理观念。他认为，"六经、《语》、《孟》，谭者纷如，归于令人为忠臣，为孝子，为贤牧，为良友，为义夫，为节妇，为树德之士，为积善之家，如是而已矣"，"而通俗演义一种，遂足以佐经书

---

① 冯梦龙. 醒世恒言 [M]. 顾学颉，校注. 北京：人民文学出版社，1995：叙.
② 冯梦龙. 古今小说 [M]. 许政扬，校注. 北京：人民文学出版社，1958：叙.
③ 冯梦龙. 醒世恒言 [M]. 顾学颉，校注. 北京：人民文学出版社，1995：叙.

史传之穷"①,可以"为六经国史之辅"。也就是说,小说也能起到六经的作用,可以教人为忠臣、孝子、义夫、节妇,甚至比经书的教育作用更显著。与王阳明不同的是,冯梦龙更强调文学的情感作用,而他们所宣扬的基本思想却没有什么不同。

(四) 充满矛盾,饱受争议

冯梦龙的一生充满矛盾和传奇,令人感叹称奇。在明代哲学史上,王阳明和李贽属于两种不同的思想体系。王阳明是传统儒学的拥护者和继承人,直接因袭从孟子到陆九渊的哲学思想,站在维护明朝统治的立场上进行新的架构和阐释。而李贽是一位激进的思想家,其思想带有鲜明的叛逆色彩和反传统精神。如此矛盾对立的两位思想家,却都能为冯梦龙所接受,充分反映了冯梦龙思想的复杂性,因而他的言行也往往具有复杂性和多重性。

1. 作品极具才情争相传阅,又因语涉情爱而屡遭攻讦

冯梦龙搜集、整理的民歌集《挂枝儿》一经发表便产生轰动。"挂枝儿"是明万历后逐渐流行的一种民间时调小曲名。冯梦龙同乡好友沈德符在其所撰的《万历野获编》中说,挂枝儿流传极盛,"不问南北,不问男女,不问老幼良贱,人人习之,亦人人喜听之。以至刊布成帙,举世传诵,沁入心腑"②。冯梦龙《挂枝儿》刊行后,发生了群起攻讦的大事,以致冯梦龙远赴湖北麻城"避祸",向赏识他的恩师熊廷弼求救。清初吴江人钮琇在其《觚剩续编》的《英豪举动》篇记载:熊公廷弼,当督学江南时,试卷皆亲自批阅……凡有隽才宿学,甄拔无遗。吾吴冯梦龙亦其门下士也。梦龙文多游戏,《挂枝儿》小曲与《叶子新斗谱》皆其所撰。浮薄子弟,靡然倾听,至有覆家破产者。其父兄群起攻讦之,事不可解。适熊公在告,梦龙泛舟西江,求解于熊。相见之顷,熊忽问曰:"海内盛传冯生《挂枝儿》曲,曾携一二册以惠老

---

① 冯梦龙. 警世通言 [M]. 严敦易,校注. 北京:人民文学出版社,1956:叙.
② 沈德符. 万历野获编 [M]. 北京:中华书局,1959:647.

夫乎？"冯局蹐不敢置对，唯唯引咎。因致千里求援之意，熊曰："此易事，毋足虑也。我且饭子，徐为子筹之。"……抵家后，则熊飞书当道，而被讦之事已释。① 此事虽最终由恩师熊廷弼施以援手，给当地县官写信说情，撤销了对他的诉讼，但在爱惜他才华的恩师眼中，冯梦龙终究还是为才所误。冯梦龙后来又选编了第二本民歌集《山歌》，风靡一时的同时，不出所料地又受到正统道学家的攻讦。《山歌》共分十卷，卷一至卷四为私情四句，卷五为杂歌四句，卷六为咏物四句，卷七为私情杂体，卷八为私情长歌，卷九为杂咏长歌，卷十桐城时兴歌为异地民歌，可见题材内容方面私情山歌占了大多数，反映出私情题材在吴歌中的主体地位，冯梦龙自己在《叙山歌》一文中就已指出"今所盛行者，皆私情谱耳"。即使在今天的苏州吴歌中，大部分传统山歌仍以私情山歌为主，并且还有"呒郎呒姐不成歌"的俗谚。

2. 虽蔑视和否定孔子及六经，却又孜孜于科举考试和儒学教化

冯梦龙受李贽影响，著作中也有对孔子及六经的嘲讽和否定，他在《广笑府》序中说道："又笑那孔子的老头儿，你絮叨叨说什么道学文章，也平白地把好些活人都弄死"②，嘲笑孔子道学杀人；甚至在《太平广记钞》的《刘献之》条后的评论中将六经视为可有可无的典籍："假使往圣不作六经，千载又谁知少乎？"③ 却又在《皇明大儒王阳明先生出身靖乱录》（又称《王阳明出身靖乱录》）中称赞孔圣人"删述六经，表章五教，上接文、武、周公之脉，下开百千万世之绪，此乃帝王以后第一代讲学之祖"④，甚至要以封建伦理观念来醒世。

冯梦龙一方面痛恨孔子及六经的假道学、伪经典，另一方面却又孜孜于科举考试；虽然屡试不中，却编了很多应试指南类的书籍，如《春秋衡库》《麟经指月》《春秋别本大全》《四书指月》《春秋定旨参

---

① 陆树仑. 冯梦龙研究 [M]. 上海：复旦大学出版社，1987：19.
② 冯梦龙. 广笑府 [M]. 尔弓，校点. 武汉：荆楚书社，1987：序.
③ 魏同贤. 冯梦龙全集·太平广记钞 [M]. 南京：凤凰出版社，2007：504.
④ 冯梦龙. 王阳明出身靖乱录 [M]. 杭州：浙江古籍出版社，2015：2.

新》等,而且大受欢迎,并被请去湖北麻城等地辅导学生。这种矛盾同样也体现为他一方面反对封建道德约束,肯定卓文君的自择私奔;另一方面又在"三言"中赞扬烈女,在《寿宁待志》中为节妇立传。

3. 虽有经世之志、满腹诗文,却被视为行涉狎邪、语多佻薄

冯梦龙生前身后,虽有经世之志、满腹诗文,却因对"敢倡乱道"的李贽的推崇,与歌儿妓女的厮混,对俚词小说的热爱等,而被理学家们认为品行有污而难以容忍。冯梦龙自称"少时从狎邪游,得所转赠诗帨甚多",早年寄迹青楼,《挂枝儿》《山歌》中有不少篇章便来源于往来妓女的口中。而文学自有传承性,尤其是发自真性情的情歌。冯梦龙收集了不少民歌,主要都是情歌,而且很多情歌是富有生命力的。如脍炙人口的汉乐府民歌《上邪》:"上邪!我欲与君相知,长命无绝衰。山无棱,江水为竭,冬雷震震,夏雨雪,天地合,乃敢与君绝!"到了冯梦龙收集的《挂枝儿·分离》中就演变成了:"要分离,除非是天做了地;要分离,除非是东做了西;要分离,除非是官做了吏。你要分时分不得我,我要离时离不得你。就死在黄泉也,做不得分离鬼。"① 多了几分直白和率真,多了几分时代的色彩。

冯梦龙年少时虽狂放不羁,寄迹青楼,年迈时却克勤克俭、关心社会,编《智囊》以"益智"、编《古今谭概》以"疗腐"、以《情史》倡"情教",特别是以《智囊》上起先秦下迄明代的历代上千则智慧故事总结"古今成败得失"的原因,其用意不可谓不深远。《智囊》既有政治、军事、外交方面的大谋略,也有士卒、漂妇、仆奴、僧道、农夫、画工等小人物日常生活中的奇机智,书中由冯梦龙撰写的评语和夹批嬉笑怒骂皆成文章,然而《四库全书总目提要》谓此书"间系以评语,佻薄殊甚"。虽然这一基于封建正统道德立场的评价是不公平的,但是类似的评价确使冯梦龙作品在后世流传中饱受阻碍、大部逸失。无怪乎北京师范大学教授潜明兹感叹:薄伽丘"来自旧世界,却面向一

---

① 冯梦龙. 挂枝儿 山歌 夹竹桃:民歌三种[M]. 北京:北京联合出版公司,2018:16.

个新时代",而冯梦龙"来自旧世界,却没有迎来一个新世界"。①

(五)千秋功过,自有评说——从恩格斯眼中的歌德解读矛盾的冯梦龙

恩格斯在《诗歌和散文中的德国社会主义》中有一段评价诗人歌德的精辟的论述:"在他的心中经常进行着天才诗人和法兰克福市议员的谨慎的儿子、可敬的魏玛的枢密顾问之间的斗争;前者厌恶周围环境的鄙俗气,而后者却不得不对这种鄙俗气妥协、迁就。因此,歌德有时非常伟大,有时极为渺小;有时是叛逆的、爱嘲笑的、鄙视世界的天才,有时则是谨小慎微、事事知足、胸襟狭隘的庸人。"② 这一论断对我们理解冯梦龙是有启发意义的。

冯梦龙的思想和作品也存在矛盾:现实之境与理想世界、善与恶、贞与逸、债与偿、强与弱、神圣与亵渎,充满了对立。然而对立中又有统一、又有联系。王阳明的"良知说"与李贽的"童心说"之间有着显而易见的理论渊源,而且既然反道学的李贽也能从真道学的王阳明处得到启发,那么冯梦龙能兼采阳明心学和李氏之学也就不难理解了。从冯梦龙的情教论也能看出这一点。冯梦龙是一个充满真挚感情的人,他"立情教",就是要创立一种与佛教、道教一样的宗教。情在冯梦龙的笔下有三层含义:情首先是指男女之情,即爱情;情又指人类的各种情感,包括君臣、父子、兄弟、朋友之情;情又指天地万物生成的本源和联系的纽带。冯梦龙主张万物有情的观点,是要劝世人做有情人。在晚明进步作家的思想中,情与理是不可调和的。但在冯梦龙看来,情理是可以统一的,统一的状态就是出自至情的忠孝节义。所以,在其他人看来不可调和的、矛盾的东西,在冯梦龙这里则完成了协调统一。

中国社会科学院文学研究所研究员孙丽华说得好:冯梦龙"才华早露,曾雄心勃勃,像一团燃烧的烈火般不甘忍受礼法束缚。他的人生

---

① 潜明兹.潜明兹自选集[M].上海:上海人民出版社,2007:402.
② 爱克曼.歌德谈话录[M].朱光潜,译.杭州:浙江教育出版社,2021:427.

充满起伏变化，有叛逆，也有内省；有放诞，也有遵从。经过漫长岁月里的希冀、挣扎与沉浮，最终还是回归了传统文人的道路，操持国计民生，心系天下百姓"①。对冯梦龙的解读，也必须放在时代背景下进行观照，才能在了解其多重性和辩证性的基础上做出真实的评判。历史上，冯梦龙的作品因语涉俚俗或涉及礼教而被封禁，对他的评价和研究也一直没能得到应有的重视。直到习近平总书记数次肯定冯梦龙的廉政德政、引用其名言警句，才引起大家对冯梦龙文化的广泛重视并推动冯梦龙研究逐步深化，冯梦龙廉政文化、德政文化才得以逐步弘扬，其文学地位才得以回归并提升。

二、苏州打造冯梦龙文化高地的必要性和重要性

城市文化和品牌打造需要独特而卓越的资源，冯梦龙这样备受毛主席和习近平总书记推崇的名人就是苏州优秀传统文化建设的独特资源和卓越品牌。可以说，强化冯梦龙研究与文化传承，打造冯梦龙文化高地，就是苏州文化传承发展的重要举措。

（一）从与福建的对比看苏州打造冯梦龙文化高地的必要性

苏州、麻城、镇江、寿宁是冯梦龙人生重要的四大驿站。苏州是启蒙奠基和著作主要生产地；麻城是教学实践和学术交流地；镇江是冯梦龙的政治积累和学术研发地，县学训导任职阶段是他由"举子事业"到"圣贤事业"的人生和思想转折点；寿宁是冯梦龙施展勤政、德政抱负的施政地。据中国俗文学学会副会长段宝林统计，全国各地发表2000多篇冯梦龙研究论文、出版20多部冯梦龙研究专著，其中以福建为主，"冯学闽军"一马当先，其次是苏州，北京、上海和南京也有部分冯梦龙研究成果，镇江和麻城则仅有零星成果。

1. 福建省及寿宁县的冯梦龙文化建设

冯梦龙在福建寿宁县担任四年知县，主政期间"政简刑清，首尚

---

① 孙丽华. 文坛另类冯梦龙[J]. 各界（西安），2013（12）：72-73.

文学,遇民以恩,待士有礼",并撰写了长达五万言的《寿宁待志》,为官一任,造福一方,留下难得的口碑。冯梦龙写自己在寿宁住处"戴清亭"的诗句"老梅标冷趣,我与尔同清",据说很多寿宁人都会背诵,以怀念这位为民请命的好官。

1982年,寿宁从日本引进冯梦龙所著《寿宁待志》并于次年出版,引发研究热潮。1984年,宁德地区成立国内首家研究冯梦龙的学术团体"闽东冯梦龙研究会"。1985年,寿宁县冯梦龙研究会成立。2015年,福建省冯梦龙研究委员会成立,并提出"1316"工程,即研究第一重要的是不断取得新突破,从通俗文艺、廉政文化、法治文化3个视角进行研究并取得突破,解开冯梦龙一生留下的16个未解之谜。同年12月,福建省冯梦龙研究委员会与福建江夏学院联合设立冯梦龙文化研究所,成为全国高校首例。福建学术界以冯梦龙宦寿四年的司法实践为基础,以冯梦龙《寿宁待志》为参照,总结出冯梦龙司法实践的五大特点和四大法治文化理念,挖掘冯梦龙文化的当代价值,标志着福建冯梦龙研究已从通俗文艺、廉政文化扩展到法治文化领域。2016年,福建冯梦龙文化高峰论坛召开,论坛重点研讨"冯梦龙与福建"的关系,挖掘冯梦龙文化遗产的当代价值。值得一提的是,2017年,福建省采纳"冯学"专家的建议,将冯梦龙文化工程列入福建优秀传统文化传承发展工程,冯梦龙不仅成为福建历史上的三大法治名人之一,更与朱熹、郑成功、林则徐、严复、陈嘉庚并列为福建省六大历史名人;《福建省优秀传统文化传承发展工程实施方案》"十大行动"第一项重点任务"中华民族精神传承发展行动",就要求大力宣传弘扬历代名人的先进事迹和精神理念,不断提升名人文化品牌的知名度和影响力,坚持以文化人、以文育人,推动优秀传统文化进课堂、进作品、进网络、进社区、进家庭,推动优秀传统文化核心价值理念更广泛地为人们所熟知、所热爱、所奉行。

2. 苏州市及相城区的冯梦龙文化建设

苏州是冯梦龙生于斯、长于斯、终老于斯的故乡。1987年,第二次全国冯梦龙学术讨论会在苏州召开，会议肯定了福建率先提出的"冯梦龙研究要有一个大突破"的开拓性意义，并成立了"冯梦龙研究筹备委员会"。1991年，中国俗文学全国学术讨论会在苏州召开，会议把冯梦龙研究列入中国俗文学学会研究的重点课题，并正式成立了冯梦龙研究委员会。

2012年10月，苏州市冯梦龙研究会成立。2014年，相城区黄埭镇新巷村决定将挖掘冯梦龙文化和农业、生态、旅游相结合，在弘扬冯梦龙文化的同时，提升新巷村的文化品牌，使冯梦龙地方文化在人文生态建设、旅游创新发展中焕发光彩；同时决定将新巷村更名为冯梦龙村。同年，冯梦龙村获批挂牌，并被确定为中国社会科学院文学研究所民俗文化研究中心冯梦龙研究基地、江苏省民间文艺家协会冯梦龙故里采风基地、复旦大学艺术人类学与民间文学研究中心教学实践与冯梦龙研究基地，还举办了冯梦龙诞生440周年纪念活动。

2015年9月，相城区在冯梦龙村举办了首届冯梦龙文化旅游节，还举行了电影《冯梦龙传奇》的开机仪式。从2015年开始，苏州市冯梦龙研究会编辑出版"冯梦龙研究"丛刊，至今已出版7辑。2017年，相城区举办第二届冯梦龙文化旅游节，大型古装电影《冯梦龙传奇》上映。2018年，冯梦龙村建成冯梦龙纪念馆，力图从为官生涯、文学成就、吴地渊源、文化研究等方面全面还原冯梦龙历史原貌。2021年9月1日，冯梦龙廉政文化论坛在冯梦龙村举行，全国首个展现冯梦龙村水乡田园风光及冯梦龙廉政为民故事的"水上廉政课堂"开启，水路全长1.3千米，以故事化、情景式、融入式为特色，沿岸陈设冯梦龙"三言"里多个与廉政为民有关的故事情景。2021年9月，冯梦龙文学与大运河研讨会和莫言书屋启扉仪式在冯梦龙村举行，活动以"冯梦龙文学与大运河——挖掘、传承、利用"为主题，旨在推动冯梦龙文学研究与大运河文化带的保护和旅游开发利用创新性发展。2022年，根据冯梦龙收集山歌的真实经历改编的电影《醉吴歌》拍摄。2023年，"冯梦龙杯"新山歌征集，山歌集于2024年出版。

挖掘弘扬冯梦龙文化使冯梦龙村的文化旅游得到了健康发展,"名人故里、文化兴村"等乡村文化旅游成效进一步显现,冯梦龙村成为社会主义新农村建设示范村。

3. 苏州与福建在"冯学"研究和冯梦龙文化建设中的对比

福建宣传和弘扬冯梦龙文化的氛围非常浓烈,省级层面有冯梦龙研究委员会,高校有冯梦龙研究所;尤其在寿宁,很多民众都知道冯梦龙,很多学校都学习冯梦龙,很多宣传都推广冯梦龙,很多文旅建设都围绕冯梦龙,很多学者都研究冯梦龙,甚至在法院都有好几位专门研究冯梦龙"无讼"文化的"冯学"专家,寿宁法院也因此成为全国"无讼"文化先进法院。1985年,寿宁县政府为纪念冯梦龙,在旧地重建戴清亭,并请时任福建省委书记项南题写"冯梦龙宦寿旧址"石碑,又在附近设立由时任福建省省长胡平题写匾额的全国第一个"冯梦龙纪念室",感激他在职期间关心民生。寿宁县还修复整治了项南题词碑、东坝、升平桥、古城门、谯楼等遗迹及周边环境,建成冯梦龙纪念馆并开馆展览。2016年,寿宁县投资3 000多万元建造中国首个冯梦龙文化主题公园,面积达66 000平方米。

而苏州作为冯梦龙的家乡,除了相城区,其他区域并未对其特别重视。作为唯一的非闽籍人士,在福建能被评选为六大历史名人和三大法治名人之一的冯梦龙,在家乡苏州却没得到应有的地位和荣誉。苏州对冯梦龙文化的研究、弘扬和宣传,还存在明显不足:一是对冯梦龙文化的挖掘保护和开发利用尚未提到应有的重要议事日程上,更没给予冯梦龙应有的重视和地位,在冯梦龙的故乡,感觉不到冯梦龙文化的氛围;二是苏州市有关冯梦龙的学术研究非常薄弱,研究者不多,研究成果较少,而且都呈现下降趋势;三是面向市民大众的宣传不够,城市媒介缺乏相关的推介,知道冯梦龙的民众也不多,甚至很多领导干部对其也缺乏了解,没有将"海水流到哪里,作品就传到哪里"的冯梦龙纳入苏州顶尖文化名人的行列,如苏州火车站南广场的苏州名人群像中就没有冯梦龙。此外,市委、市政府下发的《苏州市唱响"江南廉韵"深化廉洁文化建设三年行动计划（2021—2023年）》，要求"推出一批标识突出、内涵丰富的拳头产品、特色项目、重点阵地"，将江南文化中的廉洁因子深入挖掘、充分阐释，彰显城市特色和时代价值，成风化人、润物无声，积极营造崇廉拒腐、尚俭戒奢的良好风尚，其中提到了况钟、范仲淹、范成大等苏州贤官廉吏，提到了白居易纪念苑、李公堤廉勤文化馆等，却没有提到冯梦龙这个古今辉映、特质鲜明、影响广泛，彰显传统文化特色，极具苏州标识意义的拳头产品和特色资源。这是冯梦龙研究的遗憾，也是冯梦龙文化的悲哀，更与苏州建设世界历史文化名城的目标不相对应。可见苏州冯梦龙文化的建设和推进，亟须引起高度重视并获得高位统筹。

（二）苏州打造冯梦龙江南文化高地的重要性

福建推动冯梦龙文化成为福建文化的核心品牌，实现了从文化资源向文化品牌、文学研究向廉政建设的有效转化，让冯梦龙文化成为福建省优秀传统文化的重要组成部分，使福建在文化强省建设中多了一个可以影响全国的重要品牌。苏州作为冯梦龙故乡及其文化遗产的孕育地和发祥地，更当充分保护、挖掘和利用好这一珍贵而独特的文化资源，打造和弘扬冯梦龙文化品牌，体现江南文化的品牌价值，展现江南水乡的文化特色，发挥惩恶扬善的教化功能，推进江南文化的传承利用。

1. 打造冯梦龙江南文化品牌

冯梦龙一生接触了极为丰富的江南文化，记载了大量的社会经济文化情态，记录了各阶层丰厚的感情意识和思想观念，对山川风物和民间万象有着广泛的记载和精彩的论述。对这些内容及其背景加以梳理、分析和古今对比研究，能从中得到很多经验教训和启示，不但有利于推进江南文化研究，还能为现代社会经济发展提供借鉴。

冯梦龙不仅是名满天下的作家，还是一位接地气的清官廉吏，善于教化的社会道德宣讲员，其精神凝结着浓厚的地方文化精髓，为我们确立了勤政、廉政、善政的德政典范。福建师范大学原副校长黄寿祺概括得好："三言世上流传遍，海内皆称眼识高。寿宁四载留政绩，先生岂独是文豪!"①

2. 打造冯梦龙德政文化榜样

教化有方、理讼有法与富民有道,是古代评判循吏的三大标准。冯梦龙推崇王阳明"致良知""知行合一"等哲学思想,在寿宁任期中,冯梦龙一心为百姓着想,遇民以恩,待士有礼,兴教化、灭巫风、除虎患、轻赋税,一念为民。学习、研究、探讨冯梦龙德政文化思想,就是为了发挥中华优秀传统文化独特的时代价值,认真探寻为官有为、为民奉献的真实要义。纵观冯梦龙的德政思想和实践,我们可以总结为"重民方有德本,爱民而行德政":因为"重民",才能以民为本,勇于担当,不惧劳苦,不畏挫折;因为"爱民",才能善施德政,从不贪墨,脚踏实地,乐于奉献。这些务实精神和工作措施,即使在今天,对我们仍然有很多启示。冯梦龙的德政之道:有调研,从而精准施行德政;有措施,从而有效施行德政;有法治,从而保障施行德政;有教化,从而从源头、从内心更好地施行德政。今天的我们要学习冯梦龙苦干实干、精益求精的精神,不搞形式主义、官僚主义的作风,"老梅标冷趣,我与尔同清"的境界,坚守既亲民又清廉的"亲""清"二字,全心全意为人民服务。

3. 打造冯梦龙廉政文化楷模

冯梦龙在"三言"中通过塑造贤明的清官形象来寄托自己的吏治思想,在《况太守断死孩儿》中塑造了明代苏州知府况钟"况青天"的形象,他自己也是这么做的,在寿宁期间秉持"济世为民,两袖清风"的执政理念,树起了勤政廉洁、为民务实的精神标杆。习近平总书记曾多次援引他的为官事迹和名言警句,多次在不同场合赞扬冯梦龙,将他与当代焦裕禄相提并论,激励广大党员增强廉洁自律意识。在深入开展党风廉政建设、严惩贪腐的今天,党员干部要学习冯梦龙清正

---

① 中国人民政治协商会议福建省寿宁县委员会文史资料委员会. 寿宁历史名人录[M]. 1995:16.

廉洁、务实为民的精神，研究冯梦龙思想与实践。

4. 打造冯梦龙善治文化典范

在情与法、教化与理讼关系的处理上，冯梦龙寻求着情与法的调和相济，探寻着循吏的是非标准和执政智慧，这对今天的社会治理仍有重要的参考价值。从冯梦龙的作品到为政，体贴民情、原情断案，都是以人性为基础的。冯梦龙善用智谋化解各种纠纷，注重化繁为简，采取"兴学立教"等多种措施，以实现"无讼"的善治理念。充分挖掘冯梦龙思想的善治文化基因，并将其融入现代社会治理体系的方方面面，这是一件传承古今、为民造福的大好事。

三、苏州打造冯梦龙文化高地的路径建议

冯梦龙文化作为独特而卓越的文化资源，要在学术研究和文化应用两个方面双轮驱动。冯梦龙学术研究要为冯梦龙文化弘扬提供科研基础，而冯梦龙文化弘扬要在科学研究的基础上真正实现创造性转化和创新性发展。通过文化复兴、文旅融合、乡村振兴等，让冯梦龙文化这一优秀传统文化的瑰宝，为打造江南文化经典、树立文化自信、推进文旅产业发展贡献特有的力量。值此冯梦龙诞生450周年和赴闽任寿宁知县390周年之际，苏州亟待抓住这个契机大力宣传冯梦龙文化，打造江南文化新高地、文化旅游新亮点。

(一) 高度重视冯梦龙文化的传承弘扬

1. 要高度重视冯梦龙文化研究和价值体现，提升苏州文化软实力

要对标福建找差距，与时俱进谋发展。"冯学闽军"不仅有学术领军、有专家群体、有重大突破和有影响力的学术成果，还有让"冯学"生根发芽、让冯梦龙文化发扬光大的平台与举措。反观苏州，"冯学"的爱好者和研究者都在慢慢老去，现已出现断层，亟待依托苏州市冯梦龙研究会，利用在苏高校和学者的力量，加强冯梦龙文化研究队伍建设，办好冯梦龙研究学术刊物，搭建学术交流平台，召开各类研讨会，扩大"冯学"影响。要提高学术水平，设立专门的"冯学"研究项目，

推动冯梦龙研究，围绕冯梦龙为官、为民、为文的事迹，深入挖掘和探讨冯梦龙文化的历史价值和现实意义，通过各种研究让优秀的冯梦龙文化"活"起来。

2. 要强化冯梦龙文化的教化功能，构筑苏州传统文化价值高地

充分挖掘冯梦龙作品中与社会主义核心价值观相符的内容，惩恶劝善，倡导正能量。依托冯梦龙书院，打造融读书、藏书、刻书、文化教育和"冯学"研究于一体的冯梦龙全民阅读基地；也可以将冯梦龙名言警句、冯梦龙作品故事等，通过故事化的阐释、张贴画的方式和微视频的形式，下沉到机关、学校、乡镇、社区、企业、街巷，融入人居环境整治和乡风民俗建设工作中，使冯梦龙文化家喻户晓，并内化于心，外化于行，弘扬善行义举、和睦家风。

3. 要结合国学教育，把冯梦龙文化引入各级各类教育课堂

冯梦龙作品蕴含着中华民族的大智慧，有益于开发学生潜能、提高学生综合素质、提升学生文学水平、促进学生品质涵养，是极为重要而又便于传播的文化遗产。中共中央办公厅、国务院办公厅《关于实施中华优秀传统文化传承发展工程的意见》指出，要构建中华文化课程和教材体系，尤其是具有乡土特色的读本。让学生学习冯梦龙经典作品，用其中蕴含的智慧丰富学生感知，指导学生言行，提升学生素养，这是具有苏州国学文化特色的独到优势。目前国学教育推广范围不大，国学教材不多，教学手法单调，尤其是语文学科需要长时间大体量的文学积累，因此，利用通俗易懂、喜闻乐见的冯梦龙作品编写校本教材，进行国学教育不但有利于学生文学素养的提升，也有利于提升苏州整体语文学科水平。冯梦龙从小好读书，他的读书和编书都有一个重要特点，就是注重实用。这对学生"学以致用，学以报国"的养成，也具有潜移默化的作用。可以在各个学校开展冯梦龙作品读书活动和知识竞赛，也可依托作为苏州市未成年人文明礼仪养成教育实践基地、相城区新时代文明实践点的冯梦龙书院，在冯梦龙书院定期或不定期举办大型专题活动。

(二) 高位谋划冯梦龙文化的品牌打造

1. 创新利用传统媒介和新媒体加强冯梦龙品牌宣传

文化的传承需要厚实的群众基础。唐伯虎对苏州文化的贡献远不如冯梦龙，却几乎家喻户晓，就是因为有《三笑》《唐伯虎点秋香》等电影和故事的传播。很多人都知道《杜十娘怒沉百宝箱》，却不知道这就是冯梦龙改编、刊印的。所以，要充分借助苏州各级各类宣传平台和载体资源，创新宣传手段，全方位利用传统媒体，精准利用自媒体，通过微信朋友圈、微博大号及粉丝通、新闻App客户端发布图文广告和抖音App，对冯梦龙进行整体宣传，筹拍冯梦龙和"三言"的电视专题片，将冯梦龙的优秀作品拍成电影电视剧，增加曝光量，提高知名度；多部门合作，通过苏州评弹、刺绣、昆剧、木刻等非物质文化遗产传播，出版与冯梦龙相关的文集、书画展等，编制冯梦龙文化绘本、口袋书等，宣传冯梦龙及其作品；通过城市雕塑、城市画廊、公共广告、轨交站点、广告灯箱等重要空间和有关媒介，将冯梦龙多维的人生、成就和作品从不同角度多方展现，通过持续有效的宣传推广，使冯梦龙其人其事其作逐步回归大众视野，还冯梦龙应有的历史地位、文学地位和社会地位，使冯梦龙真正成为苏州一张亮丽的文化名片，为"文化苏州"建设增光添彩。

2. 利用各种渠道和形式营造冯梦龙文化氛围

在市、区和基层设立"冯梦龙文化大讲堂"，继续整理冯梦龙对现实社会有教化警示意义的名言警句、小故事、千字文并编辑成册，通过广泛开展把冯梦龙文化和经典作品引入机关、学校、农村（社区）、医院、企业的"五进"工程，并以微视频的方式利用科技网络的手段传播出去，使冯梦龙文化家喻户晓。"三言"作品中有很多惩恶劝善的内容，即使在今天也是可以用以开展社会主义核心价值观、家规家训、善行义举榜等乡风文明建设的。

依托众多学校、文化站和未成年人社会实践活动场所，设立冯梦龙传统文化教育传承基地，以家国情怀教育、社会关爱教育和人格修养教育为重点，着力提升民众的综合素养，让人们了解苏州、江南乃至中华优秀传统文化，了解重要传统节日（尤其是江南地方节日）的文化内涵和江南生活习俗变迁，感受经典的江南民间文艺，汲取前人经验和智慧，培养豁达乐观的人生态度和抵抗困难、挫折的能力。依托冯梦龙纪念馆、冯梦龙书院、德本堂（好人馆）、新言堂、四知堂等场馆、阵地，结合传统节日和文化，举办冯梦龙文化大舞台、梦龙书场、梦龙雅集、山歌舞蹈队等各类文娱活动。

组织各类主题活动，用喜闻乐见的形式推广冯梦龙优秀文化。持续举办冯梦龙文化节、冯梦龙作品书画展、冯梦龙故事演讲比赛等各类活动；让吴歌为"冯学"歌唱，通过山歌进校园、进企业、进社区、进田间、进餐厅等形式，举办"苏州市冯梦龙山歌达人赛"、用吴歌演唱现在的新人新事新貌等活动，让冯梦龙山歌常唱不衰，让冯梦龙文化持续流传。举行"阅读冯梦龙"夏令营，通过组织学生开展与冯梦龙有关的阅读太湖、探访大运河、考察博物馆等活动，让学生了解冯梦龙、接受冯梦龙文化的熏陶。开展知识竞赛活动，了解冯梦龙文化、读懂冯梦龙人文情怀，举办以"诵读中华经典，传承冯梦龙文化"为主题的"普通话、苏州方言"比赛，进行苏州话儿歌、童谣、山歌、渔歌、民歌等收集、整理、传唱工作；依托春节、元宵、清明、端午、中秋、重阳等传统节日，宣传、弘扬冯梦龙文化。

3. 依托冯梦龙村文化地标强化冯梦龙品牌形象

依托并优化冯梦龙村这一冯梦龙文化地标，强化、完善、提升冯梦龙品牌形象。冯梦龙村的"冯学"文化、廉政文化建设已经初具规模。冯梦龙书院汇集国内几乎所有关于冯梦龙的书籍和研究资料，并通过文化讲座、雕版印刷体验等丰富书院文化内涵；在广笑府还原冯梦龙《笑府》《广笑府》中符合社会主义核心价值观的笑话故事，让人们寓教于乐；在山歌酒馆内融入冯梦龙山歌文化、评弹等元素，展现冯梦龙作品中的精华片段；把冯梦龙廉政文化培训中心打造为干部教育培训现场教学点，寓教于游，用好国内首条"水上廉政"教育线路。

打造"冯梦龙 IP",通过寓教于乐、寓教于游这种更为直观、生动、感染力强、带动力大的潜移默化的方式,展示冯梦龙文化魅力,打造冯梦龙文化品牌,将冯梦龙的精神内化为价值取向,外化为行为准则。推进农文旅融合,"约会"冯梦龙村,让文化景点与果蔬采摘、生态休闲"联姻",书香气息加生态研学,打造独有的冯梦龙主题产品,吸引各方游客。举办全面反映冯梦龙一生及研究成果的展览,在展示苏州冯梦龙文化的同时,链接、展示各地的冯梦龙文化;把握现代传播手段,借助互联网等新媒体、文创产品优势,从文学、民俗和廉政、法治等多角度研究冯梦龙,大力传播冯梦龙文化品牌。

4. 对接各种平台和资源确立冯梦龙的广谱形象

一是加强与全国研究冯梦龙的机构和专家的联系合作,如中国俗文学学会冯梦龙研究委员会等,寻求支持,利用其在各省、市的"冯学"研究中坚力量。二是加强与全国研究冯梦龙的城市的联系合作,如与寿宁、镇江、麻城等地建立常态化的交流关系,争取主办或承办冯梦龙文化论坛,在江南文化论坛、运河文化城市论坛等展示冯梦龙相关内容,发出苏州声音,不断扩大以冯梦龙为文化纽带的朋友圈。三是借鉴学习先进地区的优秀经验,如福建省、宁德市和寿宁县三级政府有关冯梦龙文化保护和开发利用的经验。四是借助电影《冯梦龙传奇》和《醉吴歌》,进一步扩大冯梦龙文化的知名度和影响力。

(三) 高频展现冯梦龙"江南廉韵"文化

要结合苏州"江南廉韵"建设,高度重视保护、传承和打造冯梦龙廉政文化特色品牌,发布将冯梦龙特色 IP 人物和名言警句相结合而创作的廉政文化短视频,引用冯梦龙"没有规矩不成方圆""心正自然邪不扰"等名言警句,充分挖掘其中与社会主义核心价值观相符的内容,惩恶劝善,崇廉拒腐,让干部群众受教育。

一要结合"品牌亮化工程",充分挖掘和用好冯梦龙这一独特廉政品牌的强化和亮化工程,不断提升和发挥其影响力和知名度,将"冯梦龙廉政文化"打造成苏州廉政文化的亮丽名片和廉政样板。

二要做好冯梦龙"政德文化"研究。冯梦龙廉政文化思想"形成在苏州，实践在寿宁，价值在当代"，要研究冯梦龙为何能够廉政为民，研究为何苏州这片土地能孕育出冯梦龙这样的廉政名人，探讨廉政的环境因素和人文化育，研究如何传承冯梦龙廉政文化，真正为民、爱民、勤政、廉政。

三要结合"清廉百馆"建设，将冯梦龙村的冯梦龙纪念馆、冯梦龙书院、冯梦龙研学教育基地等冯梦龙廉政教育基地打造成冯梦龙廉政文化教育的重要场馆，并依托这些廉政场馆，打造苏州廉政文化文旅融合新亮点。要全面梳理、积极利用冯梦龙为官之时和作品之中的廉政理念、廉政故事和清廉文化，开发相关廉政产品和线路，打造廉政研学卓越品牌，运用历史智慧推进反腐倡廉，用文旅融合这种形式推进廉政教育。

四要结合"廉居共建"家风建设，做好冯梦龙村式的乡风建设。围绕"以名人文化润扬文明乡风，以文明乡风助力乡村振兴"这条主线，充分挖掘和弘扬冯梦龙文化资源，通过冯梦龙书院、德本堂（好人馆）、新言堂、四知堂、冯梦龙村新时代文明实践广场等进行新时代文明教育，举办梦龙读书会、刻书体验、读书分享等，宣传社会主义核心价值观、家规家训、善行义举；成立梦龙文明银行，弘扬善行义举、和睦家风，引导群众遵纪守法、移风易俗，做冯梦龙式的好人。

五要结合廉洁空间塑造工程，充分借助苏州各级各类宣传平台和载体资源，通过城市雕塑、城市画廊、公共广告、地铁灯箱等有关媒介，将冯梦龙多维的人生、勤政的品格和廉政的精神进行持续有效的宣传展示，使冯梦龙廉政文化家喻户晓；经常性举办冯梦龙文化节、冯梦龙作品书画展、冯梦龙故事演讲比赛等各类活动，打造融读书、传习、廉政教育和"冯学"研究于一体的冯梦龙廉政教育基地。

（四）文旅融合将冯梦龙文化转化成文旅新亮点

发挥冯梦龙文化的资源优势，深挖旅游、娱乐、餐饮、购物、康养、住宿和夜间文化消费潜力，积极发展会奖旅游和研学旅行，打造苏州独有的冯梦龙会奖品牌；加强文化创意引领和现代科技支撑，增强与冯梦龙有关的人文旅游黏度，丰富旅游项目内容，将冯梦龙文化资源开发成特色文旅产品。

1. 将冯梦龙文化打造成文化旅游新亮点

一是树立"大景区"观念。整合资源做文旅，依托冯梦龙村的冯梦龙书院等有形的载体，将冯梦龙村打造成集文化、旅游、农业、观光、研学等为一体，既有深厚文化底蕴又有现代农业特色，既有社会效益又有经济效益的乡村旅游新亮点。

二是确立"大旅游"理念。打通游客与村民、景点与村庄、旅游与生活的边界，利用民俗风情，活化江南文化，举办主题丰富、内容亲民的大型文旅活动，如"冯梦龙文化旅游节""冯梦龙民俗文化节"等，将冯梦龙文化演绎成会展活动的大餐。利用美食文化，传播江南文化。美食是营销的最佳载体，在影视节目、网络视频、微信推送中，美食的魅力有时比传统的旅游项目更容易爆红，也更容易吸引游客。要挖掘苏帮菜宝藏，结合苏州美食文化内涵和底蕴，尤其是冯梦龙作品中的江南饮食和文化，讲好江南饮食文化故事。可以尝试制作"冯梦龙作品中的江南美食"，多打造一些冯梦龙村山歌酒馆这样的特色饮食品牌，形成有口碑、有魅力的文旅增长点。有条件的话，举办"冯梦龙美食文化节"，提高冯梦龙文化的知名度，也可吸引更多的游客。

三是打造特色鲜明的梦龙影视拍摄基地。冯梦龙作为"中国通俗文学之父"、俗文化泰斗，其人生和作品乃是取之不尽、富有生机的影视宝库，拥有"海水流到哪里，作品就传到哪里"的海量粉丝的优势，可大力探寻梦龙影视产业发展，创出梦龙影视文化品牌，将梦龙影视拍摄基地建成本土文化新高地。

四是策划产品多元的特色研学活动。结合冯梦龙的事迹和精神，策划产品多元的研学专项活动，开发打造廉政研学的卓越品牌和特色线路，研发党员干部廉洁勤政之旅、基层干部贤行乡里之旅、中小学生读行先贤之旅、市民百姓律己友爱之旅、苏（州）寿（宁）梦龙文化读行之旅等。

2. 让"冯梦龙IP"渗透到各种文旅活动中

给冯梦龙文化赋予特有的"冯梦龙IP"符号，让其渗透到各种文旅活动中，将冯梦龙文化开发成各种文创产品，在活化利用中寻求冯梦龙文化的可持续发展。让这些符号不仅体现在建筑与景区上，而且以各种文化IP的方式，体现在文旅产品上。把冯梦龙纪念馆、冯梦龙书院与苏作艺术坊、休闲农庄、湿地公园、民宿、青年旅社、露营基地、游客中心、干部教育培训中心等项目融合起来，推动文化产业与农业、旅游、生态等融合联动，把历史文化、乡村旅游、林果销售、廉政教育有机结合，实现社会效益、经济效益与生态效益的三赢。寿宁县为了打造冯梦龙文化，为冯梦龙塑像，命名梦龙村、梦龙湖、梦龙街、梦龙广场等相关地名，研发了梦龙陶艺、梦龙茶、"梦龙春"酒等冯梦龙文化品牌。苏州在冯梦龙文旅产品的研发推广中，也有很多事可以做。一是将美化乡村环境、提升村容村貌作为留住乡村的"根"，将传承特色优秀文化作为守住乡村的"魂"，注重乡村居民生活空间的再造，切忌对所有村落进行大规模、全方位的旅游化改造，而是在保持乡村风貌原生态的基础上，遵循外来游客和本地居民"主客共享"的原则，构建乡村公共服务体系，美化生态和旅游环境；同时注重居民生活空间的软性重塑，兼顾居民生活的合理私密性。二是注重居民生产空间的现代构建，打造江南农耕田园生活环境，围绕生态宜居，对村庄逐步进行整治提升。三是推进传统农业产业向现代农业、有机农业转型，向特色农副产品加工业拓展，如相城冯梦龙村的梨、桃不仅可以采摘，还可以二次加工做成具有"冯梦龙IP"符号的食品、饮料等产品。还可将冯梦龙文化开发成各种文创产品，尤其是将"天知地知你知我知"的"四知"故事加以活化利用。

3. 以江南文化保护为抓手，做好江南水乡文旅融合文章

苏州特色的江南文化是苏州持续发展的核心，冯梦龙文化是不可多得的江南文化品牌，是提升苏州城市形象和竞争力的重要力量。江南湖

泊遍布，河道纵横，是名副其实的"水城桥都"。一生大致都生活在江南水乡的冯梦龙在编撰、创作时，很多故事情节自然也就架构于江南的河荡江湖之中，所以"三言"中比比皆是水乡风貌、水上故事。到了今天，"天堂苏州，东方水城"仍然是苏州的旅游名片，水乡风貌仍是苏州江南文化的文化基因和外在表现。所以，要注重原生态江南文化景观保护，打造标志性文化高地，塑造特有的江南文化形象，首先就要做好"水文章"，这是苏州文旅的优势品牌。望亭是大运河进入吴门姑苏的第一镇，"河城一体"的盘门是苏州古城和运河的特有品牌和象征，浒关以钞关为特色的运河特色小镇，枫桥夜泊的品牌号召力，宝带长桥的运河风采，都差异化地展现着江南水乡风貌。这些在"三言"中都有描写。保护江南水乡风貌，做好大运河水上旅游精品，不但符合国家大运河文化带建设战略，还可助力苏州社会经济发展，具有重要历史和现实意义。要保护承载江南水乡记忆的美好空间，存续原真苏式生活的场景，有序修复运河应有风貌，保持运河风貌的真实性和完整性；强化水陆沟通，美化运河两岸步道，搭建亲水平台、栈道，形成运河沿岸应有的景观效果，优化滨水界面形象，让居民和游客可方便快捷地参观游览；要结合苏州"水城桥都"的城市特色，整治、提升码头、桥梁等运河特色标志景观廊，新建桥梁要具有苏州"水城"特色，打造特色鲜明的江南运河观光旅游长廊。可在冯梦龙村和大运河合适的地段，呈现塑像、屏幕、图片，并辅以精彩有趣的说明文字，以反映冯梦龙作品中的故事情节和教育内涵。

（五）借鉴冯梦龙村经验推进苏州乡村振兴

苏州具有文化特色的乡村不少，但是真正挖掘并打造出成功品牌的不多。相城区慧眼独具、敢于创新，高度重视、充分挖掘和用好冯梦龙这张特有名片，使冯梦龙村在众多乡村振兴项目中脱颖而出，其经验值得借鉴。

1. 要勇于因地制宜、挖掘特色

在高质量发展时代，每个乡村都有追求美好生活的梦想，但是，由于资源条件、区位条件和发展状况的差别，并非每个乡村都能采取同样的速度和同样的投资力度去实现发展，而是要根据不同情况，寻找符合自身发展阶段的解决方案。在乡村振兴过程中，最重要也最难的是比较优势和特色品牌的提炼。只有这个做好了，才可能真正做到"一村一品""一县一业"。相城区慧眼独具，创新利用冯梦龙这个独特的文化资源，塑造冯梦龙文化品牌，不断提升其影响力和辐射力，围绕着"乡村景观—文化提炼—产业发展—品牌打造"四个层面，从规划到建设，围绕冯梦龙文化的元素，全方位打造"冯梦龙IP"，走出了自己的特色发展之路。在今日冯梦龙村的文旅融合发展中，要策划打造更加多元的江南味道和苏式元素，研发更多带有冯梦龙烙印的文创产品，建构具有江南特色的冯梦龙文创产业。冯梦龙村结合自己的文化特色，错位发展，建设冯梦龙纪念馆、冯梦龙书院、广笑府、四知堂、卖油郎油坊、冯梦龙山歌文化馆、梦龙书场等公共文化空间资源，不断丰富乡村公共文化业态，形成一批具有鲜明冯梦龙文化标识的群众"身边好去处"。冯梦龙村的山歌文化馆获评江苏省"建筑创作奖"乡村建筑类一等奖，冯梦龙图书馆获评"紫金奖获奖作品落地项目"优秀作品奖二等奖。通过"冯梦龙"这一具有核心吸引力的特色文化IP，实现了生产、生活与生态的共生，社会效益、经济效益与生态效益的多赢。

可见，新突破来自新思路，需要认知、挖掘特色文化的眼光，传承、开发特色文化的魄力，凝聚、整合各方力量的人格魅力，破局、推进乡村振兴的恒久毅力。

2. 要精于多业融合、资源整合

要探索建立"政府+文旅平台+社会资本+村集体"多元治理机制，以产业振兴拉动乡村振兴，通过农旅融合、文旅融合，把乡村打造成广大市民和游客喜爱的农文旅景区。冯梦龙村的经验值得借鉴。

一产上，高效农业，创新致富。冯梦龙村围绕水稻、林果两大特色基础产业，高起点引培新型农业经营主体，开展特色瓜果苗木、生态稻米种植，提供春季桃花观赏、夏季莲荷飘香、秋季果园采摘体验。猕猴桃园、黄桃园、葡萄园、杨梅园、梨园等1 000多亩果园和大片莲花池、向日葵田，四季有果，季季飘香，成为江苏省特色田园乡村。

二产上，文化搭台，生态唱戏。以旅兴农，充分依托优势产业和特色资源，高效益延伸农业产业链条，带动农副产品和手工艺品加工等相关产业发展，增加农民就业机会和收入，新增农民创业者。培育发展稻米、果蔬、油料、糕点等精深加工产业，传承发展黄埭西瓜子、黄埭挂面、东桥草席等传统手工业产业，把苏工苏作传承和发展下去，引导企业加大科研投入，延长产业链条，提升农产品品质和附加值，水果加工、水果酒酿制，均取得成效；黄埭特色产业"非遗"基地的生产性开发，在传承的基础上加以开发利用，既是鲜明的文化标识又成独特的地方产业。通过自建平台、借助第三方电子商务平台等形式，搭建以冯梦龙文化为品牌的农产品电子商务平台，推进冯梦龙村电子商务示范村建设。

三产上，文旅拉动，民生共享。冯梦龙村高起点建设花海、游步道、凉亭、荷花池、冯梦龙主题景观小品、游客服务中心等主客共享公共服务设施，聚力打造近距离感受田园之美的"水乡寻梦廉学"等精品路线，为村民有效提供了创业、就业、致富机会。有的村民将房屋出租开办民宿，也有的自己创业，不出家门便可就地就近实现就业，不出村子各类水果就能销售一空。精心举办中国农民丰收节、冯梦龙文化旅游节、采摘节等农事节庆活动，推出美丽乡村休闲游、农业科普教育游、名人文化体验游等精品旅游线路，更好地发挥冯梦龙本土文化在一二三产融合发展中串点、连线、带面作用，将冯梦龙村建成集名人文化园、生态农耕园、旅游休闲园、廉教清风园"四园一体"的乡村振兴新样本。

3. 要善于文化兴村、文明强村

一是巧借冯梦龙乡贤文化，推进乡风治理和民生共享。通过开办"冯梦龙学堂"，开设相关课程，建设文化长廊，宣传乡贤国学精华，借以化育民众、振兴乡村。冯梦龙的精神和名言警句能涵养村民的集体观念，强化村民的家国情怀，使村民注重门前屋后的环境提升，引导村民自觉、持久地参与村庄环境改善和现代化治理，营造乡风文明。"三言"中"君子爱财取之有道""富贵本无根，尽从勤里得，请观懒惰者，面带饥寒色""刻薄不赚钱，忠厚不折本""做事必须踏实地，为人切莫务虚名"等名言古训富有教化警示意义，可以涵养乡风文明，制定村规民约，培养吃苦精神，共建美丽家园。

二是依托冯梦龙乡贤文化惠民。组建冯梦龙山歌队，每月举行"冯梦龙村大舞台"活动，积极营造文明和谐的氛围，倡导村民做"冯梦龙笔下的十种人"，打造乡村治理现代化的"冯梦龙样板"。开设"梦龙书场"，苏州市评弹团定期演出，实现城乡互送优质文化资源，让村民天天有书听、月月有戏看。以节为媒，举办美丽乡村健康行、冯梦龙文化旅游节、冯梦龙山歌会等活动，在惠民的同时提升村民思想境界。

（顾建宏，苏州市冯梦龙研究会会长；
陶建平，苏州市冯梦龙研究会副会长）

冯梦龙与江南廉政文化
——苏州市冯梦龙研究会 2021 年研究课题

苏州市冯梦龙研究会课题组

前　言

传承至今文脉不断的江南文化，是苏州的底蕴、名片和发展的基础。在文化生产力日益重要、城市竞争日益注重软实力的今天，传承、弘扬和开发利用江南文化，以江南文化特质引领苏州建设，做亮城市名片，做强文化创意产业，打造苏州地标，讲好苏州故事，有着极为重要的作用和意义。

冯梦龙一生接触了极为丰富的江南文化，记载了大量的社会经济文化情态，记录了各阶层丰厚的感情意识和思想观念，对山川风物和民间万象有着广泛的记载和精彩的论述。对这些内容及其背景加以梳理、分析和古今对比研究，能从中得到很多经验教训和启示，不但有利于推进江南文化研究，还能为现代社会经济发展提供借鉴。

作为冯梦龙文化的专门研究机构，在大力弘扬江南文化、助推社会经济发展的当下，苏州市冯梦龙研究会紧紧围绕江南文化这一主线，通过冯梦龙作品中所写的或社会背景中所涉及的江南文化内容，揭示和传承江南文脉，提炼能够古为今用的现象和规律，用作现代江南文化建设和社会经济发展的指导和参照，是非常有价值和意义的。

本研究以"记得住乡愁"为顶层设计，在"冯梦龙与江南文化"的大框架下，全面研究冯梦龙文学和文化，每年围绕一到两个主题进行专项研究。2021 年围绕两个主题进行了专项研究：一是以"冯梦龙与江南廉政文化"为主题，研究并提出在苏州"江南廉韵"建设中，要高度重视并抓紧冯梦龙廉政文化的挖掘和开发利用，并对标《苏州市唱响"江南廉韵"深化廉洁文化建设三年行动计划（2021—2023年）》中的七大工程，展开相应的冯梦龙廉政文化建设；二是研究冯梦龙的生平及其政德思想实践。上述研究的部分成果均取得很好的社会成效：以"冯梦龙与江南廉政文化"为主题的研究成果《"江南廉韵"建设要高度重视冯梦龙廉政文化》，刊发在苏州市委党校《苏州市情专报》2021年第9期，并获苏州市委主要领导批示：冯梦龙是一代廉吏，要努力把冯梦龙村打造成廉政教育基地。本研究课题，对冯梦龙廉政文化建设和相城区冯梦龙德政建设起到了很好的推进作用。

一、冯梦龙时代背景与思想渊源梳理

在苏州进一步提升文化软实力，打造江南文化中心城市和经典城市的进程中，冯梦龙文化乃是江南文化不可多得的典型、可堪挖掘的"富矿"和打造网红的特有IP。冯梦龙是难得的文化奇人、廉政伟人和吏治达人，备受毛主席和习近平总书记推崇。作为习近平总书记高度赞赏、多次肯定、多次引用其名言警句的苏州名人，冯梦龙也是中华文化在海外家喻户晓的传播者。苏州作为冯梦龙的故乡及其文化遗产的孕育地和发祥地，自当充分保护、挖掘和利用好这一珍贵而独特的历史文化。

（一）冯梦龙时代背景梳理

冯梦龙生于明万历二年（1574），此时已进入明朝后期。彼时西方正处于文艺复兴时期，与之遥相呼应，在我们这个有着几千年文明的东方大国，也出现了许多"离经叛道"的思想家，如李贽、黄宗羲、顾炎武等，以及汤显祖、袁宏道等一大批文人，他们以惊世骇俗的见解、鲜明的个性特色、卓绝的艺术成就，写下了中国思想史、文学史上璀璨的篇章。冯梦龙卒于南明隆武二年（1646），也就是清顺治三年，终年72岁。在这一年的前后，有许多很有成就的文学家，如凌濛初、刘宗周、侯峒曾、吴应箕、夏允彝、祁彪佳、黄淳耀、黄道周、王思任、阮大铖、杨廷枢、陈子龙、夏完淳等，先后在战乱中死去。一场具有资本主义萌芽性质的中国式的文艺复兴在闭关锁国的环境下也随之夭折了。

明代，江南地区为全国税粮重心之所在，其对明朝整体经济功能的运作具有举足轻重的地位。然而当地繁重的赋役负担，亦导致了诸多经济社会的问题与流弊。冯梦龙在"三言"里有很多关于社会现象的描写，反映了资本主义的萌芽，以及商业活动对人们观念的改变。

冯梦龙出身名门世家，与其兄冯梦桂、其弟冯梦熊并称为"吴下三冯"。其兄梦桂是画家，其弟梦熊是太学生，作品均已不传。冯梦龙除了写诗文，主要精力还放在写历史小说和言情小说上，他自己的诗集今亦不存，但值得庆幸的是，由他编纂的几十种著作得以传世，为中国文化宝库留下了一批不朽的珍宝。其作品除世人皆知的"三言"外，还有《新列国志》《广笑府》《智囊》《古今谭概》《太平广记钞》《情史》《墨憨斋定本传奇》，以及许多解经、纪史、采风、修志的著作，而以选编的"三言"影响最大最广。冯梦龙编纂的这些书，有一个共同的特点，就是注重实用。那些记录当时历史事件的著作在当时具有很强的新闻性，那些解说经书的辅导教材受到科举士子们的欢迎，那些供市井细民阅读的小说、类书、剧本、民歌、笑话等则有更大的读者群，为书商带来了巨大的利润，一定程度上反映出近代市场经济下的出版业的特色。

直到崇祯三年（1630），他才补为贡生，后破例授丹徒县学训导，四年后升任福建寿宁知县，知县四年任期期满后回到家乡苏州。冯梦龙是一位爱国者，在崇祯年间任寿宁知县时，曾上疏陈述国家衰败之因。天下局势动荡，在清兵南下时，他除了积极进行反清宣传，刊行《中兴伟略》诸书，还以70岁高龄，亲自奔走反清大业。清顺治三年（1646）春，冯梦龙忧愤而死，一说为清兵所杀。

纵览他的一生，虽有经世治国之志，但不愿受封建道德约束，他对"敢倡乱道，惑世诬民"的李贽的推崇，他与歌儿妓女的厮混，他对俚词小说的喜爱等，都被理学家们诟病，认为其品行有污、疏放不羁，令人难以容忍。因而，他只得长期沉沦底层，或舌耕授徒糊口，或为书贾编辑养家。冯梦龙一生有涉及面如此之广、数量如此之多的著作，除了和他本人的志趣和才华有关，也和他一生的经历密不可分。冯梦龙从小好读书，童年和青年时代的主要精力也都放在诵读经史以应科举上。他曾在《麟经指月》一书的《发凡》中回忆道："不佞童年受经，逢人问道，四方之秘策，尽得疏观；廿载之苦心，亦多研悟。"① 他的忘年交王挺说他"上下数千年，澜翻廿一史"。然而他的科举道路十分坎坷，屡试不中，后来就在家中著书。因热恋一个叫侯慧卿的歌妓，冯梦龙流连于苏州的茶坊酒楼，对底层生活接触较多，这为他的民间文学创作提供了第一手资料。他的民歌集《挂枝儿》《山歌》就是在那时创作的。

（二）冯梦龙思想溯源探索

冯梦龙的思想非常复杂，充满了矛盾。如果要全面研究冯梦龙思想的来源，至少要涉及以下三个方面：第一，以孔子为代表的正统的儒家思想；第二，明中叶以降东南沿海一带市民阶层的思想观念；第三，明代影响较大的哲学思潮。就冯梦龙与明代哲学思潮的关系而言，对冯梦龙思想影响最大的是王阳明和李贽。

1. 冯梦龙与王阳明

王守仁（1472—1529），浙江绍兴府余姚县（今宁波余姚市）人，因曾筑室于会稽山阳明洞，自号阳明子，学者称之为阳明先生，亦称王阳明。王阳明是明代著名的思想家、文学家、哲学家和军事家，"陆王心学"之集大成者，精通儒家、道家、佛家。明弘治十二年（1499）进士，历任刑部主事、贵州龙场驿丞、庐陵知县、右佥都御史、南赣巡抚、两广总督等职，晚年官至南京兵部尚书、都察院左都御史。因平定"宸濠之乱"军功而被封为新建伯，隆庆年间追封新建侯。谥文成，故后人又称其为王文成公。

王阳明（心学集大成者）与孔子（儒学创始人）、孟子（儒学集大

---

① 高洪钧. 冯梦龙集笺注［M］. 天津：天津古籍出版社，2006：12.

成者)、朱熹(理学集大成者)并称为孔、孟、朱、王。王阳明的学说思想"王学"(阳明学),是明代影响最大的哲学思想。其学术思想传至日本、朝鲜半岛及东南亚等地。王阳明集立德、立言于一身,成就冠绝有明一代。其弟子极众,世称姚江学派。其文章博大昌达,行墨间有俊爽之气,有《王文成公全书》存世。

王阳明是明代首屈一指的大思想家,冯梦龙对其学说推崇备至。冯梦龙在晚年创作的传记小说《王阳明出身靖乱录》中这样评价阳明心学:"即如讲学一途,从来依经傍注,唯有先生揭良知二字为宗,直扶千圣千贤心印,开后人多少进修之路……所以国朝道学公论,必以阳明先生为第一。"[①] 生活在明中叶的王阳明,目睹了现实的污浊,并对此痛心疾首,强烈的社会责任感驱使他凭借自己的智慧去拯救世人,达到天下大治的境地。他说:"仆诚赖天之灵,偶有见于良知之学,以为必由此而后天下可得而治。是以每念斯民之陷溺,则为之戚然痛心,忘其身之不肖,而思以此救之,亦不自知其量者。"[②] 王阳明提出"良知说",希望唤醒人们的良知,改变社会现状。

冯梦龙也是一位很有社会责任感的作家,他长期生活在社会底层,对其丑恶的一面看得更为清楚。他在《〈醒世恒言〉叙》中写道:"忠孝为醒,而悖逆为醉;节俭为醒,而淫荡为醉;耳和目章,口顺心贞为醒,而即聋从昧,与顽用嚚为醉。"针对世上醉人多、醒者少的现实,冯梦龙要用文学创作来唤醒世人,认为"天不自醉人醉之,则天不自醒人醒之。以醒天之权与人,而以醒人之权与言。言恒而人恒,人恒而天亦得其恒。万世太平之福,其可量乎!"冯梦龙的醒世思想和王阳明的救世思想是相通的。

王阳明用以救世的一剂良药就是"良知说"。什么是"良知"?王阳明说:"良知者,孟子所谓'是非之心,人皆有之'者也。是非之

---

① 冯梦龙. 王阳明出身靖乱录 [M]. 杭州:浙江古籍出版社,2012:2-3.
② 王阳明. 传习录 [M]. 北京:中国友谊出版公司,2021:154.

心,不待虑而知,不待学而能,是故谓之良知。"①"故致此良知之真诚恻怛以事亲,便是孝;致此良知之真诚恻怛以从兄,便是弟(悌);致此良知之真诚恻怛以事君,便是忠:只是一个良知,一个真诚恻怛。"②王阳明所说的"良知",就是是非善恶之心,孝悌恻隐之心,真诚恻怛之心,忠君爱国之心,实际上是一种封建伦理道德观念。"致良知"是先天赋予、不假外求、人人具备的主观存在,是加强自身道德修养,保持良知不为私欲遮掩,自觉自愿地履行这些道德规范。冯梦龙用以醒世的思想也主要是封建伦理观念。他说,"六经、《语》、《孟》,谭者纷如,归于令人为忠臣,为孝子,为贤牧,为良友,为义夫,为节妇,为树德之士,为积善之家,如是而已矣","而通俗演义一种,遂足以佐经书史传之穷",可以"为六经国史之辅"。也就是说,小说也能起到六经的作用,可以教人为忠臣、孝子、义夫、节妇,甚至比经书的教育作用更显著。与王阳明不同的是,冯梦龙更强调文学的情感作用,而他们所宣扬的基本思想是基本相同的。

2. 冯梦龙与李贽

李贽(1527—1602),福建泉州人,明代官员、思想家、文学家,泰州学派宗师。李贽初姓林,名载贽,后改姓李,名贽,字宏甫,号卓吾,别号温陵居士、百泉居士等。明嘉靖三十一年(1552)举人,不应会试。历共城教谕、国子监博士,万历中为姚安知府。旋弃官,寄寓黄安(今湖北省黄冈市红安县)、湖北麻城芝佛院。在麻城讲学时,从者数千人,其中还有不少妇女。晚年往来南北两京等地,最后被诬下狱,自刎死于狱中。

李贽的一生充满了对传统和历史的重新思考,这也是明朝后期社会思想变革的一个聚焦般的体现。李贽在社会价值导向方面,批判重农抑商,扬商贾功绩,倡导功利价值,符合明中后期资本主义萌芽的发展要

---

① 王阳明. 传习录 [M]. 北京:中国友谊出版公司,2021:264.
② 王阳明. 传习录 [M]. 北京:中国友谊出版公司,2021:161.

求。其重要著作有《藏书》《续藏书》《焚书》《续焚书》《史纲评要》。他曾评点过的《水浒传》《西厢记》《浣纱记》《拜月亭》等，至今仍是流行的版本。

在思想上，冯梦龙深受李贽的影响，敢于冲破传统观念，强调真挚的情感，反对虚伪的礼教，提出"世俗但知理为情之范，孰知情为理之维乎？"①据明人许自昌《樗斋漫录》记载，冯梦龙"酷嗜李氏之学，奉为蓍蔡"，并与袁无涯一起增补、整理、刊行李贽评点的《水浒传》。在冯梦龙所编纂、评改的《情史》《智囊》《古今谭概》《太平广记钞》等著作中，大量引述了李贽的言论，且大多做了肯定的评价。李贽最惊世骇俗的思想莫过于对孔子及六经的蔑视和否定："夫六经、《语》、《孟》，非其史官过为褒崇之词，则其臣子极为赞美之语。又不然，则其迂阔门徒，懵懂弟子，记忆师说，有头无尾，得后遗前，随其所见，笔之于书。"历代奉为经典的六经、《论语》、《孟子》，绝非万世之至论，实乃"道学之口实，假人之渊薮也"②。李贽以其思想家的胆识、犀利的笔锋，剥掉了孔孟神圣的外衣，坚决反对以孔子的言论作为判断是非的标准，汉唐宋三代，"中间千百余年，而独无是非者，岂其人无是非哉？咸以孔子之是非为是非，故未尝有是非耳"③。在冯梦龙的著作中，也有对孔子及六经的嘲讽和否定。他在《广笑府》序中写道："又笑那孔子的老头儿，你絮叨叨说什么道学文章，也平白地把好些活人都弄死"，提出了孔子道学杀人的说法，其激进程度颇似李贽。在《太平广记钞》卷二十六《刘献之》条后，冯梦龙评点："假使往圣不作六经，千载又谁知其少乎？"他将六经视为可有可无的典籍。李贽在《答以女人学道为见短书》中，认为"谓人有男女则可，谓见有男

---

① 出自冯梦龙《情史》卷一《总评》. 参见张进德，王利锁. 中国古代文学史（下）[M]. 郑州：河南大学出版社，2012：240.
② 出自李贽《童心说》. 参见李贽. 焚书·续焚书校释[M]. 陈仁仁，校释. 长沙：岳麓书社，2011：173.
③ 此主张出自李贽《藏书·世纪列传总目前论》. 参见李贽文选[M]. 天津：天津人民出版社，1974：2-3.

女岂可乎？谓见有长短则可，谓男子之见尽长，女人之见尽短，又岂可乎？"① 并对历史上有作为的女性，给予了极高的评价。与李贽一样，冯梦龙也肯定妇女的才智，在《智囊》中，专辑《闺智部》一卷，表彰古今才女，认为"妇智胜男"，即使不胜，亦无不及。这与李贽的男女见识无长短之别的主张何其相似。

李贽的文学观对冯梦龙的影响更大。李贽最根本的文学主张是"童心说"，童心就是真心，世上最优秀的文学作品，都是作家真情实感的表露，而真正出自"童心"的优秀作品是通俗文学、戏曲小说，所以推《西厢记》《水浒传》为"天下之至文"。冯梦龙认为文学是作家性情的表露，《太霞新奏》序言中说："文之善达性情者，无如诗三百篇之可以兴人者，唯其发于中情自然而然故也。"② 这"性情"主要是指情感，他也常用"中情""至情""真情"来表示。冯梦龙对通俗文学的推崇不亚于李贽，认为"但有假诗文，无假山歌"③，并亲手搜集、整理了《挂枝儿》《山歌》等民歌集。他称《三国演义》《水浒传》《西游记》《金瓶梅》为"宇内四大奇书"，并编纂了大量的通俗文学，包括话本经典"三言"。

3. 集王阳明和李贽两种不同思想体系于一身的冯梦龙

在明代哲学史上，王阳明和李贽属于两个不同的思想体系。王阳明是传统儒学的拥护者和继承人，直接因袭从孟子到陆九渊的哲学思想，站在维护明朝统治的立场上进行新的架构和阐释。李贽是一位激进的思想家，其思想带有鲜明的叛逆色彩和反传统精神。如此矛盾对立的两位思想家，为何都能为冯梦龙所接受？原因是多方面的。

首先，人的思想是非常复杂的，往往具有多重性。冯梦龙的思想也存在矛盾，一方面，他嘲笑孔夫子，贬斥六经；另一方面，他却一直在

---

① 李贽. 焚书·续焚书校释 [M]. 陈仁仁, 校释. 长沙：岳麓书社，2011：108.
② 陆树仑. 冯梦龙研究 [M]. 上海：复旦大学出版社，1987：132.
③ 冯梦龙. 挂枝儿　山歌　夹竹桃：民歌三种 [M]. 北京：北京联合出版公司，2018：111.

兢兢业业治经，称赞孔圣人"删述六经，表章五教，上接文、武、周公之派，下开百千万世之绪，此乃帝王以后第一代讲学之祖"，著有《麟经指月》《春秋衡库》等读经指南。一方面，他肯定卓文君的自择私奔；另一方面，却在《寿宁待志》中为节妇立传，认为其清白怎可没也。这种矛盾现象正是冯梦龙接受尖锐对立的王阳明和李贽的思想基础。

其次，冯梦龙接受王阳明和李贽是有阶段性的。大体上来说，可以冯梦龙崇祯三年（1630）中副榜贡生为界。他青年和中年时期，受李贽的影响较大，思想比较进步。晚年则受王阳明影响较大，思想趋于保守。冯梦龙的主要小说、戏曲、民歌几乎都是在明天启七年（1627）以前编纂的，也就是说，冯梦龙作为一位通俗文学大家的地位，早在1627年之前已奠定。他的一些进步的政治思想和文学主张也是在此之前形成的。崇祯三年，他中了贡生，做了一任丹徒县学训导，后来迁升寿宁知县，因为政清廉明，博得了循吏的美名。作为朝廷命官，文武兼备的王阳明成为他崇拜、效法的对象，接受王阳明便在情理之中。

再次，冯梦龙受王阳明、李贽的影响程度不同，受李氏之学的影响更大。冯梦龙是一位文学家，既是思想家又是文学批评家的李贽及其对小说、戏曲的评点，直接影响了冯梦龙的文学活动。李贽的思想受到王阳明的影响，李贽自己说过："余自幼倔强难化，不信道，不信仙、释，故见道人则恶，见僧则恶，见道学先生则尤恶……不幸年逾四十，为友人李逢阳、徐用检所诱，告我龙溪先生语，示我阳明先生书，乃知得道真人不死，实与真佛、真仙同，虽倔强，不得不信之矣。"[①] 事实上，李贽的一些精辟见解便受到阳明心学的启发。王阳明说："夫学贵得之于心，求之于心而非也，虽其言出于孔子，不敢以为是也，而况其

---

① 王守仁，李贽. 阳明先生道学钞 [M]. 张山梁，张宏敏，点校. 厦门：厦门大学出版社，2021：405.

未及孔子者乎？求之于心而是也，虽其言之出于庸常，不敢以为非也，而况其出于孔子者乎？"① 这一观点实际上是李贽反对以孔子之是非为是非的先声。李贽的"童心说"和王阳明的"良知说"之间显然有理论上的渊源关系，至少在先天赋予、人人具备的真实存在这一点上如此。既然反道学的李贽也能从真道学的王阳明处得到启发，那么后学冯梦龙能兼采李氏之学和阳明心学也就不难理解了。

（三）冯梦龙主要作品解读

明代文学是以小说、戏曲和民间歌曲的繁荣为特色的。小说、戏曲方面，颇有一些大作家，但在小说、戏曲、民间歌曲三方面都作出了杰出贡献的，明代唯冯梦龙一人而已，人称"海水流到哪里，作品就传到哪里"。冯梦龙的作品具有浓郁的江南文化特色，也反映出独特的时代背景、思想痕迹和地域特色。

1. 作品概述

冯梦龙是通俗文学的全才，在民歌、戏曲、小说方面都有撰作，并且作出了杰出贡献，在文学史上具有重要的地位。冯梦龙勤于著作，作品总数超过50种。出任寿宁知县时，编过当地的方志《寿宁待志》。明末天下大乱，清兵入关，冯梦龙十分关心国家大事，从南下避兵祸的难民中收集材料，写成了《甲申纪事》《中兴伟略》两部保存了珍贵历史资料的书。其主要作品有：

（1）话本类：编撰白话小说集《喻世明言》《警世通言》《醒世恒言》（合称"三言"）；增删和改编《有夏志传》《古今烈女演义》《燕居笔记》《两汉志传》《三教偶拈》《新平妖传》《新列国志》《盘古至唐虞传》《太平广记钞》。

（2）民歌类：《挂枝儿》《山歌》《夹竹桃顶针千家诗山歌》。

（3）笔记小品类：《智囊》《古今谭概》《情史》《笑府》。

（4）戏曲类：戏曲集有《墨憨斋定本传奇》；其中《双雄记》《万

---

① 王阳明. 传习录［M］. 北京：中国友谊出版公司，2021：146.

事足》两种为冯梦龙新创,其他十几种则为改订。

（5）散曲、诗集、曲谱类：流传有散曲集《太霞新奏》；散曲集《宛转歌》和诗集《七乐斋稿》均已失传；曲谱《墨憨斋词谱》未成稿。

（6）时事类：《甲申纪事》《中兴实录》《中兴伟略》。

（7）应试指南类：《春秋衡库》《麟经指月》《春秋别本大全》《春秋定旨参新》《四书指月》。

（8）家常应用类：《叶子新斗谱》《牌经》《马吊脚例》等。

（9）史志类：《纲鉴统一》《寿宁待志》。

（10）其他：《折梅笺》《楚辞句解评林》。

2. "三言"解读

冯梦龙编选的《喻世明言》《警世通言》《醒世恒言》，代表了明代拟话本的最高成就，是中国古代白话短篇小说的宝库。这三部小说集相继辑成并刊刻于明代天启年间，各40篇，共120篇，约三分之一是宋元话本，三分之二是明代拟话本。"三言"中哪些是宋元旧篇，哪些是明代新作和冯梦龙拟作，已难一一辨明，但都程度不等地经过冯梦龙增删和润饰。

这些作品，题材广泛，内容复杂，既有对封建官僚丑恶嘴脸的谴责和对正直官吏德行的赞扬，也有对友谊、爱情的歌颂和对背信弃义、负心行为的斥责，较多地涉及市民阶层的经济活动，表现了小生产者之间的交往；既表现了资本主义萌芽时期的新思想，又存留有消极、腐朽、庸俗的旧意识，这种进步和落后交织在一起的现象，反映了市民阶层的感情意识和道德观念，表现了资本主义萌芽时期的社会风貌，具有鲜明的时代文学色彩，这也正是新兴市民文学的基本特征。在艺术表现方面，"三言"与宋元话本一样，具有故事完整、情节曲折的特点，但篇幅更长、主题思想更集中、人情世态描绘得更丰富、内心刻画也更细腻。正如《今古奇观》序言中所称："极摹人情世态之歧，备写悲欢离合之致。"① 这标志着中国短篇白话小说的民族风格和特点已经形成。"三言"的刊行,不仅使许多宋元旧篇免于湮没,而且推动了短篇白话小说的发展和繁荣,影响深远。

《醒世恒言》中的《卖油郎独占花魁》是一篇富有时代特色的爱情作品。卖油郎秦重被"花魁娘子"莘瑶琴的美丽所吸引,辛苦经营积攒了一笔钱想去亲近她。莘瑶琴起初因为他不是"有名称的子弟","甚是不悦"。由于秦重对她格外体贴、诚恳,她才渐渐觉得"难得这好人,又忠厚、又老实",但等级地位观念又使她不愿立刻向秦重倾吐衷情。直到她受到吴八公子的侮辱欺凌后,才明白那些豪华之辈、酒色之徒"只知买笑追欢的乐意,那有怜香惜玉的真心",终于向秦重提出"我要嫁你",并表示"布衣蔬食,死而无怨"。值得注意的是,在作品中,小商人已作为正面人物被大力肯定和歌颂,并通过生动的情节,宣扬了在婚姻和爱情问题上,可贵的不是金钱、门第、等级,而是彼此知心如意,相互尊重,这正是市民思想进步性的表现。在人情世态的描绘上,在细节描写和人物内心活动的刻画上,更趋丰富、细腻。

明中叶后,封建统治阶级更趋腐朽,统治集团内部的斗争也更为激烈,这是产生这些作品的现实土壤。《喻世明言》中的《沈小霞相会出师表》直接反映了当时统治阶级内部的忠奸斗争。小说写忠言直谏、嫉恶如仇的沈炼和权奸严嵩父子及其党羽之间的斗争,基本情节都有史实依据。

这些作品中的主人公并不局限于封建文人,还出现了手工业者,这是一种新的现象,在一定程度上反映了时代的特征。《醒世恒言》中的《施润泽滩阙遇友》写两个小手工业者之间的交往和友谊。嘉靖年间,盛泽镇"开张绸机"的施复,在卖绸回来的路上拾到六两多银子,起先满心欢喜,但当想到可能给失主带来的严重后果时,毅然地把银子退回给了失主。失主朱恩也是个以蚕桑为业的小手工业者,对施复感激万

---

① 郑振铎. 西谛书话 [M]. 北京:生活·读书·新知三联书店,2005:138.

分。后来施复养蚕缺桑叶,去洞庭山买,无意遇上了朱恩。朱恩不但盛情款待,以桑叶接济他,还使他免于覆舟的危险。小说选择这样一个主题,歌颂这两个小手工业者之间的友谊,反映了明中叶城市工商业的繁荣,以及市民阶层的壮大。

3.《智囊》解读

《智囊》《古今谭概》《情史》三部书,可谓冯梦龙在"三言"之外的又一个"三部曲"系列的小说类书。《智囊》之旨在"益智"、《古今谭概》之旨在"疗腐"、《情史》之旨在"情教",均表达了冯梦龙对世事的关心。其中《智囊》是最具社会政治特色和实用价值的故事集。冯梦龙想借此总结"古今成败得失"的原因,其用意不可谓不深远。

《智囊》初编于明天启六年(1626),这年冯梦龙已届天命之年,还在各地以做馆塾先生过活,兼为书商编书以解无米之炊。此时也是奸党魏忠贤在朝中掌权,提督特务机关东厂大兴冤狱之际,可谓中国封建社会最黑暗的时期之一。这部类书中的许多篇章直斥阉党掌权之弊。以后此书又经冯梦龙增补,重刊时改名《智囊补》(《智囊全集》《增智囊补》《增广智囊补》)。全书共收上起先秦,下迄明代的历代智慧故事1 238则,依内容分为10部28卷。《上智部》《明智部》《察智部》所收历代政治故事表达了冯梦龙的政治见解和明察勤政的为官态度;《胆智部》《术智部》《捷智部》编选的是各种治理政务的手段;《语智部》收录辩才善言的故事;《兵智部》收集各种出奇制胜的军事谋略;《闺智部》专辑历代女子的智慧故事;《杂智部》专收各种黠狡小技以至于种种骗术。全书既有政治、军事、外交方面的大谋略,也有士卒、漂妇、仆奴、僧道、农夫、画工等小人物日常生活中的奇机智。书中涉及的典籍几乎涵盖了明代以前的全部正史和众多笔记、野史,使这部关于智慧和计谋的类书还具有重要的资料和校勘价值。书中的一千多则故事,多数信而有征,查而有据,真实生动,对我们今天学习历史,增强民族自信心和自豪感也是十分有益的。尤其是《闺智部》,记叙了许多有才智、有勇谋、有远见卓识的女子，这在"女子无才便是德"的封建时代，殊为难得。这也是明朝中后期才可能有的时代特征。

书中各部类之前的总叙、分叙，各篇之后的评语，文中的夹批，均由冯梦龙撰写。这些评注是冯梦龙政治态度、人生见解、爱憎之情的最集中、最直接的表达，嬉笑怒骂皆成文章，是研究冯梦龙思想的第一手材料。《四库全书总目提要》谓此书"间系以评语，佻薄殊甚"，这个评价是有失公允的。

4. 戏曲解读

冯梦龙作为戏曲家，主要活动是更定传奇、修订词谱及提出戏曲创作和表演主张。他创作的传奇作品，传世的只有《双雄记》和《万事足》两种，能守曲律，时出俊语，宜于演出。冯梦龙之所以重视更定和修谱工作，是因为他看到当时传奇之作"人翻窠臼，家画葫芦，传奇不奇，散套成套"①的现象十分严重。为了纠正这种弊端，振兴戏曲，于是主张修订词谱，制订曲律，同时提出"词学三法"，强调调、韵、词三者不应偏废。他认为一部优秀剧作应该情真意新，韵严调协，词藻明白，文采斐然，案头场上，两善其美。冯梦龙更定的作品达数十种之多，现可考者有 17 种，其中颇有名作，如汤显祖的《牡丹亭》《邯郸梦》，袁于令的《西楼记》，李玉的《一捧雪》《人兽关》《永团圆》《占花魁》和《清忠谱》等。在更定过程中，冯梦龙强调关目的真实自然，合乎情理，突出中心，反对枝蔓；注重人物性格的多侧面刻画，使之生动鲜明。对于音律，见原作落调失韵处，冯梦龙也总是按谱加以修改，以便于演唱。他更定汤显祖的《牡丹亭》的原因，便是认为这部具有无限才情的杰作只是"案头之书，非当场之谱"②，更定后的《牡丹亭》虽与汤显祖原著的意趣有所差异，但也的确更便于用昆

---

① 出自《〈曲律〉叙》。参见高洪钧. 冯梦龙集笺注 [M]. 天津：天津古籍出版社, 2006：193.

② 出自《〈风流梦〉小引》。参见陆树仑. 冯梦龙研究 [M]. 上海：复旦大学出版社, 1987：51.

腔演唱。冯梦龙更定传奇的工作，对于纠正创作脱离舞台的案头化偏向，繁荣明末戏曲，起了一定的积极作用。

在戏曲表演艺术方面，冯梦龙也有不少精湛之论。他在《〈双雄记〉序》中提出，歌者必须识别调的宫商，音的清浊，不能"弄声随意"，"唇舌齿喉之无辨"。在更定传奇的眉评中，也时时提示演员，何处是"精神结穴"处，戏要做足；何曲演出时不宜删略。要求演员应认真领会角色的思想感情、气质风度及其所处的艺术环境，演出人物的神情和个性。

冯梦龙的散曲集《宛转歌》和诗集《七乐斋稿》，均已失传。从残存的数十首作品中可以看出，其散曲多"极摹别恨"之作。他的诗以通俗平易见长，亦有可观之作，如在知县任上写的《催科》。

5. 民歌解读

《挂枝儿》（又名《童痴一弄》）和《山歌》（又名《童痴二弄》）是冯梦龙编纂整理的两部民间时调歌曲专集。冯梦龙与青楼女子交往时收集了不少民歌，他从民间和书肆那里也收集了不少民歌，这些民歌都是情歌。《挂枝儿》10卷，今存379首，大多是江南人依北方俗曲所作；《山歌》共10卷380首，其中包括一些上千字的长篇，绝大部分是用吴语写成的吴地民歌。《山歌》中的长篇，大多是故事性的，说白和唱相杂，语气生动、情绪活泼的特点比那些短篇表现得更加充分，是研究吴地民间文艺的极好材料。

这两部民歌集更多地反映了晚明文学的特点及文人文学与俗文学的结合，其中有许多作品经过文人加工或改编，有些更直接出于冯梦龙本人及其友人之手；在编辑意识上，如《山歌》序所言，具有明确的反抗封建道德的目的，以前文人辑集的民歌还是以表现男女间的感情为主，在这两部集子中则有更多对于"欲"的肯定，以沈德符的话来说，带有"秽亵"。《挂枝儿》中的情歌常写得热烈而曲折深细，生活的真实感极强，《山歌》也是以写男女私情为主，其放肆程度又较《挂枝儿》为甚。这里面难免有些过分之处，但总体上还是表现了当时社会大胆的抗争意识。

冯梦龙首次将民歌作为一种与正统诗文并列的文学样式，并从不同层面肯定了民歌的价值和地位。在此基础上，他提出了民歌编纂的总原则——"从俗谈"，并在体例的编排和评注的运用等方面创新形成了一系列有效的编纂方法，对今天的俗文学整理工作仍具有极大的借鉴意义。

吴歌的历史源远流长，《楚辞·招魂》有"吴歈蔡讴，奏大吕些"，北宋郭茂倩编《乐府诗集》时，将搜集到的吴歌编入了《清商曲辞》的《吴声歌曲》中，为五言句式，多数是情歌，以《子夜歌》最具当时民歌的特点。明代，冯梦龙采录宋元到明中叶流传在民间的大量吴歌，用吴方言记录，辑录成《山歌》《挂枝儿》，以情歌为多，句式上发展为七言。清代是长篇叙事吴歌的成熟繁荣时期，经书商刊刻、文人传抄和民间艺人的口传，保存了大量长篇叙事吴歌。吴歌内容丰富，涉及面广，有时代真实感，这在正史上是见不到的，因而对于研究历史具有参考价值。

吴歌是带有浓厚民族和地方特色的韵文，具有温柔敦厚、含蓄缠绵、隐喻曲折、吟诵性强的特点。它和唐诗、宋词、元曲并列于文学之林，在中国文学史上占有一席之地，在明代曾被称为"一绝"。2006年5月20日，吴歌被列入第一批国家级非物质文化遗产名录。吴歌在国际上也受到重视，联合国教科文组织、欧美、日韩等地的诸多学者、专家多次到苏州实地采风，考察吴歌的生存状况。

6. 文学思想分析

在文学上，冯梦龙重视通俗文学所蕴含的真挚情感与巨大教化作用，认为通俗文学为"民间性情之响"，"天地间自然之文"，是真情的流露。在《叙山歌》中，他提出"借男女之真情，发名教之伪药"的文学主张，表现了冲破礼教束缚、追求个性解放的时代特质。对通俗文学的教化作用，他在《〈古今小说〉叙》中说道，"虽小诵《孝经》《论语》，其感人未必如是之捷且深"，通俗小说可以使"怯者勇，淫者贞，薄者敦，顽钝者汗下"。①

冯梦龙的文学主张主要有以下几点。

第一，冯梦龙在文学上主张"情真"。他重感情，认为情是沟通人与人之间最可贵的东西，甚至提出要设立一种"情教"，用它取代其他的宗教。他曾自负地说，"子犹诸曲，绝无文采，然有一字过人，曰'真'"②，又在《叙山歌》中说，山歌"借男女之真情，发名教之伪药"。就小说而言，他要做到"事真而理不赝，即事赝而理亦真"③。在他有关小说的眉批里，常可看到"叙别致凄婉如真"，"话得真切动人"，"口气逼真"等评语。情真、事真、理真是冯梦龙在各种文学形式中反复提到的，是他追求的总目标。

第二，冯梦龙强调文学作品的通俗性。他虽然不反对文言小说，其《情史》便收集了很多文言作品，但他更强调作品的通俗性，认为作品通俗易懂才具有强烈的艺术感染力。他在《〈古今小说〉叙》中说："大抵唐人选言，入于文心；宋人通俗，谐于里耳。天下之文心少而里耳多，则小说之资于选言者少，而资于通俗者多。试今说话人当场描写，可喜可愕，可悲可涕，可歌可舞；再欲捉刀，再欲下拜，再欲决胆，再欲捐金；怯者勇，淫者贞，薄者敦，顽钝者汗下。虽小诵《孝经》《论语》，其感人未必如是之捷且深也。噫，不通俗而能之乎？"④"文心"指的是文人典雅的作品，"里耳"是闾巷平民的感受，只有通俗的作品，才能得到闾里小民的欣赏。在《〈醒世恒言〉叙》里他也有同样的说法："尚理或病于艰深，修词或伤于藻绘，则不足以触里耳而振恒心。"⑤

第三，冯梦龙主张文学要有教化作用，而且要把社会教化的内容和通俗易懂的形式结合起来。他在《〈警世通言〉叙》中举了里巷小儿听

---

① 冯梦龙. 古今小说 [M]. 许政扬，校注. 北京：人民文学出版社，1958：叙.
② 王卫平，王建华. 苏州史纪：古代 [M]. 苏州：苏州大学出版社，1999：175.
③ 冯梦龙. 警世通言 [M]. 严敦易，校注. 北京：人民文学出版社，1956：叙.
④ 冯梦龙. 古今小说 [M]. 许政扬，校注. 北京：人民文学出版社，1958：叙.
⑤ 冯梦龙. 醒世恒言 [M]. 顾学颉，校注. 北京：人民文学出版社，1956：叙.

《三国》故事受小说人物影响的例子："里中儿代庖而创其指,不呼痛,或怪之,曰:'吾顷从玄妙观听说《三国志》来,关云长刮骨疗毒,且谈笑自若,我何痛为!'"① 这个例子生动说明了通俗小说的巨大影响力,确不是被奉为经典的《孝经》《论语》这类书所能达到的。所以,冯梦龙希望借这些通俗作品达到教化的目的。"三言"就是他"导愚""适俗"和"习之而不厌,传之而可久"的实践。

明白了这些,冯梦龙在寿宁的为政实践,注重民生,广行德政,也就有脉可寻了。

二、冯梦龙文化与"江南廉韵"建设

苏州人文底蕴深厚,历史上出了许多清官廉吏,为百姓所传颂爱戴。三国时期,陆绩卸任郁林太守,归家时两袖清风,担心舟轻不足以抵御风浪,便以石加重,留下了"廉石"精神;宋代范仲淹为人正直,品德高洁,一生节俭,捐出自家宅地开办义庄,留下了"先忧后乐"精神;明代况钟清廉刚正,世人称其为"况青天"。冯梦龙虽直至花甲才担任知县,且任期只有短短四年,但他凭借卓越的才干和高尚的人品在百姓心中留下了美名。

冯梦龙善用智谋化解各种纠纷,注重化繁为简,采取"兴学立教"等多种措施,以实现"无讼"的德治理念。在教化乡民方面,冯梦龙也多有付出,留下了连习近平总书记都盛赞的德政。寿宁虽有学校但读书者少,于是他将自己的著作《四书指月》发给诸生,并亲自讲解,使读书人欣欣然渐有进取之志;当地百姓信巫不信医,为改变此风气,冯梦龙捐俸买药为百姓治病;寿宁虎患,他又捐俸制造捕虎器具,捐俸造数具,置虎常游处,半年间连毙三虎,自是绝迹,解除了寿宁的虎患。

(一)冯梦龙作品与冯梦龙政德文化

从冯梦龙的作品中,可以时时发现其政德思想。在《智囊》中,

---

① 冯梦龙. 警世通言 [M]. 严敦易, 校注. 北京: 人民文学出版社, 1956: 叙.

他通过古今之治的故事和智慧,讲述德本思想;在"三言"中,他第一次把以手工业者、小贩、小商人及其妻女为主的城市平民作为正面人物,通过对市井生活、社会经济、爱恨情仇的描写,体现以人为本、尊重民生的德本思想。习近平总书记多次强调要加强梳理、传承中华优秀传统文化,努力实现其创造性转化、创新性发展,并多次肯定冯梦龙。冯梦龙以情演法的"情教说",使他虽无显赫的政治地位,却能矗立在时代思想的文化高地和政德高地。

从冯梦龙作品来解读冯梦龙政德文化,是非常有研究价值和现实意义的。

1. 冯梦龙的时代背景与哲学思想剖析

冯梦龙生活的晚明时期,正处于中国社会大变革的阶段。从冯梦龙作品的思想来源和主题立意来看,在当时特定的社会背景下,冯梦龙的思想既受正统儒家思想的影响,如从小攻读四书五经,走仕途经济道路是他的最高理想;同时又深受李贽和市民思想观念的影响,如主张任自然、反束缚,正视老百姓的物质追求和逐利行为,在文学观方面也主张真情实感,能写出人的真实欲望。所以冯梦龙笔下,既展示了当时城乡社会经济发展的繁华景象,又反映了民众的生活风貌;既写出了民众纯朴、善良、厚道的一面,也揭露了他们对金钱色欲的追求、对变泰发迹的渴望等世俗乃至庸俗的一面。

(1) 理学的影响与心学的传承

冯梦龙从小学习四书五经,致力于科举仕途,自然深受传统理学特别是程朱理学思想的影响。明太祖即位后,把朱熹作注的四书五经作为科举考试的唯一标准教材,各种伦理规范被提升到空前的高度,尤其是对女性的约束达到了极致。当时女性通过守贞既可获得精神性的表彰,也可获得物质性奖励。因此,明朝仅有史册记载的女性就有上万人。冯梦龙作为受传统教育的文人,自然也无法完全超越那个时代,甚至在某种程度上成为理学思想的继承和传播者。在面对复杂多变的婚姻问题时,女性一般以守贞作为处理婚姻问题的重要手段。《醒世恒言》的

《大树坡义虎送亲》中，勤自励在外当兵，未婚妻潮音一直没有他的音信。当潮音父母劝女儿改嫁时，遭到严词拒绝。《陈多寿生死夫妻》中，朱世远的女儿也坚决反对改嫁。这样的婚姻命运，现代看来令人唏嘘，可是冯梦龙倍加称赞："三冬不改孤松操，万苦难移烈女心"。

但同时，冯梦龙又深受心学影响。冯梦龙对王阳明特别推崇。在《三教偶拈》中，他道出了推崇王阳明的原因："偶阅《王文成公年谱》，窃叹谓文事武备，儒家第一流人物，暇日演为小传，使天下之学儒者，知学问必如文成，方为有用。"① 影响冯梦龙思想的另一个心学大家是李贽，尤其是其"童心说"。李贽认为"童心"是人类天生就具有的能动性，只有出自真情实意才是童心，否则就是假意。李贽主张人类在人格上是平等的，每一个人都有追求欲望的权利，每个人都应当受到尊敬。这种说法与冯梦龙的情教观如出一辙。作为李贽思想的接受者，冯梦龙在作品中也表达出了类似的观点。

冯梦龙认为，"情"的内涵是丰富的，不但万物皆有情，而且还具有穿越生死的力量。这与汤显祖的"至情观"一脉相承。冯梦龙《情史·白女》中提出："人，生死于情者也；情，不生死于人者也。人生，而情能死之；人死，而情又能生之。"② 情是世界的本源，人之情也是不可磨灭的天地生灵之物，不能用客观存在的"天理"对人之情进行约束，不能把"理"和"情"对立起来，要在尊重人的情感的基础上，适应人之情并加以引导，塑造社会伦理道德。

（2）情教的重视与法理的秉持

冯梦龙从六经经典出发，总结出"情教"的规律，从男女之情到家庭人伦，继续向外拓展，由小变大，再到国家之情，衍生出整个社会伦理及宇宙世界。因此，冯梦龙的情教观不仅是他的文学观，也是一种世界观。这种观念主要集中体现在他的《情史》中，也渗透在他的

---

① 魏同贤. 冯梦龙全集·三教偶拈 [M]. 南京：凤凰出版社，2007：序.
② 冯梦龙. 情史 [M]. 长沙：岳麓书社，2003：209.

"三言"小说中。他的《情史》是"情的法典";他在"三言"中塑造了众多的爱情男女,婚恋主题也成为"三言"作品中最重要的组成部分之一。在以"理"统治人们思想的时代,这不失为一种振世之音。

冯梦龙试图把情教提高到与传统儒家经典同样的高度,从而起到教化育民的作用。他在《情史》序中强调:"我死后不能忘情世人,必当作佛度世……于是乎无情化有,私情化公,庶乡国天下,蔼然以情相与,于浇俗冀有更焉……虽事专男女,未尽雅驯,而曲终之奏,要归于正。善读者可以广情,不善读者亦不至于导欲。"① 这段话鲜明地表明了要用"情"来矫正当时的浇薄世风,让人都能变无情为有情,变私情为公情,最终形成一个有情的家国天下。不同于当时统治者强制性的做法,冯梦龙更倾向于通过唤醒个人的意识,最终达到整个人类道德的觉醒,这与他"三言"创作的意图殊途同归,也在他的从政实践中得到充分地体现。

冯梦龙的"情教"思想在晚明尊情重性思潮中具有重要的意义和影响。冯梦龙把"情"放在本体的位置上,认为情即性,性即情,具有启蒙人性、张扬人性的精神。在冯梦龙看来,情是亘古长存,生生不灭的。在充分肯定自然之情的基础上,冯梦龙并没有将情、理截然对立,不反对"理为情之范"的世儒观点,并提出"情为理之维"加以调和,认为一切合乎理的行为应该建立在真情的基础之上,或者至少在评判是否合"理"时,应该考虑到"情"这个维度。

然而,"情"是一把双刃剑,情爱和欲望过于泛滥,则容易堕入恶的渊薮,陷于不法境地。比如人的金钱欲望,冯梦龙在《智囊·上智部·严震》条评道:"天下无穷不肖事,皆从舍不得钱而起。天下无穷好事,皆从舍得钱而做。自古无舍不得钱之好人也。"② 《醒世恒言》中,《一文钱小隙造奇冤》充分说明悭吝自私的价值观和贪得无厌的金

---

① 冯梦龙. 情史 [M]. 长沙:岳麓书社,2003:龙子犹序.
② 冯梦龙. 智囊全集 [M]. 北京:线装书局,2010:55.

钱观都是恶情的表现。基于此，冯梦龙在《古今谭概·越情部》中评论道："天下莫灵于鬼神，莫威于雷电，莫重于生死，莫难忍于气，莫难舍于财；而一当权势所在，便如鬼如神，如雷如电，舍财忍气，甚者不惜捐性命以奉之矣。人情之蔽，无甚于此。"① 财力和权力，让人难免徇情枉法，而只有超越常情，遵守法度，才能遏制恶情，彰显真性情。因此，在正视人情、顺从人情的同时也要规范人情、节制人情，君子之治要与良善之法紧密联系。

（3）为人的有情与为官的有德

冯梦龙是一位深于情而又明于法的文人士子。他年轻时风流艳冶场，中老年时治理一方清廉自守，甚至为挽救家国命运而奔走呼号于乱世。他的重情重义从《情史》序中可见一斑："余少负情痴，遇朋侪必倾赤相与，吉凶同患。闻人有奇穷奇枉，虽不相识，求为之地。或力所不及，则嗟叹累日，中夜展转不寐。见一有情人，辄欲下拜；或无情者，志言相忤，必委曲以情导之，万万不从乃已。尝戏言，我死后不能忘情世人，必当作佛度世，其佛号当云'多情欢喜如来'。"② 他毕生用情演法，来世发愿以情度世。他有着合三教而治世的理念。正如他在《三教偶拈》序言中所说："余于三教概未有得，然终不敢有所去取。其间于释教吾取其慈悲，于道教吾取其清净，于儒教吾取其平实。所谓得其意皆可以治世者，此也。"③ 冯梦龙对三教的择取，以"治世"为目的。他以"文事武备"的王阳明为"儒家第一流人物"，在《智囊全集》中多次记述王阳明的文治武功。冯梦龙的朋友艾容在《微尘阁稿》卷七《寄冯梦龙京口，著有〈智囊〉〈衡库〉等集》中评价《智囊》道："《智囊》自属救时策，经笥原为天下师。"④ 可见冯梦龙毕其一生，其实都在身体力行着儒家的价值取向和进取精神。

---

① 冯梦龙.古今谭概 [M].刘德权，校点.福州：海峡文艺出版社，1985：321.
② 冯梦龙.情史 [M].长沙：岳麓书社，2003：龙子犹序.
③ 魏同贤.冯梦龙全集·三教偶拈 [M].南京：凤凰出版社，2007：序.
④ 徐朔方.晚明曲家年谱·第一卷 [M].杭州：浙江古籍出版社，1993：755.

2. 冯梦龙的作品内涵解读

冯梦龙编撰的各种文集及作品中（包括白话小说集、吴地民歌、剧本等），也体现了他的廉政思想，他对勤政清廉的推崇和对庸政贪秽的抨击都是态度鲜明，不遗余力的。他在编纂"三言"时，就有很明确的价值取向："足以佐经书史传之穷"，坚持"说孝而孝，说忠而忠，说节义而节义。触性性通，导情情出"。[①] 例如在《醒世恒言》的《卢太学诗酒傲公侯》中，以主人公卢楠的遭遇为主线，凸显了汪知县的"汪法"之残忍（所谓"破家县令"）和陆知县的"分文不要，爱民如子"。通过这两个典型的官员形象，揭露贪官与酷吏草菅人命、自私凶残的本质，颂扬见义勇为、勤政廉洁的高风亮节。

冯梦龙编纂的《古今谭概》是他除"三言"及剧本、民歌搜集以外，最享盛誉的一种笔记文学。《古今谭概》取材于明代及其以前的几乎全部正史，兼收多种稗官野史、笔记丛谈，其中提及的绝大多数人物都名见史传，绝大多数故事也都是见载于典籍的史实。这些真人真事，经过冯梦龙别具匠心的编辑、批注，组成了一幅奇诡可笑的漫画长卷，极尽嬉笑怒骂，其中包括讽刺揭露贪污枉法的《汰侈部》《贪秽部》《荒唐部》等约80个故事，抨击了人世间祸国殃民的腐败贪污现象，严厉警告了那些效尤者"获祸者多矣"，至今仍具有惩恶扬善的积极意义。《醒世恒言》的《薛录事鱼服证仙》中的青城县，在薛少府的治理下，百姓安居乐业，"出处田禾大熟，盗贼尽化为良民"，夜不闭户，路不拾遗；《喻世明言》的《沈小霞相会出师表》中，沈炼做了三处的县令，所到之处都是"吏肃惟遵法，官清不爱钱，豪强皆敛手，百姓尽安民"。可以说，这就是冯梦龙德政的愿景。

冯梦龙的很多小说具有劝诫及警示意义。如《醒世恒言》的《张廷秀逃生救父》中，陷害廷秀父子的赵昂、杨洪、杨江被捕后被各打六十大板，依律问斩，两个帮手各打四十大板，拟成绞罪；《蔡瑞虹忍

---

① 冯梦龙. 警世通言［M］. 严敦易，校注. 北京：人民文学出版社，1956：叙.

辱报仇》中匪首陈小四一伙俱被问罪伏法;《警世通言》中,《苏知县罗衫再合》中谋害苏知县一家的凶徒徐能一伙,均被依律处决,其家财籍没为边储之用;《王娇鸾百年长恨》中负约的周廷章,在堂上被乱棍打死,满城人无不称快。除了这些刚性的法治措施,冯梦龙作品里还有体察民情而行法治的德政思想。

3. 冯梦龙的政德思想解析

教化有方、理讼有法与富民有道,是古代评判循吏的三大标准。在情与法、教化与理讼关系的处理上,冯梦龙寻求着情与法的调和相济,探寻着循吏的是非标准和执法智慧。

(1) 教化有方

一是推行善政,重视教化。冯梦龙对寿宁县的教育十分重视,因为"礼者,禁将然之前;而法者,禁于已然之后"①,所以他不但靠行政强制力推行善政,而且"立月课","颁《四书指月》亲为讲解",以期重塑人内心的道德伦理、感情礼仪,移风易俗。《警世通言》中,《宋小官团圆破毡笠》中的宋金虽然未被掷入水中加以陷害,而是被岳父假装叫他下水推舟,扔在岸上将他遗弃,却也差点让宋金陷入绝境。但是正如宜春对宋金所说,虽然爹妈做了对不起宋金的事,但毕竟日前也帮过他,"今后但记恩,莫记怨",所以当宜春除了孝服,将灵位抛向水中时,过往的一切怨恨也都随水而逝。正因为有这样的认识和感悟,小说对人性的理解、对人情的把握、对情理的演绎才十分透彻且切合实际,对劝善扬善的教化作用才更有效。

二是追求真情,倡导专情。"真"是冯梦龙文学观和世界观中一个非常重要的因素,它是判别是否有情及是否达到"至情"的最大前提。《卖油郎独占花魁》描写了见惯了风月场上虚情假意的"花魁娘子"莘瑶琴出于对真爱的追求,选择了让她感受到人与人之间尊重的卖油郎秦

---

① 出自《大戴礼记·礼察》,若推行德政和教化,可以让民众自己约束自己的言行,把不好的事情扼杀在萌芽状态。转引自刘兆伟. 论语 [M]. 北京:人民教育出版社,2015:267.

重;《杜十娘怒沉百宝箱》中的杜十娘,在那么多风流少年中选择了李甲,主要是因为李甲忠厚赤诚,两人也情投意合,但李甲最终辜负了杜十娘的真心,引发了悲惨结局。

冯梦龙在追求真情的基础上,鲜明地反对纵欲。《警世通言》中的《小夫人金钱赠年少》《蒋淑真刎颈鸳鸯会》《乔彦杰一妾破家》《庄子休鼓盆成大道》,《喻世明言》中的《明悟禅师赶五戒》,《醒世恒言》中的《赫大卿遗恨鸳鸯绦》等故事都表明,冯梦龙认可的是在爱的基础上升华出来的情,而不是由情滑向欲。正如他在《情史》卷七《情痴》中指出的:"夫情近于淫,而淫实非情。今纵欲之夫,获新而置旧;妒色之妇,因婢而虐夫,情安在乎!"①

封建礼教倡导女子"三从四德""从一而终",在情感上专情不二,哪怕要付出后半生寡居乃至生命的代价。冯梦龙在"三言"中,对《陈御史巧勘金钗钿》中的阿秀、《范鳅儿双镜重圆》中的顺哥等忠贞不二的行为是大加赞赏的。但同时对那些已婚妇女再嫁、特殊情况下的婚外恋情也表现出极大的理解和包容。《蒋兴哥重会珍珠衫》中,王三巧在丈夫蒋兴哥外出经商之时,结识了小商人陈商。面对三巧的出轨,蒋兴哥没有一味地埋怨、责骂,而是站在三巧的立场反思自己:正是他常年不在家,留三巧独守空闺,不能给予她家庭的温暖,才使得她做出偷情之事。这种丑事,责任不完全在三巧。所以他不但在处理分手之事时很顾及三巧的面子,甚至还将十六箱财宝尽数给她作为再嫁的嫁妆,最后二人才能破镜重圆。《白娘子永镇雷峰塔》中的白娘子,第一次向许宣介绍自己时,就说自己是个寡妇,想和官人有宿世姻缘,而许宣也认为"真个好一段姻缘"。白娘子没有因为自己是个寡妇就不敢再追求自己所爱的人,许宣也没有因为爱上自己的人是个寡妇而不接受,他们都是自主自由地追求爱情婚姻。

---

① 冯梦龙. 情史 [M]. 长沙:岳麓书社,2003:128.

（2）理讼有法

因为爱民，知道由于诉讼成本高、诉讼过程存在许多不确定因素等原因，所以冯梦龙大力倡导"无讼"理念，杜绝官府暗箱操作的机会，挤压"讼棍"存在的空间，防止百姓在走投无路的情况下铤而走险，维护社会的安定。

（3）富民有道

冯梦龙的很多小说都具有教化警示意义。首先，积极倡导诚信经商、与人为善。如《吕大郎还金完骨肉》中的吕玉，《施润泽滩阙遇友》中的施润泽，《刘小官雌雄兄弟》中的刘小官兄弟，都是诚实经营，终获好报。其次，大力宣扬经商有道、勤劳致富。《徐老仆义愤成家》中的徐老仆精打细算，辛勤奔波；《宋小官团圆破毡笠》中，已经成为富商的宋小官，从昆山去仪真寻亲，还不忘买布匹带去销售。再次，积极宣导相互尊敬、注重人品。冯梦龙所展现的市民婚恋生活，男女在择偶标准上发生了很大变化，女性强化了对男性的品格、才学、相貌的要求，淡化了对门第、财富的追求，而男性弱化了对贞洁的约束，强调了对情感、情欲的肯定，认为幸福美好稳定的家庭生活方式是以男女双方相互尊敬、深厚的感情为基础的。

（二）"江南廉韵"建设要注重冯梦龙文化

2021年，苏州市委、市政府下发了《苏州市唱响"江南廉韵"深化廉洁文化建设三年行动计划（2021—2023年）》，要求推出一批标识突出、内涵丰富的拳头产品、特色项目、重点阵地，持续提升廉洁文化的传播力、感染力和凝聚力，初步建成古今辉映、特质鲜明、影响广泛的廉洁文化高地；要求将江南文化中的廉洁因子深入挖掘、充分阐释，彰显城市特色和时代价值，成风化人、润物无声，积极营造崇廉拒腐、尚俭戒奢的良好风尚，扎实推进苏州廉洁文化建设。

在唱响"江南廉韵"深化廉洁文化建设的具体任务里，有"廉石"品牌亮化工程、"政德文化"专项研究、"清廉百馆"建设、原创精品孵化工程、"廉居共建"家风建设、清风护航计划和廉洁空间塑造工程，提到了况钟、范仲淹、范成大等苏州贤官廉吏，提到了文庙西苑廉政文化片区、白居易纪念苑、张家港市家风教育基地、常熟市政德教育基地、昆山市清廉教育馆、吴江区警示教育基地、李公堤廉勤文化馆等场馆建设，要编撰出版《江南望族家风密码》，推出廉洁主题的相关原创作品。但其中似乎没有看到有关冯梦龙的材料。

在"江南廉韵"文化建设中，要高度重视备受习近平总书记推崇的冯梦龙及其勤政、廉政文化。苏州是冯梦龙故乡。冯梦龙作为备受习近平总书记点赞的贤官廉吏，是值得深入挖掘、充分阐释的廉政文化资源，也是能彰显苏州特色和时代价值的独有"廉洁因子"。冯梦龙对"三言"得名的解释，以及"三言"中"富贵本无根，尽从勤里得""做事必须踏实地，为人切莫务虚名"等名言和故事，即使对今天的现实世界也有成风化人、润物无声的教育警示意义。可见冯梦龙廉政文化是苏州"标识突出、内涵丰富的拳头产品、特色项目"，是持续提升廉洁文化传播力、感染力和凝聚力的重要依托，是建成"古今辉映、特质鲜明、影响广泛的廉洁文化高地"的特色资源；是彰显传统文化特色和习近平新时代价值，营造风清气正的良好政治生态和社会氛围的推动力。近年来，苏州在冯梦龙文化保护和利用方面做了一些工作，相城区更在发掘、保护、传承冯梦龙廉政文化方面成果丰硕，成功打造了冯梦龙廉政文化基地，但是冯梦龙廉政文化的受重视程度还不够，冯梦龙廉政文化建设尚待打造成为苏州廉政文化建设高地。

为牢牢把握党中央关于建设社会主义文化强国的战略目标，深入贯彻中央和省纪委监委关于廉洁文化建设的重要部署，苏州自当高度重视保护、传承和打造冯梦龙廉政文化特色品牌，强化其廉政教化功能，并与精神文明建设相融合，充分挖掘其中与社会主义核心价值观相符的内容，惩恶劝善，崇廉拒腐。在苏州"江南廉韵"建设中，要高度重视并抓紧冯梦龙廉政文化的挖掘和开发利用，并对标"江南廉韵"廉洁文化建设三年行动计划中的要求，展开相应的冯梦龙廉政文化建设。

第一，结合"品牌亮化工程"，充分挖掘和用好"冯梦龙廉政文化",做好冯梦龙这一独特廉政品牌的强化和亮化工程,不断提升和发挥其影响力和知名度,将"冯梦龙廉政文化"打造成苏州廉政文化的亮丽名片。冯梦龙不但是文学家、思想家、戏曲家,还是一个清官廉吏,秉持"济世为民,两袖清风"的执政理念,树起了勤政廉洁、为民务实的精神标杆。习近平总书记曾多次援引他的为官事迹和名言警句,激励广大党员增强廉洁自律意识,不忘初心、牢记使命。冯梦龙自称"余草莽老臣,抚心世道非一日矣","平生不求名而求实",其真心为民、实政及民的情怀,廉洁、廉政、爱民、亲民的精神品质,充满干事创业、勇立潮头的正能量。要结合廉政教育,确立冯梦龙廉政文化样板。

第二,做好冯梦龙"政德文化"研究,研究冯梦龙为何能够廉政为民,研究为何苏州这片土地能孕育出冯梦龙这样的廉政名人,探讨廉政的环境因素和人文化育,研究如何传承冯梦龙廉政文化,真正为民、爱民,勤政、廉政。冯梦龙在花甲之年至福建寿宁任知县,其间"政简刑清,首尚文学,遇民以恩,待士有礼",嘉言懿行被奉为美谈。冯梦龙廉政文化思想"形成在苏州,实践在寿宁,价值在当代",要学习冯梦龙苦干实干、精益求精的精神,不搞形式主义、官僚主义的作风;学习他"老梅标冷趣,我与尔同清"的境界,坚守既亲民又清廉的"亲""清"二字,全心全意为人民服务。

第三,结合"清廉百馆"建设,将相城区冯梦龙村的冯梦龙纪念馆、冯梦龙书院、冯梦龙研学教育基地等冯梦龙廉政教育基地,打造成冯梦龙廉政文化教育的重要场馆,并依托这些廉政场馆,打造苏州廉政文化文旅融合新亮点。冯梦龙的廉政文化应以合适的方法和途径,发挥最大的效用。而依托冯梦龙廉政文化,全面梳理、积极利用冯梦龙为官之时和作品之中的廉政理念、廉政故事和清廉文化,开发相关廉政产品和线路,打造廉政研学卓越品牌,运用历史智慧推进反腐倡廉,用文旅融合这种更为直观、生动、感染力强的廉政教育形式,使"入埂上桃源,沐篱下清风",成为倡导廉明的卓越品牌。

第四，结合原创精品孵化工程，进行冯梦龙廉政文化宣传，利用各种渠道和形式大力宣传冯梦龙廉政文化。通过雅俗共赏的冯梦龙廉政故事集、微电影、电视专题片等大众传媒的广泛宣传，将冯梦龙村打造成特色鲜明的梦龙影视拍摄基地，利用冯梦龙的政绩、作品和影响力，大力探寻梦龙影视产业发展，打造冯梦龙廉政文化新高地；通过"冯梦龙文化大舞台""梦龙书场""冯梦龙村山歌队"等传唱冯梦龙廉政文化，讲好冯梦龙廉政故事。

第五，结合清风护航计划，依托冯梦龙村的廉政基地及其设施，进行廉政教育，把冯梦龙文化引入各级各类教育课堂，在冯梦龙书院定期或不定期举办大型专题活动。可以举办主题丰富的廉政大型活动，将"冯梦龙廉政文化旅游节"打造成廉政文旅的品牌；可以策划产品多元的廉政研学专项活动，通过对冯梦龙廉政理念和实践的梳理和利用，开发打造廉政研学的卓越品牌和特色线路，如党员干部廉洁勤政之旅、基层干部贤行乡里之旅、中小学生读行先贤之旅、市民百姓律己友爱之旅等；还可将冯梦龙文化开发成各种文创产品，尤其是将"天知地知你知我知"的"四知"故事加以活化利用。

冯梦龙与江南乡村振兴

——苏州市冯梦龙研究会 2022 年研究课题

苏州市冯梦龙研究会课题组

前 言

冯梦龙是中华文化在海外家喻户晓的传播者，冯梦龙文化是江南文化不可多得的独特资源，对冯梦龙及其文化遗产的保护、挖掘和利用，能有效推进苏州的现代社会经济发展。

从习近平总书记倡导"望得见山、看得见水、留得住乡愁"开始，全国各地就开始不断探索乡村发展之路。特别是自党的十九大以来，乡村振兴成为了新时代做好"三农"工作的总抓手。2 月 22 日，2022 年中央一号文件《中共中央 国务院关于做好 2022 年全面推进乡村振兴重点工作的意见》发布，要求突出年度性任务、针对性举措、实效性导向，充分发挥农村基层党组织领导作用，扎实有序做好乡村发展、乡村建设、乡村治理重点工作，推动乡村振兴取得新进展、农业农村现代化迈出新步伐；明确提出持续推进农村一二三产业融合发展、大力发展县域富民产业、促进农民就地就近就业创业，让农民更多分享产业增值收益。推进乡村振兴，核心要义是产业兴旺，进而带动生活富裕，促进生态宜居、乡风文明，实现真正意义上的治理有效和可持续发展。

2022 年的研究主题，以"江南文化与乡村振兴"为顶层设计，在"冯梦龙与江南文化"的大框架下，围绕两个主题进行了专项研究：一是传承冯梦龙民本思想，为苏州乡村振兴提供思想保障；二是传承冯梦龙特色文化，为苏州乡村振兴提供内容支撑，通过探析冯梦龙民本思想及其实践，研究如何传承冯梦龙以人为本、爱民亲民的德政文化，为今天的苏州江南文化开发和社会建设服务。上述研究的部分成果已经发表并取得很好的社会成效：一是《苏州乡村振兴的思考和建议》（苏州市委《调研与参考》51期，2022年5月10日刊发），苏州市委主要领导对该文作出批示。该文中提到了冯梦龙村所在的黄埭镇，后来召开苏州市农村调研工作会议时，黄埭镇党委书记顾敏被邀请与会做经验分享。二是《借鉴冯梦龙村经验高质量推进苏州乡村振兴》（苏州市委党校《苏州市情研究》9期，2022年4月11日刊发），苏州市委主要领导对此作出肯定性批示：乡村振兴需要更多这样的村。这些研究成果为今天的江南文化建设和苏州乡村振兴提供了具有启发意义的基础研究和建设路径；本研究课题，对冯梦龙廉政文化建设和相城区冯梦龙德政建设也起到了很好的推进作用。

一、弘扬冯梦龙民本思想，为苏州乡村振兴提供思想保障

当下，随着长三角一体化发展战略的加快推进，江南文化建设已然重启。要在传承与创新中彰显苏州的文化力量，就要挖掘、弘扬冯梦龙文化这样不可多得的文化 IP，打造卓越的文化品牌，形成独特的文化影响力和核心竞争力。在乡村振兴的当下，传承冯梦龙民本思想，把为民服务、为民谋利放在第一位，应该是苏州乡村振兴的思想保障之一。

（一）冯梦龙民本思想的时代和个人特点

冯梦龙晚年任福建寿宁知县。习近平总书记多次在不同场合肯定冯梦龙，称赞他为官清廉、关心民生、深入调研、因地制宜。而冯梦龙的政德，与生他养他的江南文化，与当时的社会思潮，都是密切相关的。明代，江南地区为全国经济最发达之地，也是当时赋役最为繁重的地区，诸多经济的繁荣与流弊、社会的开放与旧习、政治的进步与缺陷，

在这里体现得也最为充分。

当时的西方正是文艺复兴时期，与之遥相呼应，在我们这个有着几千年文明的东方大国，也出现了一场具有资本主义萌芽性质的中国式的文艺复兴，涌现出了像冯梦龙这样的具有先进思想和理念的文学家和实干家。所以说，资本主义的萌芽及其对社会、经济、观念和家庭的种种影响，以及商业活动对人们观念的改变，成为冯梦龙民本思想诞生的时代背景。

冯梦龙出身名门世家，与兄冯梦桂、弟冯梦熊并称为"吴下三冯"。纵览他的一生，虽有经世治国之志，但不愿受封建道德约束，他对"敢倡乱道，惑世诬民"的李贽的推崇，他与歌儿妓女的厮混，他对俚词小说的喜爱，他对底层生活的了解等，不但成就了他涉及面如此之广、数量如此之多的著述，也为他亲民、爱民、重民的政德实践提供了必要的经历。

冯梦龙的思想非常复杂，既受以孔子为代表的正统的儒家思想的浸润，又受明中叶以降东南沿海一带市民阶层的思想观念的影响，还受明代影响较大的哲学思潮的影响。就明代哲学思潮而言，对冯梦龙思想影响最大的是王阳明和李贽。

与王阳明不同的是，冯梦龙更强调文学的情感作用，而他们所宣扬的基本思想是大致相同的。而一旦冯梦龙当了县令，有机会亲自实践自己的政治主张，他的政德理论也就变成了以民为本的德政良政。

李贽的一生充满着对传统和历史的重新考虑，这也是明朝后期社会思想变革的一个聚焦般的体现。李贽在社会价值导向方面，批判重农抑商，赞扬商贾功绩，倡导功利价值，符合明中后期资本主义萌芽的发展要求。冯梦龙在思想上深受李贽的影响，敢于冲破传统观念，强调真挚的情感，反对虚伪的礼教，提出"世俗但知理为情之范，孰知情为理之维乎？"李贽主张人类在人格上是平等的，每一个人都有追求欲望的权利，每个人都应当受到尊敬。这种说法与冯梦龙的情教观如出一辙。作为李贽思想的接受者，冯梦龙在作品中也表达出了类似的观点，提出要在尊重人的情感的基础上，适应人之情并加以引导，塑造社会伦理道德。

冯梦龙接受王阳明和李贽是有阶段性的。大体上来说，可以崇祯三年（1630）冯梦龙中副榜贡生为界。他青年和中年时期，受李贽的影响较大，思想比较进步。晚年则受王阳明影响较大，思想趋于保守。

冯梦龙编选的"三言"，题材广泛，极具社会现实意义，记录了那个资本主义经济正在萌芽的时代里的人情世态。就题材而言，"三言"中有写男女爱情的，有揭露官僚罪恶的，有写诉讼案件的，有写朋友之间友谊的，还有写名士风流韵事和神仙灵怪的。而这一切表现，大多又出自市民的思想意识和市民的视角，反映了市民阶层的感情意识和道德观念，表现了资本主义萌芽时期的社会风貌，具有鲜明的时代文学色彩，体现出新兴市民思潮的基本特征。

作为一位深于情而又明于法的文人士子，冯梦龙为人的有情与为官的有德是一以贯之的。他年轻时风流艳冶场，中老年治理一方清廉自守，甚至为挽救家国命运而奔走呼号于乱世。他毕生用情演法，发愿来世以情度世。冯梦龙对三教的择取，以"治世"为目的。他以"文事武备"的王阳明为"儒家第一流人物"，在《智囊全集》中多次记述王阳明的文治武功。冯梦龙毕其一生，都在身体力行着儒家的价值取向和进取精神。

（二）冯梦龙对"古今成败得失"的总结和借鉴

明中叶后，封建统治阶级更趋腐朽，统治集团内部的斗争也更为激烈。《沈小霞相会出师表》直接反映了当时统治阶级内部的忠奸斗争。小说写忠言直谏、嫉恶如仇的沈炼和权奸严嵩父子及其党羽之间的斗争，基本情节都有史实依据。这些社会现实，是产生相关作品的基础和土壤，也和《智囊》里讲述的那些"益智"故事一起，成为冯梦龙理政、德政的重要参考和依据。冯梦龙赴任前，增删订正了八年前辑行的《智囊》，其中很多执政智慧在他的任上都得到了实践。在《智囊》一书中，冯梦龙希望总结"古今成败得失"的原因，其用意深远。

在文学上，冯梦龙重视通俗文学所蕴含的真挚情感与巨大教化作用，称山歌为"民间性情之响"，赞时调小曲为"天地间自然之文"，表现了冲破礼教束缚、追求个性解放的时代特质。他还十分重视通俗文学的教化作用，认为通俗小说可以使"怯者勇，淫者贞，薄者敦，顽钝者汗下"，其感人力量超过了《孝经》和《论语》。因此，冯梦龙在文学上主张"情真"，山歌要"借男女之真情，发名教之伪药"，小说要"事真而理不赝，即事赝而理亦真"。冯梦龙还主张文学要把社会教化的内容和通俗易懂的形式结合起来，认为作品通俗易懂才具有强烈的艺术感染力。

明白了这些，冯梦龙在寿宁的为政实践，注重民生，广行德政，也就有脉可寻了。从思想来源和主题立意来看，在当时特定的社会背景下，冯梦龙的思想既受正统儒家思想的影响，从小攻读四书五经，走仕途经济道路是他的最高理想；同时又深受李贽和市民思想观念影响，任自然、反束缚，正视老百姓的物质追求和逐利行为，在文学观方面也主张真情实感，能写出人的真实欲望。所以冯梦龙笔下，既展示了江南城乡社会经济发展的繁华景象，又反映了沿岸民众的生活风貌；既写出了民众纯朴、善良、厚道的一面，也揭露了对金钱色欲的追求、变泰发迹的渴望等世俗乃至庸俗的方面。

正因为有这样的认识和感悟，当冯梦龙把这些运用到在寿宁的具体实践中时，他体恤民生、富有人性也就顺理成章了。

在我国德政历史上，明君贤相、净臣忠良、志士仁人，各以不同的为政实践书写着各自的德政篇章。冯梦龙的一生主要从事创作，存留于世三千万字，当然足以"立言"；四年县令期间的"立德""立功"，也可圈可点，只是官小人微，知之者寡。

冯梦龙还注重教化，坚持"磨世砥俗，必章劝诫"，彰扬忠孝节义，训诫恶棍霸徒，从正、反两方面来垂范、警醒、教化世人。

二、传承冯梦龙特色文化，为苏州乡村振兴提供内容支撑

冯梦龙自称"余草莽老臣，抚心世道，非一日矣"①，"平生不求名而求实"，其真心为民、实政济民的情怀，廉洁、廉政、爱民、亲民的精神品质，充满干事创业、勇立潮头的正能量。我们要传承冯梦龙特色文化，结合本地实际，为富有江南味道、苏州特色的乡村振兴提供内容支撑。

苏州是江南文化的典型代表和中心城市，打造"最苏州"的江南文化，就要以"记得住乡愁"作为顶层设计，以强烈的江南文化意识为指引，做好城建文旅一体化，打造一批具有江南特色、江南标识、江南内涵的文化品牌。而冯梦龙文化，就是"最江南"的。

在乡村振兴的具体实践中，相城区弘扬冯梦龙文化，厚植"大文化"产业发展理念，通过文化产业赋能乡村发展，助力一二三产融合发展，走出了一条独具特色的乡村振兴之路。2019年，冯梦龙村正式被列入全国农村一二三产业融合发展先导区创建名单，是苏州唯一入选的创建点；2020年又荣获"全国文明村"称号。挖掘、传承冯梦龙特色文化，总结冯梦龙文化传承和冯梦龙村农文旅全面发展的经验，从全域旅游、产业融合、居游共享、"三生"融合、错位发展等角度加以探索和推广，能为苏州乡村振兴的全面推进和高质量发展提供一些有益启示，能让冯梦龙文化这样卓越的传统文化为今日苏州的江南文化建设提供重要支撑。

（一）乡村振兴要善于顶层设计、统筹谋划

1. 从产业融合、全域旅游的维度推进乡村振兴

乡村之美，美在乡田；乡村之富，富在乡农。要始终把富民增收放

---

① 出自《〈中兴实录〉叙》。参见高洪钧.冯梦龙集笺注［M］.天津：天津古籍出版社，2006：57.

在首位，坚持以发展特色农业为基础，厚植乡田生态，完善"一产三产主导，二产延伸"的发展模式，继续打造全省优质水果奖及苏州名牌产品。要着力推进农村一二三产业融合发展，就要大力发展比较优势明显、带动农业农村能力强、就业容量大的产业，积极拓展农业的多种功能，挖掘乡村的多元价值，重点发展农产品加工、乡村休闲旅游、农村电商等三大乡村产业，提升乡村经济价值。而全域旅游视野下的乡村旅游，就是突出问题导向和效益导向，促进产业融合，推动乡村振兴的有效路径。

  以全域旅游推进产业融合。与传统的乡村旅游不同，全域旅游视野下的乡村旅游不再是单纯旅游的概念，而是在"旅游+"引领下的乡村全域、全面、全民、全时发展。在乡村振兴过程中，要积极抓住社会变化和科技发展带来的"变量"，结合自身的"存量"，提升发展为乡村振兴的"增量"。乡村的全域旅游，多规合一更容易实现，多部门协调更容易推进，全要素统筹开发也更容易操作，方便拓展农业的多种功能，挖掘乡村的多元价值，促进产业融合；通过股份制、合作制等形式，打造"公司+合作社+农户"模式，设计好产业链的利益分配机制，让资源变身为资产平台，扶贫富民，推进乡村经济发展。相城冯梦龙村、临湖村近年来取得的显著成效就充分证明了这一点。

  以全域旅游带动乡村振兴。全域旅游是一个更加开放的系统，囊括了旅游体验的各个环节，最适合打好特色牌，唱好融合戏。全域旅游工作，是充分发挥农村基层党组织领导作用，扎实有序做好乡村发展、乡村建设、乡村治理重点工作的重要抓手和平台。旅游能促进就业、致富，村民能够从事景区讲解、保洁、司机、保安等服务工作，经营农家乐、民宿、土特产店铺等。近年来，相城区冯梦龙村紧抓"以文旅产业赋能乡村振兴"这条主线，大力促进一二三产业融合发展，取得了产业兴旺、生活富裕、生态宜居、乡风文明的成效，经验值得总结推广。

2. 从"三生"融合、"居游共享"的角度推进乡村振兴

  要在共享、绿色、创新的理念引领下，以生产、生活、生态的共生

共赢改善乡村风貌,提升乡村环境,以"居游共享"的理念指导旅游产品开发建设,以特色农业、体育产业、文化创意产业、乡村旅游等拓展当地居民收入、改善居民生活水平,从而实现乡村振兴的蝶变。要进一步整合资源,形成合力,做优一产、做实二产、做强三产,打造具有苏州特色的乡村振兴新样板。

绿色发展,以人居环境整治提升推进生产、生活、生态的"三生"融合。乡村振兴,离不开宜居宜业环境。要高品位提升田园乡村品质,加强生态治理,大力推进河道清淤、护岸绿坡、生态绿廊等工程,实施垃圾分类和资源回收处置,实现生活污水治理全覆盖。打造苏式韵味乡村,铺设村级道路,建设生态停车场,建成星级康居自然村,积极打造特色田园乡村示范点,不断丰富田园乡村的新内涵。要以乡风文明为基石,推进自治、法治、德治"三位一体",多维治理,营造新时代农村新风尚,推进人居环境大整治,强化农房风貌管控,"白墙黑瓦、清清爽爽",绘制"乡村如画,田园如歌"的江南好风光;对标星级康居乡村要求,狠抓厕所革命和卫生管理,清理、整治乱堆乱放,推动垃圾分类,打造干净、整洁、有序的乡村环境;加快推进冯梦龙村特色田园乡村建设,加快推进杨家湾、潘阳港、周步港南段等河道生态治理,强化村庄环境卫生长效管理,因地制宜优化空间环境,宜农则农、宜绿则绿、宜景则景,构建"天人共美、相生共荣"生态共同体。

与时俱进,注重"游客+居民"的"居游共享"建设。乡村旅游在我国已经历了乡村观光、乡村休闲和乡村度假三个发展阶段,正朝着第四个阶段乡村生活深度体验时代发展。游客与居民不再是相互分离的个体,旅游开发和设施建设要综合考量居民使用和游客使用的便利,乡村旅游开发不但要以"游客思维"考虑到游客的切身体验,更要以"居民思维"发展乡村经济、美化乡村环境,实现乡村的复兴。与"游客思维"下以满足旅游者的体验感、愉悦感、享受性为主不同,"居民思维"下的乡村旅游,在满足"游客思维"的同时,还注重乡村环境美化、乡村经济发展、乡村居民增收等多方面需求,更关注乡村现有资源的产业价值挖掘、产品转化和优化提升,注重对各种资源和空间要素的系统整合。冯梦龙村充分融合这两种思维模式形成了"系统思维",既立足"游客思维"做好旅游产品体验设计,提升游客满意度;又立足"居民思维"做好乡村环境提升及乡村产业经济发展,实现乡村全空间要素的系统优化,真正让当地居民参与到乡村旅游建设与经营中来,并充分享受到乡村旅游发展的成果。

3. 以政府主导、社会参与等形成乡村振兴合力

出台相关政策措施,健全投入保障制度,创新投融资机制,加快形成财政优先保障、金融重点倾斜、社会积极参与的多元投入格局,保障乡村振兴的正常推进。整合各条线的财政涉农资金,在不改变资金用途和管理要求的基础上,统筹使用各项涉农资金,用于项目建设、完善供水、供电、道路等各项基础设施,为项目引进、游客入村、综合配套等提供必要支持。

加强招商引资,建设农文旅配套项目。积极引进高科技农业企业,重点发展功能水稻、特色林果产业,通过规模化经营、品牌化打造来提升农产品品质,打造"梦龙米业"等农业品牌。结合冯梦龙文化,鼓励发展采摘、农事体验等多种形式活动,引导发展农家乐、民宿、共享农庄等休闲农业,实现农村产业高度融合。大力推进冯梦龙纪念馆、冯梦龙农耕文化园、冯梦龙书院、冯梦龙廉政文化培训中心、四知堂、山歌文化馆、卖油郎油坊、青年旅馆、清风园露营基地、特色民宿等农文旅项目建设。

(二) 乡村振兴要善于因地制宜、错位发展

作为一个系统性工程,乡村振兴必须因地制宜、科学统筹,目标任务要符合实际,保障措施要可行有力,顺应村情民意,保障可持续发展。

1. 因地制宜、挖掘特色

新突破来自新思路。近些年,江苏在文旅发展的过程中往往落后于浙江,因素固然很多,但缺乏创新发展的意识和勇气,是其中不容忽视

的原因。乡村振兴也是如此。相城区慧眼独具、敢于创新，围绕冯梦龙文化的元素，通过"乡村景观—文化提炼—产业发展—品牌打造"四个层面，从规划到建设，走出了自己的特色发展之路，使冯梦龙村在众多乡村振兴项目中后来居上、脱颖而出。

2. 开拓思路、稳步推进

在高质量发展时代，每个乡村都有追求美好生活的梦想，但是，由于资源条件、区位条件和发展状况的差别，并非每个乡村都能采取同样的速度和同样的投资力度去实现发展。这就要求不同乡村根据不同情况，寻找符合自身发展阶段的解决方案。苏州具有文化特色的乡村不少，但是因为文化挖掘的不易、文化资源的争夺、办事过程的扯皮、品牌打造的艰辛，所以真正挖掘并打造出的成功品牌不多。冯梦龙村的实践经验表明，乡村振兴需要有一批有眼光、有能力、有恒心、有情怀且有魄力的干部开拓领航。

3. 高标准打造乡村文化场馆和自己的文化 IP

冯梦龙村结合自己的地理和文化优势，错位发展，建设提升冯梦龙纪念馆、冯梦龙书院、广笑府、四知堂、卖油郎油坊、冯梦龙山歌文化馆、梦龙书场等公共文化空间资源，不断丰富乡村公共文化业态，加速城乡空间交互性发展，形成一批群众"身边好去处"，使公共文化服务"最后一公里"变成"最美一公里"。2020年，冯梦龙村山歌文化馆获评江苏省"建筑创作奖"乡村建筑类一等奖，冯梦龙村冯梦龙图书馆获评"紫金奖获奖作品落地项目"优秀作品奖二等奖，冯梦龙村特色田园乡村规划获评"紫金获奖作品落地项目"银奖。冯梦龙纪念馆、冯梦龙书院、冯梦龙研学教育基地等成为廉政教育基地和廉政文化文旅融合新亮点。冯梦龙的廉政文化以合适的方法和途径，发挥了其最大的效用。接下来，要进一步依托冯梦龙廉政文化，全面梳理、积极利用冯梦龙为官之时和作品之中的廉政理念、廉政故事和清廉文化，开发相关廉政产品和线路，打造廉政研学卓越品牌，运用历史智慧推进反腐倡廉，用文旅融合这种更为直观、生动、感染力强的廉政教育形式，使

"入埂上桃源，沐篱下清风"成为倡导廉明的卓越 IP 品牌。

（三）乡村振兴要善于多业融合、资源整合

要探索建立"政府+文旅平台+社会资本+村集体"的多元治理机制，将项目建设与带动农民增收致富、推进城乡统筹相结合，与本地发展实现合作共赢，以产业振兴拉动乡村振兴。通过农旅融合、文旅融合，整合冯梦龙书院、莫言书屋，休闲娱乐的垂钓野钓设施，各种风格的民宿，四季花海、黄桃翠梨、荷风清韵，寓教于乐的传统农耕文化园，空间疏朗、设施齐全的廉政教育中心等各种资源，把冯梦龙村打造成广大市民和游客喜爱的农文旅景区。仅2021年首届冯梦龙中秋灯会亮灯仪式，游客就突破4万人次，国庆期间日均流量突破2.5万人次。

1. 一产上，大力开拓高效农业致富的新路径

高标准推进农业基础设施建设，提升一产硬实力，促进农民增产增收。实施智慧农业提升工程，综合运用物联网、云计算、大数据等现代技术，构建"云上农业+智能农业"信息平台，实现农业生产智慧管理、农产品品质溯源、大数据精准分析、掌上农业应用、农业综合服务智慧功能，延伸产业链、优化供应链、提升价值链，精准助推农业效益显著提高。

开展特色瓜果苗木、生态稻米种植，提供春季桃花观赏、夏季莲荷飘香、秋季果园采摘体验。猕猴桃园、黄桃园、葡萄园、杨梅园、梨园等千余亩果园和大片莲花池、向日葵田，四季有果，季季飘香，冯梦龙村成为江苏省特色田园乡村。主营蓝莓园的职业农民李志锋在自己发展的同时，还通过产业扶贫支援贵州地区，被中央电视台等媒体报道。

高起点引培新型经营主体。围绕水稻、林果两大特色基础产业，积极洽谈和引进先进农业项目，通过集约化建设、高效化种植、市场化经营、品牌化打造，加快构建专业团队、家庭农场、农业企业等新型农业经营体系，培育壮大农业产业化龙头企业，发挥引领示范作用；以冯梦龙村全国农村创新创业人员培训基地创建为契机，加快农业创新创业平台载体建设，加强与农业科研院所合作，引进现代农业高层次人才，打

造以创新创业孵化、水稻科技研发、农业展销服务为一体的"互联网+农业"众创空间，促进创新资源和创业要素加速聚集。

2. 二产上，着力探索既有鲜明文化标识又是独特地方产业的新业态

以旅兴农，可以助力乡村产业结构调整，延伸产业链条，带动农副产品和手工艺品加工等相关产业发展，增加农民就业机会和收入，新增一批农民创业者，推进旅游扶贫。水果加工、水果酒酿制，均取得成效；黄埭特色产业"非遗"基地的生产性开发，即在传承的基础上加以开发利用，既是鲜明的文化标识又成为独特的地方产业。

充分依托优势产业和特色资源，高效益延伸农业产业链条。培育发展稻米、果蔬、油料、糕点等精深加工产业，传承发展黄埭西瓜子、黄埭挂面、东桥草席等传统手工业产业，把苏工苏作传承和发展下去，引导企业加大科研投入，延长产业链条，提升农产品品质和附加值。通过自建平台、借助第三方电子商务平台等形式，抓紧搭建以冯梦龙文化为品牌的农产品电子商务平台，推进冯梦龙村电子商务示范村建设。以富农、惠农、便农为出发点，开展农民综合性合作社试点工作，整合农业合作社、家庭农场、农业企业、种粮大户等涉农资源，通过开展科技合作、生产合作、供销合作、信用合作等方式，完善服务载体，丰富服务手段，拓展和优化农业综合服务。

3. 三产上，推动农文旅融合，实现民生共享

乡村旅游综合性、带动性很强，是乡村振兴的枢纽产业和关键环节。发展乡村旅游既可民生共享，满足人民美好生活需要，又可促进农村一二三产业融合，同时有助于推进环境建设、提升乡风文明、构建有效管理，是实现产业兴旺、加快农业农村发展的最有效途径。冯梦龙村高起点建设花海、游步道、凉亭、荷花池、冯梦龙主题景观小品、游客服务中心等主客共享公共服务设施，聚力打造近距离感受田园之美的"水乡寻梦廉学"等精品路线，为村民有效提供了创业、就业、致富机会。有的村民将房屋出租开办民宿，也有的自己创业，村民不出家门便

可就地就近实现就业，不出村子各类水果就能销售一空。

高质量推进农文旅融合发展。突出冯梦龙文化载体建设，改建冯梦龙农耕文化园、黄公荡生态园，建成冯梦龙书院、油坊文化馆、山歌文化馆、冯梦龙廉政文化培训中心、德本堂（好人馆）、党建服务中心、国际青年旅社、主题民宿、鸡栏咖啡等特色项目，重点推动生产性、生活性、自然性景观的整体塑造。精心举办中国农民丰收节、冯梦龙文化旅游节、采摘节等农事节庆活动，推出美丽乡村休闲游、农业科普教育游、名人文化体验游等精品旅游线路。大力弘扬冯梦龙廉洁文化精髓，争创全国廉洁文化教育基地、全国"村官"培训基地，拓展廉政教育培训功能，吸引广大党员干部走进冯梦龙村参与教学和实践，更好地发挥冯梦龙本土文化在一二三产融合发展中串点、连线、带面作用，努力将冯梦龙村建成名人文化园、生态农耕园、旅游休闲园、廉教清风园"四园一体"的乡村振兴新样本。

4. 就业上，以"优而近"吸引就近就业，共享发展红利

2022年中央一号文件明确提出要促进农民就地就近就业创业，让农民更多分享产业增值收益。乡村旅游都是就近利用特色资源而开发的，有着"优而近"的特点，比起外出打工，起早摸黑却赚不到钱的"远无肉"，村民就地就近就业增收，更能获得幸福感。冯梦龙村集聚各方力量，着力将"软文化"转化为"硬实力"，将"文化力"赋能为"辐射力"，大力引入和推动农业、旅游、生态、文创等多种业态的融合发展，培育现代农业特色，打造乡村旅游新亮点，提供大量就业岗位，就是强产业、富村民、美村庄的最好实践。

（四）乡村振兴要善于提炼优势、打造品牌

冯梦龙村的理念是，要做就要做得最好、最有特色，以优质打造口碑，以特色集聚人气。为此，冯梦龙村集聚最好的设计、施工、管理和运营队伍，精工细作，创新运营，做出了独一无二的品牌。这种认真负责、精益求精的工匠精神，是品牌形成的核心力量，也是乡村振兴不可或缺的品质。

1. 突出比较优势，挖掘塑造自有品牌——冯梦龙特色文化品牌

在乡村振兴过程中，最重要也最难的是比较优势和特色品牌的提炼。只有把这个做好，才能真正做到"一村一品""一县一业"。相城区高度重视冯梦龙这张文化名片，充分传承和利用这一独特的优势文化资源，塑造冯梦龙文化品牌，不断提升其影响力和辐射力，推进江南文化建设和乡村振兴。冯梦龙村通过"冯梦龙"这一具有核心吸引力的特色文化IP，赋能文化传承、乡风文明、廉政教育、党建教育等各项工作，实现了生产、生活与生态的共生，社会效益、经济效益与生态效益的多赢，将一个默默无闻的小村庄，打造成实施乡村振兴战略、推动农业农村高质量发展的样板。

江南文化作为苏州最亮丽的一张名片，是苏州核心竞争力的重要内容，是苏州经济社会持续健康发展的强大软实力，也是苏州最值得珍视的无形资产和无价之宝。要提炼江南文化中"最苏州"的精神标识和具有当代价值、世界意义的文化精髓，充分彰显江南文化对现代化强市建设的人文价值、经济价值和社会价值，加快建设充分展现"强富美高"新图景的现代化江南经典城市。

以稻作文明为基础的江南文化，不但包含了山清水秀、富裕安定，而且还有精神上的风雅文明。稻作作为精细农业，技术要求高，这对形成尚智的价值取向非常重要，而艰辛的劳作、稻作生产必备的大规模水利建设又培育了苏州人特别能吃苦耐劳的品格，还锻造了江南人的集体意识和组织能力，促进了手工业和商业的发展，使城市繁荣、教育发达、文化昌明，并进而养成了苏州的制度意识、规则意识、诚信意识、创新意识，特别是教育和文化的繁荣极大地提升了苏州的平均知识水准和文明程度，推动了整个社会的进步，使苏州在明清时成为像法国巴黎、美国纽约一样代表一国风气和文化的江南经典城市。

今天苏州要打响江南文化的品牌，就要充分挖掘利用冯梦龙等优秀江南文化，积极探索冯梦龙文化及其在新时代江南文化中的作用，再创江南文化新辉煌！要以"新奇特"突出比较优势，以"小而精"提高

投资效率，打造优势品牌。避免重复投资、同质竞争，以具有比较优势的项目构建差异化的区域竞争优势。从地域环境因地制宜的角度来看，依据地域特色，通过创意转换及线路串联，实现乡村旅游核心吸引力的构建，打造小而美的旅游产品，让乡村"强"起来；建设生态宜居的美丽乡村，让乡村"美"起来；建设安居乐业的幸福乡村，让乡村"富"起来和"活"起来。在这一过程中，应避免"大而全"，尤其要避免那些缺乏特色却投入很大的项目，真正助推农民增收、乡村美丽。冯梦龙村以乡村特色项目为抓手，坚持"颜值"与"内涵"并进，依托湿地生态、传统村落和传统文化，闯出特色致富路，让人见识到了"创意农业"的神秘力量。

2. 全面梳理和研究冯梦龙文化资源，完善、提升冯梦龙特色品牌

相城区相继建成一大批公共文化设施，完善和强化"梦龙新言""梦龙新居""梦龙廉韵"等鲜明的冯梦龙文化标识。冯梦龙书院汇集国内几乎所有关于冯梦龙的书籍和研究资料，还通过文化讲座、雕版印刷体验等丰富书院文化内涵；根据冯梦龙小说《卖油郎独占花魁》故事建成卖油郎油坊，由专业人员现榨菜籽油，供游客体验与购买；在广笑府还原冯梦龙《笑府》《广笑府》中符合社会主义核心价值观的笑话故事，让人们寓教于乐；在山歌文化馆内融入冯梦龙山歌文化、评弹等元素，展现冯梦龙作品中的精华片段；把冯梦龙廉政文化培训中心打造为干部教育培训现场教学点，把国内首条"水上廉政"教育线路打造为长三角区域廉政建设工作的重要阵地。苏州所拍电影《冯梦龙传奇》获评2016年中美电影节"金天使奖"年度最佳历史电影，宣传和弘扬了冯梦龙品牌。还有一部有关冯梦龙的电影《醉吴歌》已杀青，将进一步扩大冯梦龙村的知名度和影响力，推动冯梦龙村的乡村振兴。

以"稳而实"，因地制宜，梯次发展。乡村振兴要因地制宜，在全面调研的基础上根据不同情况精准定位，实行梯度策略，给予切实有效的相关政策、投融资配套和产业链延伸服务，有序开发、有效投入、可持续发展。一是注重乡村居民生活空间的再造，切忌对所有村落进行大

规模、全方位的旅游化改造，在保持乡村风貌原生态的基础上，遵循外来游客和本地居民"主客共享"的原则，构建乡村公共服务体系，美化生态和旅游环境；同时注重居民生活空间的软性重塑，兼顾居民生活的合理私密性。二是注重居民生产空间的现代构建，推进传统农业产业向现代农业、有机农业转型，向特色农副产品加工业拓展，如冯梦龙村的梨、桃不仅可以采摘，还可以二次加工做成食品、饮料和果酒。

3. 注重文创，再现"苏工""苏作""苏样"辉煌

冯梦龙作品中充满了烟火气，冯梦龙在寿宁的为官生涯也充满了烟火气，连他巧断耕牛案都那么富有烟火气。我们要梳理、挖掘、利用冯梦龙人生中、作品中的文化特色，融入苏式元素和时尚元素，在今日冯梦龙村的文旅融合发展中策划打造更加多元的江南生活味道，研发更多冯梦龙烙印的文创产品，建构江南特色的冯梦龙文创产业。

"苏工""苏作"作为江南文化特色概念，既包括对技艺精绝的苏州工艺美术的充分肯定，也包括对工匠意志品质的赞美，如专注严谨、精益求精、追求卓越。苏州的砖雕门楼、雕花门窗、粉墙黛瓦、小桥流水、传统小吃，充分体现了苏州人的匠心技能、匠心精神、匠心人格。明清时期，"苏意"已经深入人心，涵盖了社会生活的每一个方面。而"苏作"之所以区别于其他产地的手工制作，就在于其独有的苏州意趣，正和苏州园林一样。在江南城市群中，"苏意""苏样""苏式""苏作"等一系列"苏"字头的江南文化品牌，是苏州区别于其他城市的甄别性文化名片，而且其创意和雅趣历久弥新。都说苏州人为人做事精细雅致，"苏作"器物生产的特点是个性化、精致性、慢工细活，而现代社会生产则是标准化、模式化、批量高效的大规模生产。在"中国制造"向"中国创造"乃至"中国智造"升级的过程中，在当下的苏州先进制造业中，要提倡对产品负责的态度，极度注重细节，不断追求完美和极致，给客户无可挑剔的体验，将一丝不苟、精益求精的工匠精神融入每一个环节，做出打动人心的一流产品；要建设知识型、技能型、创新型劳动者大军，培养更多的"大国工匠"，弘扬工匠精神和精

益求精的敬业风尚，擦亮苏式创新品牌；要用后现代的文化创意激发新兴文化产业，不仅在形式上，更要从精神上承袭"苏意"，从而创造出今天的新"苏作"、新"苏样"。要探索苏州特色文化的地域振兴设计方案，将传统的吴地文化元素运用到现代设计当中，在现代化的地域生活中通过新材料设计出具有苏州风味的现代设计，使民俗和现代设计相融合；同时，通过对传统的手工艺品、传统用具等生活物件的现代化改造，使当代苏州人在现代社会中使用传统生活用具、感受传统文化，使传统文化能够有序传承。

（五）乡村振兴要善于文化兴村、文明强村

在美丽乡村的建设中，要善于文化兴村，滋养美好乡风，造就宜居宜业的环境，推进乡村振兴的可持续发展。

1. 巧借冯梦龙乡贤文化，推进乡风治理和民生共享

如何巧借乡贤文化推进乡风治理和民生共享？冯梦龙的故事及其名言警句就能涵养村民的集体观念，强化村民的家国情怀，并能教育村民树立主人翁精神，勤于美化家园，注重门前屋后的环境提升，引导村民自觉、广泛、持久地参与村庄环境改善和现代化治理。相城区以冯梦龙乡贤文化化育乡风文明，推进乡村治理和民生共享，在优化生态环境的同时提升村民精神风貌，取得良好成效。

首先，巧借冯梦龙乡贤文化育民，营造乡风文明。"三言"故事透出的"君子爱财，取之有道"等教化警示意义，即使在今天也是符合社会主义核心价值观要求的。以冯梦龙文化中的清风正气涵养乡风文明，打造村民精神家园。根据民意制定村规民约，落细落小乡风文明准则，整理冯梦龙修身齐家名言100句，征集好家风好家训，印制后送进每家每户。通过村民代表会议，广泛推选"文明家庭""爱心户""好媳妇""好邻里"等乡风文明典型。以冯梦龙博大的家国情怀，培育村民的集体观念，强化村民的家国情怀，帮助村民扭转"自扫门前雪"的狭隘心理和小我意识，克服爱占便宜、乱占绿地、乱搭乱建、乱种乱养的毛病，树立"大家好才是好"的协同意识；以冯梦龙"三言"中

的"刻薄不赚钱,忠厚不折本""做事必须踏实地,为人切莫务虚名"等名言古训,教育村民要树立主人翁意识,培养吃苦精神,勤于劳动、勤于美化家园,要注重门前屋后的环境提升,共建美丽家园;通过开办冯梦龙学堂,开设相关课程,建设文化长廊,宣传乡贤国学精华,提升村民思想境界,借以化育民众、振兴乡村。

其次,依托冯梦龙乡贤文化惠民。组建冯梦龙山歌队,每月举行冯梦龙村大舞台活动,积极营造文明和谐的氛围。组建村民义工队伍,设置法治宣传岗、环保宣传岗、文体活动岗等乡风文明岗,开展法律援助、爱护家园、帮困扶弱等一系列志愿服务活动。开设村民议事厅,以村民议事会、是非评判会和邻里互助会的形式,惩恶扬善、清除积弊、化解矛盾、推进和谐,在尊老养老、扶幼重教、垃圾分类、环境保护等各个方面,都做到民事民办、民管,传帮送带,用爱国家、爱集体、讲文明、护环境、树新风等村规民约规范引导基层群众自我管理、自我监督、自我完善,从而打造成为乡村治理现代化的"冯梦龙样板"。

2. 坚持以"苏州后花园、百姓游乐园"定位,不断提升公共服务水平

冯梦龙村在做好产业兴旺的同时,将生产与农村生态和农民生活作为一个有机整体来抓,将美化乡村环境、提升村容村貌作为留住乡村的"根",将传承特色优秀文化作为守住乡村的"魂",强化冯梦龙文化的教化功能,与精神文明建设相融合,充分挖掘其中与社会主义核心价值观相符的内容,惩恶劝善,倡导正能量。为进一步保护、挖掘、弘扬冯梦龙文化,冯梦龙村围绕生态宜居,对村庄逐步进行整治提升,打造江南农耕田园生活环境。征集家规家训,评选家规家训方面的家庭文明户,倡导村民做"冯梦龙笔下的十种人";制定村规民约,开设梦龙文明银行,邀请老党员、村民代表、企业家代表、退休老教师等组成理事小组,鼓励村民养成良好的生活习惯;打造治村明言、富村通言、美村恒言为核心的"梦龙新言"党建品牌。

3. 创新思维模式，优化供给方式，创设具有特色的公共文化服务

在文化场馆和文艺队伍建设上，成立冯梦龙山歌队，常态化举办冯梦龙乡村大舞台活动，创作出《冯梦龙评弹》《追歌》《冯梦龙山歌》《礼颂三言》等一批优秀的文艺作品，多次在苏州市群众文化评比活动中获奖；开展冯梦龙文化旅游节、"梦龙小记者"、"走读相城·探秘成长"亲子体验营、冯梦龙中秋灯会等丰富的主题活动；挖掘冯梦龙文化中蕴含的"未角智，先炼品"等思想，开设梦龙书场，邀请苏州市评弹团定期演出，实现城乡互送优质文化资源，让村民天天有书听、月月有戏看。以活动为媒，借活动传廉，举办美丽乡村健康行、冯梦龙短篇小说征文大赛、冯梦龙学术研讨会、冯梦龙山歌会等活动。

依托冯梦龙村的廉政基地及其设施，进行廉政教育，把冯梦龙文化引入各级各类教育课堂，在冯梦龙书院定期和不定期举办大型专题活动。可以举办主题丰富的大型廉政活动，将"冯梦龙廉政文化旅游节"打造成廉政文旅的品牌；可以策划产品多元的廉政研学专项活动，通过对冯梦龙廉政理念和实践的梳理和利用，开发打造廉政研学的卓越品牌和特色线路，如党员干部廉洁勤政之旅、基层干部贤行乡里之旅、中小学生读行先贤之旅、市民百姓律己友爱之旅等；还可将冯梦龙文化开发成各种文创产品，尤其是将"天知地知你知我知"的"四知"故事加以活化利用。

结合原创精品孵化工程，根据冯梦龙生平事迹和民间传说，合作改编拍摄相关电影、剧本，收集整理冯梦龙清廉典故，编写《冯梦龙经典名言注解》《中国古代廉吏故事》等廉政教育图书，利用各种渠道和形式大力宣传冯梦龙廉政文化。通过雅俗共赏的冯梦龙廉政故事集、微电影、电视专题片等大众传媒广泛宣传，可以将冯梦龙村打造成特色鲜明的梦龙影视拍摄基地，利用冯梦龙的政绩、作品和影响，大力探寻梦龙影视产业发展，打造冯梦龙廉政文化新高地；通过冯梦龙文化大舞台、梦龙书场、冯梦龙村山歌队等传唱冯梦龙廉政文化，用冯梦龙那老少咸宜、通俗易懂的作品讲好冯梦龙廉政故事。

江南的冯梦龙·冯梦龙的江南文化

——苏州市冯梦龙研究会2023年研究课题

苏州市冯梦龙研究会课题组

冯梦龙作为伟大的小说家，其作品以浓郁的江南调性流传古今中外，为中国文化作出了独特的贡献。以苏州为代表的江南，孕育了冯梦龙；江南的冯梦龙，又培育了富有江南文化气息的冯梦龙作品，造就了冯梦龙的江南文化。冯梦龙作品中所写的或社会背景中所涉及的江南文化，又能在今日的文化发展和社会经济中引领两个文明建设，因此，研究"江南的冯梦龙"和"冯梦龙的江南文化"，从"孕育冯梦龙的江南"和"冯梦龙小说中的江南"两个视角进行分析论述，以引领今日的文旅融合、文化传承和乡村振兴，是非常有价值和意义的。

一、孕育冯梦龙的江南

"江南"在我国历史上是一个不断变化、富有伸缩性的地域概念。冯梦龙的出生地苏州，则是江南典型城市，一个历史悠久、人文荟萃、物产富饶的城市。人文历史的逐步演变使得"江南"不仅仅是一个地理区域，也是一个社会政治区域，更是一个丰富的文化概念。冯梦龙一生接触了极为丰富的江南文化，他的作品中记载了大量的江南社会经济文化情态，以及山川风物和民间万象，对这些内容进行梳理、分析和研究，不但有利于传承、弘扬和开发利用江南文化，还能以江南文化特质引领苏州建设，讲好苏州故事。

（一）何处是"江南"

关于"江南"一词的定义及其地域范围，一直众说纷纭。其含义在古代文献中也是变化多样的。它常是一个与"江北""中原"等区域概念相并列的词，且有多重解读。总体来说，具有三重含义：一是自然地理的江南，即长江以南，"江南好，风景旧曾谙。日出江花红胜火，春来江水绿如蓝"；二是行政地理的江南，唐代设置江南道，宋代有江南东路和江南西路，清初有江南省，历代皆有所变化；三是文化的江南，在近代以前，"上有天堂，下有苏杭"的苏州、杭州固然是江南，《江南春》中"千里莺啼绿映红，水村山郭酒旗风"描写的南京自然也是江南。

即使是自然地理的江南，范围上也有广义和狭义之分。广义概念上的江南，本指长江中下游南岸地区，包括苏南、浙北、浙东、上海，以及江苏的扬州、镇江、南京、南通，甚至可以包括皖南、赣东北、浙南；但浓缩的精华部分，还是环绕太湖的苏（州）、杭（州）、嘉（兴）、湖（州）地区。经济学家李伯重先生以自然条件为依据，参考中国古代经济区域的划分及历史发展等因素，认为"就明清时代而言，作为一个经济区域的江南地区，其合理范围应是今苏南浙北，即明清的苏、松、常、镇、宁、杭、嘉、湖八府以及苏州府划出的太仓州"①。这也大致相当于"苏湖熟，天下足"的区域。锦绣江南，天下富足，根本原因是因为浩渺的太湖能"包孕吴越"。

江南往往代表着美丽富庶的水乡和繁荣发达的文化教育，这里有吴侬软语，小桥流水，水墨建筑，工艺书画，甜糯的糕团，淡淡的酒酿。因此"江南"几乎代表了中国人对美好生活的向往与希望。近些年来，许多文学研究者运用人文地理学相关理论把握文学的地域特色，越来越多的学者注意到由地域所造成的文学形态的独特性和不均衡性，从地域角度重新审视文学分布和发展。朱逸宁先生认为，"江南的诗性文化是一种历史生成"，"这个江南文化圈的中心，应当是现在的扬州、南京、

---

① 王家范. 明清江南史研究三十年：1978~2008 [M]. 上海：上海古籍出版社，2010：364-365.

苏州、杭州一带……北至皖南，东到海滨，西至江西，南到浙江，都是江南文化的辐射范围"。① 本文研究的"江南"区域，就是这个广义概念上的江南。

而江南的代表城市就是苏州。苏州自古即有"人间都会最繁华，除是京师吴下有"的美誉，习近平总书记也引用"苏州过后无艇搭"的俗语来形容苏州在历史上作为"超越地域的中心城市"的地位。江南，美在青砖黛瓦、烟雨楼台，美在小桥流水、水巷画舫，美在苏绣玉雕、华文美园，美在诗画般的水墨意境、天堂般的鱼米果蔬。"苏（蘇）州"兼有鱼米之利，是名副其实的"鱼米之乡"。

(二) 何为"江南文化"

在长三角一体化发展不断提速的进程中，能够凝聚起强大合力的，除了"国家战略"的强势驱动，还有赖于无形但极具黏性的江南文化。江南文化有其独特的文化基因和强大的发展动力，是长三角共同的文化标识和共有的精神家园。而不论是在江南文脉还是文化维度上，苏州都有着经典记忆并占据着中心地位。

"江南"历史文化背景丰富。作为有着2 500多年建城史的"东方水城"，苏州的历史遗存、文化艺术、旅游资源、人文环境，都体现着吴地的灵魂底色和精神基因，极具可识别性和可印象性，有着江南文化的独特魅力。江南历史文化体现在方方面面，除了建筑、交通等，颇具特色的是被列为苏州四大文化支柱的丝绸、园林、工艺和饮食文化。早在明清时期，苏州就是时尚的创造者、全国文化消费的引领者。在下一轮的发展进程中，苏州还应进一步扩大文化影响力，以古城为核心进行江南文化的全局性布局和精品化打造，不断强化自己的"江南文化标识符号"，重塑江南文化的金字招牌，构建在江南文化体系中的中心位置，再现苏州千年古城的灿烂辉煌。

作为江南文化的典型代表和中心城市，作为"最江南"的鱼米之

---

① 朱逸宁. 桃花三月望江南 [M]. 上海：上海音乐学院出版社，2013：93.

乡，苏州从建城到城名，从文化特色到日常生活，几乎无处不流淌着"东方水城"的文化基因。水墨江南的生态环境，吴人聪慧柔和的性格、温软的吴语，吴地鱼稻文化、船桥文化、蚕桑文化、服饰文化、饮食民俗，以及精妙的昆曲评弹和精巧的工艺美术，水陆并行的姑苏民居、无水不园的苏州园林，食用的水磨粉、昆曲的水磨腔、建筑的"水磨砖"……无不体现着水韵江南的苏州味道，苏州有着自己鲜明的景观意象。

作为世界上仅有的一座历经两千多年而不衰的"水城"，苏州傍水而生、依水而荣，"蘇州""沧浪"等地名都浸润着水的影子，就连市标也是由水城门和流水组成的图案。伍子胥建城时"相土尝水，象天法地"，最终形成了"路河平行双棋盘"的城市风格。作为一个"与河共生"的运河名城，千百年来，苏州古城与运河河绕城转，城因河兴。"水城桥都"，小桥流水人家，构成了苏州最江南的诗意空间和优雅生活。正如近代文学大家易君左词云："红阑干畔，白粉墙头，桥影媚，橹声柔，清清爽爽，静静悠悠，最爱是苏州。"①

江南文化还体现在卓越的名人文化上。习近平总书记多次指出要挖掘和弘扬我国历史上优秀的传统文化，而几千年来薪火相传的苏州，有着诸多优秀文化和理念，更有着名垂千古的江南文化名人。有兵圣孙武，有与之并称苏州"文武双圣"的沈周，有先忧后乐、备受推崇的范仲淹，还有扬名四海的江南文豪冯梦龙，以及冯梦龙所编《新列国志》中记载的率众开挖胥江并规划建设了留存2 500多年的阖闾大城的伍子胥。传承冯梦龙卓越文化，塑造冯梦龙独有品牌，对构建江南文化高地，提升全民文明素质，打造文旅新亮点，有着特殊的意义。当下，要越来越重视文化内涵的引入和下沉，统筹协调，以"记得住乡愁"的顶层设计和一体化的视野，以强烈的江南文化意识为指引，打造一批具有江南特色、江南标识、江南内涵的文化品牌，展现"最苏州"的

---

① 《苏州运河十景》编委会，陈璇. 苏州运河十景 [M]. 苏州：古吴轩出版社，2021：74.

江南文化。

(三) 解读"最苏州"的江南文化

苏(蘇)州在历史上被称为勾吴(鱼)国、阖闾大城,从阖闾建都以来,"苏州"城名几经变迁,汉称"吴郡",隋文帝开皇九年(589)二月,隋将宇文述攻破吴州,废吴郡,取城西姑苏山为名,改吴州为苏州,苏州得名由此始。唐为"长洲",宋获"平江"之称,清代复称"苏州"。从字面上看,"江""洲"均为带"水"字偏旁的字,其名称无不与"水"息息相关。

要品悟江南,就要解读"蘇"州,了解"蘇"的起源,挖掘"蘇"的文化,感受"蘇州"与"鱼米"的奥秘,寻找江南水乡、鱼米之乡的魅力。"蘇"字由草字头、鱼、禾组成,含"鱼米之乡"之意,受水的惠泽至多。古语有"苏湖熟,天下足",有鱼者必有水,这就是水乡。

乾隆《苏州府志》卷八十《杂记》曰:"或又谓,吴中鱼禾所自出,蘇字兼之,故曰蘇。"① 时至三国、两晋、南北朝后,苏州农桑业已相当发达,"吴"(鱼)已不足以来形容表达吴地,但"蘇"字在结构上很有特点,有草、鱼、禾三字组成且其中心还是鱼,是"吴"(鱼)的延伸与发展,表示吴地人食鱼与稻,以渔、耕为业。

吴文化具有鱼米水乡特色,"民食鱼稻",这是苏州人由来已久的饮食习俗;"青莲衫子藕荷裳",苏州人浑身上下透着水乡气息;水中鱼、莲组合在一起,寓意"连年有余",这是苏州农村住房常常绘有的吉祥图案。苏州的大米、糯米水磨粉,不是干磨而是水磨的,口感十分软糯;因水而生的地方传统水生蔬菜"水八仙",有慈姑、荸荠、莲藕、水芹、茭白、红菱、芡实和莼菜。这就是江南味道。

"鱼"与"禾"组成了"鱼米之乡","蘇"字作为历史的见证,

---

① 《中国地方志荟萃》编委会. 中国地方志荟萃: 华东卷·第五辑 [M]. 北京: 九州出版社, 2017: 136.

蕴藏了农耕文化的遗传密码，显示了农业技术的步步推进，反映了吴地农业文明的历程。"禾"字的甲骨文和金文，从造字意图来看，就是一株完整的谷子形状。《说文解字》因此释义："禾，嘉谷也，二月始生，八月而熟，得时之中，故谓之禾。"

苏（蘇）州是一个美丽的词，就因为她是"鱼米之乡"。"鱼米之乡"是上天对苏州的恩赐，这是盛产鱼和稻米的富饶地方。唐朝王睃在其《请移突厥降人于南中安置疏》中提到："啖以缯帛之利，示以麋鹿之饶，说其鱼米之乡，陈其畜牧之地。"[①] 苏州一向有"水乡泽国"之称，盛产鱼、虾、蟹、菱、莲、苇，太湖有太湖三白（白鱼、银鱼、白虾）、莼菜，长江有中华鲟、扬子鳄、白鳍豚、河豚、鲥鱼等世界珍品，其水产在中国占重要地位。苏州气候温和，无霜期长，粮、棉、油菜、桑蚕在全国占重要地位，故称"鱼米之乡"。稻田的人工湿地有利于环境保护和土地生态安全。蔬菜园地虽然也是绿色的，但是它的肥料污染远比水稻高。历史证明，稻作农业为主，渔猎、蚕桑为辅的文明，是最适合长三角湿地生态系统的。稻田水层是一种人工湿地生态系统，与芦苇浅水层的自然湿地生态系统十分相似。种植水稻并不是落后的表征，很多发达国家都不厌弃水稻。韩国有水稻节，还有一条著名的以栽种水稻作为景观的街道。从华盛顿到巴尔的摩等城市，也是几小时的经济圈，与中国的长三角类似，水稻面积也相当大。水稻与旱作物生产最大的区别是稻田表面必须覆盖7厘米至10厘米深的淹水层，因此，刮大风时也不会尘土飞扬。苏州的稻田，除其本身有水层覆盖而不会扬尘外，还滋润了周围的土壤和空气，使灰尘大大减少。

在注重文化特性的提炼和地域个性的张扬的背景下，在城乡建设中要最大程度地体现苏州江南文化的内涵及艺术表现力，以彰显本土城市文化特色，展现苏州江南文化的魅力和"鱼米之乡"的活力。

---

① 刘家丰. 中国成语辞海 [M]. 北京：新华出版社，2003：1122.

(四) 江南的冯梦龙,江南的"三言"

"江南"作为一个特定的地域概念,具有相对稳定而明确的空间形态,同时作为一个历史概念,又具有鲜明的历史地理意义。江南景色秀丽,水路四通八达,生活环境悠闲;经济富裕,贸易繁荣,文化雅致,人文丰厚……冯梦龙生活、游历的主要区域基本上都在江南地区,反映在其创作上,就会具有浓郁的江南地域文化色彩。江南的地理特点、节日风俗、名胜古迹、历史掌故等成为其作品的重要底色和主要内容,其作品的情节、背景、爱憎无不体现着江南特有的社会风俗、思维习惯、道德观念和价值观念。

《喻世明言》《警世通言》《醒世恒言》这"三言"共收录白话短篇小说120篇,其中涉及江南时空的篇数达93篇,占比77.5%,超过三分之二。冯梦龙在叙述故事时,会情不自禁地带有江南的气息,流露出江南人的地域自豪感。如《喻世明言》中,《闲云庵阮三偿冤债》的故事发生在西京河南府梧桐街兔演巷,正话主人公阮华公子和陈玉兰小姐本是猎艳偷情,当故事临近结尾,加上这样一段叙说:"前世你是个扬州名妓,我是金陵人,到彼访亲,与你相处情厚,许定一年之后再来,必然娶你为妻。及至归家,惧怕父亲,不敢禀知,别成姻眷。害你终朝悬望,郁郁而死。"扬州美女加上金陵古城的男子,明显的江南标志。小说中还写道,"恰好江南一位官人,送得这几瓮瓜菜来,我分两瓮与你"①,表现了对江南之物的稀罕。这也是明清时期追捧江南风物的一种时尚。

环境造就人。生活在江南的冯梦龙,在加工、整理"三言"时,自然而然会依据江南的时空来加工、改写故事,架构、丰富小说,并自觉不自觉地把江南的环境和人物穿插其中,通过更改故事中的关键地域,或是补充故事中对江南地域描写较薄弱的地方,乃至在故事中增添本没有提到的江南地域,使小说尽显江南的形态风貌。浙江师范大学中

---

① 冯梦龙. 喻世明言 [M]. 北京:华文出版社,2019:77,71.

国古代文学专业侯群香的硕士学位论文《论"三言""二拍"的江南时空叙事》对此进行了专门的研究。"三言"中,不论是诗情才艺俱佳的历史名人,还是缤纷杂乱的市井人物,都成为构成江南文化的有机部分;苏杭景物的描写,船行水路的叙述,江南宅第的布局,以及芦苇小桥湖荡等都加重了小说的江南水乡特色。

一是把故事移植到江南。《喻世明言》中,《蒋兴哥重会珍珠衫》一文把本不是江南地域发生的故事,通过改写、补充,变为充满浓郁江南地域情调的故事,如不仅介绍了枫桥的状况,还借蒋兴哥之口写出对江南的极度向往之情。《杨思温燕山逢故人》既补充了韩思厚在南京碰见刘金坛的神魂颠倒,又补充了他把意娘的骨殖扔到扬子江,还详细补充了后来韩思厚携刘金坛游玩金山时,行舟到江心时被意娘拽下水的细节。故事的发生地点由燕山联系到南京、扬子江,最后落脚到金山。江南贸易发达,外出经商司空见惯,负心人的故事警戒世人要重信用,重家庭伦理。这则故事经过补充之后不仅增添了江南水乡的魅力,也达到了冯梦龙警醒世人的目的。

二是强化故事中对江南地域特色的描写。《警世通言》的《玉堂春落难逢夫》中,冯梦龙把王公子由河南人改为南京大族,而且地点接连都在"芦苇里";而玉堂春设计脱身时,又三次提到"到船中等我""还有几船货物""船上又有货物并伙计数十人"这样的细节,都是江南司空见惯的场景。《俞仲举题诗遇上皇》在《西湖游览志余》卷二《帝王都会》中只有"高宗既居德寿,时到灵隐冷泉亭闲坐"寥寥数语,但到《警世通言》中不仅增添了杭州贡院前桥、众安桥、涌金门等地名,还大肆描写了丰乐楼的豪华与排场,从招牌到门口服务生的打扮,从使用的器皿到果品菜肴,从服务到题诗,都详加叙述,宣扬了杭州餐饮文化,提升了杭州的江南文化底蕴。

三是增添故事中本没有的江南地域特色。《李公子救蛇获称心》在《吴郡志》卷四十六《异闻》中只有一句"泛舟过吴江",到了《喻世明言》中则增添为"渡江至润州,迤逦到常州,过苏州,至吴江",

"李元舟中看见吴江风景,不减潇湘图画,心中大喜,令梢公泊舟近长桥之侧。元登岸上桥,来垂虹亭上,凭栏而坐,望太湖晚景"①,补充之后的文字充满了对太湖晚景的欣赏和赞美。

二、冯梦龙小说中的江南

江南文化不仅孕育了一代文豪冯梦龙,也构成了作品的特定语境和文化内涵。几乎所有作家都有难以割舍的地域情结。作为一位富有社会责任感的作家,冯梦龙阅历丰富,视野开阔,记录了大量当时的江南文化场景和社会经济背景,反映了当时的社会风貌。对这些内容和背景加以梳理、分析和古今对比研究,能从中得到很多经验和启示。

(一) 江南水乡地理环境

环境是由特定的时间和空间构成的。冯梦龙的一生基本都在以太湖流域为中心的核心江南地带游历,有长江、太湖、运河等江河湖泊的水上经历,加上耳闻阅读,水乡地理风貌就会成为相关故事触发的特殊水域空间场景,从而使"三言"的大量故事具有独特的江南水乡气息。《醒世恒言》中,《钱秀才错占凤凰俦》入话就详细介绍了太湖水乡地貌:"这太湖在吴郡西南三十余里之外……东南诸水皆归……东通长洲松江,南通乌程霅溪,西通义兴荆溪,北通晋陵滆湖,东通嘉兴韭溪,水凡五道,故谓之五湖。那五湖之水,总是震泽分流,所以谓之太湖。就太湖中,亦有五湖名色,曰:菱湖、游湖、莫湖、贡湖、胥湖。五湖之外,又有三小湖……吴人只称做太湖。"②

江南河湖纵横、水网密布的地理环境,形成了江南"依山筑屋,傍河而居,依水成街,因河成镇"的水乡格局,也造就了出行就是水路、交通依靠船运的出行方式。于是便诞生了专以摇船送客来赚钱的行业,从事这一行业的人被称为船户。船户虽不能像大商人一样短时期内

---

① 冯梦龙. 喻世明言 [M]. 北京:华文出版社,2019:430.
② 魏同贤. 冯梦龙全集·醒世恒言 [M]. 南京:凤凰出版社,2007:124.

可以发家致富，但是养家糊口也并无问题。江南水乡，造船业发达，行驶船只历史悠久，当京杭大运河直抵北京后，这条线上的船户与日俱增。《警世通言》中，《宋小官团圆破毡笠》就详细记录了一个船户人家的悲欢。明正德年间，苏州府昆山县有个宋敦，他的至交好友刘有才就是船户，"积祖驾一只大船，揽载客货，往各省交卸。趁得好些水脚银两，一个十全的家业，团团都做在船上"①。刘有才不止一代人以驾船过活，而是世代都如此。而且冯梦龙交代说江南水乡很多人都以此为业。从文中宋敦"到娄门时，航船已开，乃自唤一只小船，当日回家"②的描述可见，当时苏州昆山到阊门既有定时出发的船，也有随时出发的小船，即已经有固定线路了。刘有才不只走苏州附近的水路，也走大运河。

"三言"描写百姓日常坐船出行的篇数很多，频率极高。如《警世通言》中，《白娘子永镇雷峰塔》的开头就讲述了许宣住在杭州临安府过军桥黑珠巷内，清明节去保叔塔烧香，一路游玩，走出四圣观来寻船，告诉张老他在涌金门上岸，下船离岸，摇近丰乐楼来，遇见了要搭船的白娘子和丫鬟小青，于是诞生了许宣和白娘子的经典爱情故事。类似的故事还有《喻世明言》的《杨谦之客舫遇侠僧》《金玉奴棒打薄情郎》《李秀卿义结黄贞女》《李公子救蛇获称心》，《警世通言》的《李谪仙醉草吓蛮书》《金令史美婢酬秀童》《钝秀才一朝交泰》《计押番金鳗产祸》《宋小官团圆破毡笠》，《醒世恒言》的《卖油郎独占花魁》《小水湾天狐诒书》《张廷秀逃生救父》等。《醒世恒言》的《徐老仆义愤成家》中，阿寄教脚夫挑出新安江口，遂雇船直到苏州，"须是趁船"，载到杭州。大量水上活动突出反映了"三言"所展现的鲜明江南水乡地理特色，加上横跨的"桥"和穿梭的"船"，共同构成了一幅独特的江南水乡画卷，展示了特有的江南水乡风貌。

---

① 魏同贤. 冯梦龙全集·警世通言［M］. 南京：凤凰出版社，2007：301.
② 魏同贤. 冯梦龙全集·警世通言［M］. 南京：凤凰出版社，2007：305.

水上衍生的种种故事不外乎这么几种：

一是提供特定水上场景的故事。如《喻世明言》的《杨谦之客舫遇侠僧》中，李氏让杨谦之躲风三日，果然避过狂风巨浪。《众名姬春风吊柳七》中，每夜月仙渡船而去，与秀才相聚，至晓又回。《警世通言》的《李谪仙醉草吓蛮书》中，金陵采石江边，李白月夜江头饮酒，江中风浪大作，鲸鱼奋起，李白坐鲸而去。《钝秀才一朝交泰》中，京口之地渡船，连日大风，上水船寸步难行。《杜十娘怒沉百宝箱》中，当杜十娘纵身跳江后，旁观之人都咬牙切齿，争欲拳殴李甲和那孙富。《醒世恒言》的《施润泽滩阙遇友》中，欲过洞庭山，无奈忽然作起大风，扬沙拔木，又下大雨，行船危险，只得住下。

二是水上爱情故事。如《警世通言》的《唐解元一笑姻缘》中，唐解元吩咐船上，从苏州随着大船而行，次日到了无锡，见画舫摇进城里；与秋香好梦成真后又雇了一只小船，带着秋香连夜往苏州而去。有时水上的风浪阻碍了正常的航运，却反而提供了表情示爱、男女相逢的机会。如《醒世恒言》的《钱秀才错占凤凰俦》讲述太湖西洞庭高家招女婿的故事，因风狂浪大，反而成就钱青和高家小姐这对俊美佳人的美满姻缘。《吴衙内邻舟赴约》中，公子吴衙内与小姐贺秀娥从杭州坐船沿长江赴荆州的路上，因风浪滞留，有了表达情愫的机会。《喻世明言》的《张舜美灯宵得丽女》中，刘素香与张舜美私奔失散后，赁船由杭州到镇江，三年后张舜美由杭州欲到上京会试，船到镇江江口，江上狂风大作，只得移舟傍岸，岸边的大慈庵恰是失散的刘素香居留处。有爱情故事，也就有劝惩、警醒破坏家庭伦理的故事。如《喻世明言》的《杨思温燕山逢故人》中，韩思厚承诺妻子意娘必不弃旧，发誓如有违背就"巨浪覆舟"，后来却有负对意娘的诺言，不仅重娶，还将意娘的骨殖扔进扬子江，后来他在游玩镇江时，果然被意娘鬼魂拽入水中。

三是褒扬诚信经商、与人为善的故事。如《警世通言》的《吕大郎还金完骨肉》中，吕玉为寻子走南闯北，经历千辛万苦，就因捡到陈朝奉所丢银两，不为所动，归还之际，在陈家巧遇失散的儿子。《宋小官团圆破毡笠》中，已经成为南京城里赫赫有名的富商的宋小官，从昆山去仪真寻亲，还不忘买布匹带去销售。宋小官就是通过勤劳节俭、经营有道而发达起来的。而在《醒世恒言》的《施润泽滩阙遇友》中，更以大量篇幅，巧设情节，使施润泽拾金不昧终得好报，在太湖边避过灾难，强化世人"好心有好报"的信念。《刘小官雌雄兄弟》中的刘小官兄弟"少年志诚，物价公道，传播开去，慕名来买者，挨挤不开。一二年间，挣下一个老大家业"①，也是诚实经营，将生意做得红红火火。再看《徐老仆义愤成家》中的徐老仆从杭州雇船到苏州卖漆，又从枫桥买籼米到杭州出脱，精打细算，辛勤奔波，掌握了"货无大小，缺者便贵"的经商之道，通过两头带货，低买高抛获利。这些故事都发生在水上，或与水运、航行有关。

四是官员赴任和学子赶考的故事。官员赴任，从北京往南大都选择水路。《醒世恒言》的《蔡瑞虹忍辱报仇》中，蔡武升了湖广荆襄等处游击将军，由扬州一路进发。《警世通言》的《苏知县罗衫再合》中讲到官员坐船不但可以免收船票，还可能收到额外的"坐舱钱"。苏云被除授浙江金华府兰溪县大尹，到张家湾开始走水路，也就是走京杭大运河，"原来坐船有个规矩，但是顺便回家，不论客货私货，都装载得满满的，却去揽一位官人乘坐，借其名号，免他一路税课，不要邓官人的船钱，反出几十两银子送他，为孝顺之礼，谓之坐舱钱"②。因为这个缘故，官员也乐于乘船，享受优待。明代，每三年在各省省城举行一次考试，由秀才参加，考取的叫举人，取得参加中央一级会试的资格。然后，每三年在京城举行会试（会试在乡试的第二年举行），各省的举人及国子监监生进京赶考。南方人惯行水路，可从码头一路直到北京附近。更有广东、广西等较偏远地区的才子也须赴京参加科举。他们大多

---

① 魏同贤. 冯梦龙全集·醒世恒言［M］. 南京：凤凰出版社，2007：207.
② 魏同贤. 冯梦龙全集·警世通言［M］. 南京：凤凰出版社，2007：135-136.

选择内河航运。一则，虽然海运耗时短，但明后期东南倭寇横行，危险系数非常高。倭寇给百姓带来的灾难在《喻世明言》的《杨八老越国奇逢》中有充分描写："但见：舟车挤压，男女奔忙。人人胆丧，尽愁海寇恁猖狂；个个心惊，只恨官兵无备御。扶幼携老，难禁两脚奔波；弃子抛妻，单为一身逃命。"① 二则，从广州乘船北上，从汉口沿长江顺流而下便是江浙，这里是文化重地，历史古迹颇多，南京又是明朝的陪都，赶考的士子及官员往往愿意走水路。《警世通言》的《老门生三世报恩》中，浙江台州府人氏鲜于同时到广西桂林府兴安县做知县，就说鲜于同"文大有吴越中气脉，必然连捷"。《钝秀才一朝交泰》中，福建延平将乐县的黄胜买中了秋榜，做了举人，到北京会试；后来，他的妹妹黄六瑛决定赴京寻夫，走的就是京杭大运河。《玉堂春落难逢夫》中，王景隆从南京出发，赴京考试走的也是水路。《醒世恒言》的《张淑儿巧智脱杨生》中，杨延和本是南直隶扬州府江都县的举人，和六个同伴一同坐船进京赶考，到山东兖州府码头才舍舟登陆。"三言"中通过京杭大运河去北京考试的举子还有很多，可见大运河为人们提供的水运便利。

五是水上打劫、谋财害命的故事。江南水乡河网纵横交错，水上出行频繁，难免会遇到水上风浪甚至打劫谋害的事。正如《喻世明言》的《杨谦之客舫遇侠僧》中，安庄回临安时长老所说，"我们不打劫别人的东西也好了，终不成倒被别人打劫了去"②。大运河上船只往来频繁，外出的人往往携带大量钱财，于是就有一些寻短路的人在运河上做些不法勾当。他们名义上是普通的船户，靠摇橹运送旅客为生，却又不甘心只是赚取路费，于是抢夺财物，甚至杀人、奸人妻女，可谓十恶不赦。原本幸福的大家庭，碰到他们就只能任其杀虐、妻离子散。如《喻世明言》的《临安里钱婆留发迹》，故事发生在杭州临安，钱镠和

---

① 冯梦龙. 喻世明言［M］. 北京：华文出版社，2019：221.
② 冯梦龙. 喻世明言［M］. 北京：华文出版社，2019：242.

顾三郎等水上打劫王节使官船；《木绵庵郑虎臣报冤》中，在杭州附近江上，贾似道派人将石匠推坠江中；《杨思温燕山逢故人》中，意娘和韩思厚在扬州水域被打劫。再如《警世通言》的《苏知县罗衫再合》中，明代北直隶涿州的苏云除授浙江金华府兰溪县大尹，路上被捆绑丢进黄天荡水中，苏妻郑夫人被劫而去，最后大难不死，全家团圆。《醒世恒言》的《张廷秀逃生救父》中，杨江与艄公合伙捆绑张廷秀兄弟并将两人扔到江中。

好在"三言"中的种种故事，最终基本上都能沉冤得雪，坏人终得严惩。冯梦龙的小说，总是以大众喜闻乐见的故事形式，传递惩恶扬善的劝诫之意。

（二）"三言"中的江南节庆

节日习俗有着丰富的文化密码和独特的文化意蕴，因此江南民俗和水乡节庆常常成为冯梦龙小说的故事背景。"三言"中，江南很多重要节庆成为故事展开的特殊背景和节点。由于这些人文现象具有浓郁的地方性，作品也就带有了独特的江南地方文化色彩。

1. 元宵节

元宵节，也称上元节、灯节，主要活动是观灯、猜灯谜、耍龙灯、踩高跷、舞狮子等，官员和百姓同乐。元宵佳节是浪漫的时刻，是男女相识的好时机，也是文人创作常用的题材。历代有关元宵节的诗词文章极多，"三言"也多次借元宵节这样一个极有意思的节日展开故事。如《喻世明言》中，《张舜美灯宵得丽女》的入话和正话故事都安排在元宵夜晚。正话中，张舜美乃越州人，到杭州乡试，元宵晚上出来游玩，与刘素香在茫茫人海中邂逅，一见钟情。从杭州到镇江，两人失散又重聚。冯梦龙把故事的起始和转折分别安排在杭州和镇江的元宵夜晚，把爱情故事的曲折、元宵佳节的特色和文人雅士的诗情融合在一起，娓娓述说了一个温婉离奇的爱情故事。《警世通言》中，《蒋淑真刎颈鸳鸯会》的故事背景也是杭州武林门外的元宵灯会。《喻世明言》的《杨思温燕山逢故人》写杨思温在燕山过元宵节，虽然故事发生地不在江南，但一系列故事都因元宵赏灯时的落寞而起，可见元宵佳节作为串联故事的契机，十分重要。

2. 清明节

清明作为怀念亲人、纪念先祖、感怀亡灵的特定传统节日，是世俗世界对已故亲友寄托哀思的最好时刻。这就有了《众名姬春风吊柳七》中青楼女子清明祭祀、哀悼和怀念柳永的故事。

清明时节，春回大地，正是郊游的大好时光。因而大部分地方祭祖、扫墓之余，也有踏青游乐、插柳咏柳、放风筝、荡秋千的习俗。"三言"中多次写到清明节外出踏青游玩的故事。如《喻世明言》中，《明悟禅师赶五戒》入话便写到唐代的李源和高僧圆泽相约十二年后杭州天竺寺再见，正值清明时节，"正是良辰美景，西湖北山，游人如蚁"。《警世通言》中，《一窟鬼癞道人除怪》的男主人公吴洪，只因清明节学生放假，闲走到苏公堤上，只见人烟辐辏，车马骈阗，和风扇景，丽日增明。还有人趁着清明女性出游，心存不良的。如《醒世恒言》的《赫大卿遗恨鸳鸯绦》中，赫大卿趁清明踏青，一人独自郊外游玩，只拣妇女丛聚之处，或前或后，往来摇摆，最后因淫乱断送了性命。清明节这个野外踏青游玩的特殊节日，为各式故事提供了一个难得的时机。

3. 端午节

农历五月初五端午节，有吃粽子，赛龙舟，挂菖蒲、蒿草、艾叶，喝雄黄酒，系百索子，做香角子，避五毒，贴符，吃十二红等风俗。端午节吃粽子、赛龙舟是为了纪念屈原；挂菖蒲、艾叶，熏苍术、白芷，喝雄黄酒，贴符都是为了辟邪，也可以说，端午是一个驱除瘟疫的节日。旧俗认为，五月五日是恶月恶日，这天出生的孩子具有不同于普通人的经历。"三言"中多次写到端午出生的人的不寻常经历。如《陈可常端阳仙化》一文，不仅把主人公陈可常的生日设定在五月初五，而且依托端午这一特殊时日铺叙故事。陈可常三举不第，就去灵隐寺出了家。高宗母舅吴七郡王，五月五日到灵隐寺斋僧，看到墙壁上的题词，引出了对陈可常的解说:"齐国有个孟尝君,养三千客,他是五月五日午时生;晋国有个大将王镇恶,此人也是五月五日午时生。小侍者也是五月五日午时生,却受此穷苦。以此做下四句自叹。"此后每年都会在端午这个独特时刻,发生恩爱情仇的故事,正如陈可常《辞世颂》所写:"生时重午,为僧重午,得罪重午,死时重午。"①《梁武帝累修归极乐》则为生于五月五日这个"恶日"的人正名,萧衍对父亲说:"若五月儿有损父母,则萧衍已生九岁,九年之间,曾有害于父母么?九岁之间,不曾伤克父母,则九岁之后,岂能刑克父母哉?"②

江南端午有吃粽子、喝雄黄酒等习俗,很多故事因此而生。《警世通言》的《王娇鸾百年长恨》中,苏州府吴江县周廷章公子与小姐王娇鸾就在端阳这天开始交往。《蒋淑真刎颈鸳鸯会》中是五月初五来一场鸳鸯会。《况太守断死孩儿》中的无赖支助看中了寡妇邵氏,利用端午习俗骗了得贵这个老实人,毁了邵氏清誉,引发了一系列的惨剧。《白娘子永镇雷峰塔》中也是白娘子端午喝了雄黄酒,引发了后续一系列故事。

4. 七夕节

农历七月初七是七夕节,牛郎织女鹊桥相会,好事者在瓜藤下偷听,姑娘们则忙着乞巧、卜巧,还有很多少女会在这天烧香拜佛,祈求如意郎君。所以七夕节被称为我国传统节日中最具浪漫色彩的一个节日,也是中国的"情人节"。中国古代诗文中有大量关于七夕的作品,爱情则是七夕诗歌的主题。如秦观的《鹊桥仙》:"纤云弄巧,飞星传恨,银汉迢迢暗度。金风玉露一相逢,便胜却人间无数。柔情似水,佳期如梦,忍顾鹊桥归路。两情若是久长时,又岂在朝朝暮暮。"在七夕这样一个特殊时刻,当然会发生很多故事。如《喻世明言》的《蒋兴哥重会珍珠衫》中,女主人公三巧儿生于七夕,美丽多情;陈商借助

---

① 魏同贤. 冯梦龙全集·警世通言 [M]. 南京: 凤凰出版社, 2007: 83, 88.
② 冯梦龙. 喻世明言 [M]. 北京: 华文出版社, 2019: 476.

三巧儿七夕生日这个特殊时刻，猎色成功。薛婆子在诱骗三巧儿时道："牛郎织女，也是一年一会，你比他到多隔了半年。常言道：'一品官，二品客'，做客的那一处没有风花雪月？只苦了家中娘子。"① 三巧儿叹了口气，低头不语。每逢佳节倍思亲，分别日久的寂寞、不甘，加上薛婆子的引诱，不该发生的事就发生了。

"三言"中还有写其他节日的。如《醒世恒言》中，《黄秀才徼灵玉马坠》写到除夕之际："光阴似箭，不觉岁尽春来。有诗为证：'爆竹声中一岁除，春风送暖入屠苏。千门万户曈曈日，总把新桃换旧符。'"兹不赘述。

（三）"三言"中的江南习俗

哪里有人，哪里就有民俗。民俗亦称风俗、习俗。在我国，"风俗""民俗"等词出现很早。古时的统治者，很重视考察民风民俗。《礼记·王制》中说："命太师陈诗，以观民风；命市纳贾，以观民之所好恶，志淫好辟。"②《汉书·宣帝纪》记："（帝时）遣太中大夫强等十二人，循行天下，存问鳏寡，览观风俗。"③ 唐太宗更置观风俗使，巡省天下。正如《礼记·乐记》所说，"移风易俗，天下皆宁"，所以历代沿袭，几成定制。风俗是一种历史的沿袭和发展过程，是地域的特色文化，并受时间、空间和其他一些社会条件的影响而呈现特定的表现形态。中国在绵延悠久的历史进程中，逐渐形成了既丰富多彩又独具风貌的民情风俗，并一直流传到今天。江南民俗更是其中积淀深厚、形式多样、魅力独特的一枝。

"三言"里，很多故事都带有浓厚的江南民俗文化特色，并具体反映在节日、婚姻、宗教、饮食、服饰、建筑、礼仪、语言等各方面。冯梦龙在作品中多次写到江南各种独特的地方习俗，这些都是可堪开发利

---

① 冯梦龙. 喻世明言［M］. 北京：华文出版社，2019：16.
② 转引自吕思勉. 中国通史（上）［M］. 北京：北京理工大学出版社，2021：125.
③ 转引自《中华文化通志》编委会. 中华文化通志·秦汉文化志［M］. 上海：上海人民出版社，2010：248.

用的江南文化资源。

有节日习俗。如《金令史美婢酬秀童》中提到的过年习俗"烧利市"："正月初五，苏州风俗，是日家家户户祭献五路大神，谓之烧利市。吃过了利市饭，方才出门做买卖。"①《乐小舍拼生觅偶》中写到了八月十八钱塘江潮的美景及观看时的盛况。《陆五汉硬留合色鞋》中描写了杭州西湖桃花盛开的美景及踏青游西湖等节令习俗。

有交往习俗。如《桂员外途穷忏悔》中，桂富五的老婆孙大嫂和恩人施济的妻子见面聊天，"原来有这个俗忌，大凡怀胎的抱了孩子家，那孩子就坏了脾胃，要出青粪，谓之'受记'，直到产后方痊"。②孙大嫂借忌讳含蓄地道出了自己已有身孕，施济的妻子也借此和桂家指腹为婚定为亲家。

有生产习俗。如《施润泽滩阙遇友》讲述了苏州府吴江县养蚕织户人家的习俗，"那养蚕人家，最忌生人来冲。从蚕出至成茧之时，约有四十来日，家家紧闭门户，无人往来。任你天大事情，也不敢上门"。③施复小心翼翼去这养蚕人家借火，给火这家恰恰是当年丢银子的那家，施复的拾金不昧，阴差阳错也救了自己的性命。

有婚姻习俗。如《钱秀才错占凤凰俦》写了苏州吴江县太湖水域的婚俗："原来江南地方娶亲，不行古时亲迎之礼，都是女亲家和阿舅自送上门，女亲家谓之'送娘'，阿舅谓之'抱嫁'。"④

有宗教习俗。民间信仰农历二月十九是观世音大士生辰。众多善男信女在这天虔诚跪拜大慈大悲救苦救难观世音菩萨。"三言"中多次提到江浙人有到普陀山拜观世音菩萨的习惯，观世音大士生辰也成为讲述故事的一个独特时机。《白娘子永镇雷峰塔》中借四月初八释迦佛生辰，既讲述了许多饱含人文色彩的故事，也再现了江南一带的风土

---

① 魏同贤. 冯梦龙全集·警世通言 [M]. 南京：凤凰出版社，2007：210-211.
② 魏同贤. 冯梦龙全集·警世通言 [M]. 南京：凤凰出版社，2007：377.
③ 魏同贤. 冯梦龙全集·醒世恒言 [M]. 南京：凤凰出版社，2007：357.
④ 魏同贤. 冯梦龙全集·醒世恒言 [M]. 南京：凤凰出版社，2007：135.

人情。

有赏花习俗。《灌园叟晚逢仙女》中，江南平江府东门外长乐村中有个老者秋先，从幼酷好栽花种果，人都叫他是花痴。日积月累，建成了一个大花园。竹篱门外，正对着一个大湖，名为朝天湖，俗名荷花荡。这湖东连吴淞江，西通震泽，南接庞山湖。沿湖遍插芙蓉，湖中种五色莲花，盛开之日，满湖锦云烂漫，香气袭人，小舟荡桨采菱，歌声泠泠。那赏莲游人，画船箫管鳞集，至黄昏回棹，灯火万点。朝天湖畔水连天，不唱渔歌即采莲。《众名姬春风吊柳七》也叙述了柳永过姑苏时看见山明水秀，"忽听得鼓声齐响，临窗而望，乃是一群儿童，棹了小船，在湖上戏水采莲。口中唱着吴歌"。①

（四）"三言"中的江南人文风情

对"三言"中形形色色的江南人物和人文风情，李桂奎的《话本小说时空构架的"江南"特征及其叙事意义》、浙江师范大学侯群香的硕士学位论文《论"三言""二拍"的江南时空叙事》、东北师范大学邢钺莉的硕士学位论文《"三言"与明中后期运河商贸研究》等对此都做过专门的研究。

1. 江南本地名人

钱王（钱镠）"衣锦还乡"的故事广为流传。"三言"中屡次讲到钱王及其后代的故事。《喻世明言》中，《临安里钱婆留发迹》讲述了钱王的传奇一生，如出生时的异象、长相的特异、劫富济贫的志向、为人的豪爽讲信用、做事的有原则又灵活变通、讨逆封王射潮的壮举等。《警世通言》中，《乐小舍拚生觅偶》的入话简短介绍了钱王出生及射潮的故事，讲述钱塘江的美景得益于钱王当年筑海塘的举措，因为钱王才有钱塘江潮，才有每年八月十八的潮生日，小说把历史人物与地理地貌相融合、把地理景观与人文景观相融会，使人物故事和自然景观更加厚重且富有魅力。《喻世明言》中，《游酆都胡母迪吟诗》借助梦境穿

---

① 冯梦龙. 喻世明言［M］. 北京：华文出版社，2019：153.

越历史,串融三国、五代等不同的朝代,在梦中成就钱王称帝梦想。钱王是江浙土生土长的本土英雄,至今各地还保存着钱王及其后代大量的历史遗迹,今日的钱家更是出了众多不可或缺的文豪、院士。钱王的文化遗产,足以传承发展,勉励后代。

梁武帝亦是江浙本土传奇人物。据《梁武帝累修归极乐》描述,梁武帝历经几世几劫,终归极乐。萧衍终生信佛、好佛、助佛教事业,历经劫难仍然不改内心坚定的佛心,找到了精神的归宿。这样结局的改变既符合市井人物的心理,也达到了作者借小说教化的目的。

《唐解元一笑姻缘》向读者详细讲述了"唐伯虎点秋香"的故事。唐伯虎生于苏郡,家住吴趋;书画音乐,辞赋诗文,无不精通,为人放浪不羁,有轻世傲物之志。故事起始于苏州水乡,发生在诗情画意的美景中,水巷、游船、小桥,都是江南文化风貌。该故事被多次改编、应用于不同场景,深受百姓喜爱。

2. 江南异乡名人

外来的历史名人对江南的描写,会给江南的景观注入更多的人文内涵,并增添新的文化价值,乃至形成这个区域的文化品牌,如白居易、苏东坡与西湖的白堤、苏堤,与苏州的山塘街、虎丘。

"三言"中多次以白居易为话头引出故事。《警世通言》中,《苏知县罗衫再合》的篇首便是白居易的看潮诗:"早潮才罢晚潮来,一月周流六十回。不独光阴朝复暮,杭州老去被潮催。"这首诗一下将读者带入杭州钱塘美景中。《醒世恒言》的《独孤生归途闹梦》中,独孤生的妻子娟娟是白行简的女儿、白居易的侄女;故事结尾时白居易新授杭州太守,白行简请告归家,独孤生高中,三人会聚一堂,显赫族里。在《警世通言》的《钱舍人题诗燕子楼》中,唐朝名妓关盼盼不负张公的恩遇,立志守节,坚守十年。白居易感其情深义重,和诗四首,关盼盼却认为白公讽刺自己,其后关盼盼死于燕子楼。直到宋代,钱王后代钱希白再访燕子楼时,为关盼盼题诗正名,之后梦遇佳人关盼盼答谢于他。

为人旷达、豪放不羁、琴棋书画样样精通、人生跌宕起伏的苏轼，其传说故事在市井文化中具有很强的吸引力，他也是冯梦龙喜欢讲述的对象。如《明悟禅师赶五戒》写浙江路宁海军钱塘门外，五戒禅师和明悟禅师的故事，穿越时空就成了苏轼和佛印前世今生的故事。五戒托生为苏轼，明悟托生为佛印。苏轼宦途起伏不定，贬谪流离，佛印与之不离不弃。《佛印师四调琴娘》讲述了苏轼测验佛印的佛性的故事。《苏小妹三难新郎》写苏轼的妹夫扬州人秦少游，与苏小妹夫唱妇随，其乐融融；苏轼、佛印、秦少游、苏小妹之间的文字游戏更成为民间的娱乐谈资。除了苏轼大量妙趣横生的人生故事，"三言"中还记录了大量苏轼描写江南美景的诗词，成为难得的江南文化遗产。如《苏知县罗衫再合》中描写钱塘秋江景致时，情不自禁引用了苏轼的《江神子》。《史弘肇龙虎君臣会》中提及宋朝士大夫刘季孙《寄苏子瞻自翰苑出守杭州》诗，写苏轼两次到杭州，所以临安府多有东坡古迹诗句。

对王安石这位历史人物，《警世通言》中，《王安石三难苏学士》写了苏东坡与王安石之间的故事，其中"七里山塘，行到半塘三里半"，乃是极富苏州特色的文化遗产。《拗相公饮恨半山堂》中，先写王安石读书废寝忘食，为官博学勤政，初任浙江庆元府鄞县知县，兴利除害，转任扬州佥判，升江宁府知府，贤声愈著。文中所写王安石决定告病归判江宁府途中见闻，颇有江南水乡风貌特色。

《喻世明言》中，《众名姬春风吊柳七》写了宋代柳永到杭州为官，一路行船，到姑苏时看儿童棹船戏水采莲，耳听吴歌，随即和诗填词一曲："十里荷花九里红，中间一朵白松松。白莲则好摸藕吃，红莲则好结莲蓬。结莲蓬，结莲蓬，莲蓬生得忒玲珑。肚里一团清趣，外头包裹重重。有人吃着滋味，一时劈破难容。只图口甜，那得知我心里苦，开花结子一场空。"① 文中所写无论水路航程，还是酒楼风景，或是这首描摹细致、一语双关的吴歌小曲，都极具江南水乡风韵。《张舜美灯宵

---

① 冯梦龙. 喻世明言 [M]. 北京：华文出版社，2019：153.

得丽女》中，柳永的《望海潮》一词更是将杭州的好歌咏得淋漓尽致。

3. 智慧坚韧的江南女性

"三言"中写到江南人出外游宦、经商等经历时，有一个比较独特的框架，那就是女性的睿智和帮助。在人物的悲欢离合中，女性往往起着重要的作用。女性的智慧和坚韧，女性作用的被肯定，与明代中后期进步的、人性的社会思潮密切相关。如《沈小霞相会出师表》中的沈炼是浙江绍兴人，生性伉直，不畏强权，直面黑暗势力，绝不阿谀奉承，即使全家被贬谪，仍吟诵《出师表》。面对强大的恶势力，在沈小霞被抓后及机智逃脱上，沈妾闻淑女都给予了至关重要的谋划和帮助。又如《钝秀才一朝交泰》中的马德称历经重重磨难，由南到北到处投靠，未婚妻黄小姐坚持辅助他读书，使他由一个"钝秀才"最终成为众人称羡的金榜骄子。女性的鼓励、坚韧的意志，给予了困境中的男人重要的前行力量。

对远离家乡江南之地的男性来说，孤独、无助之中，难免希望获得女性的帮助和陪伴。冯梦龙在故事中多设置一女性，美丽且智慧，如《杨谦之客舫遇侠僧》写浙江永嘉人杨谦之选官贵州安庄县，虽然此地盛产金银珍宝，怎奈蛮荒之地，离家千里，因而内心孤独恐惧。只因在镇江坐船时让一僧人搭船，此僧人安排一美貌妇人相伴。此女子先知先觉，助其避过江上风浪，躲过路途官司，击败当地妖法，三年任满，安全返回临安。

贤内助让浪子回头的故事也是"三言"的一个重要主题。《赵春儿重旺曹家庄》的主角曹可成本是扬州一个"专一穿花街，串柳巷，吃风月酒，用脂粉钱"① 的"呆子"，名妓赵春儿却为了答谢曹可成的赎身之恩，毅然在曹可成穷困之际来到他身边，助其重整家业，"若与寻常男子比，好将巾帼换衣冠"②，充分表现了对女子的尊重。

---

① 魏同贤. 冯梦龙全集·警世通言 [M]. 南京：凤凰出版社，2007：472.
② 魏同贤. 冯梦龙全集·警世通言 [M]. 南京：凤凰出版社，2007：471.

"三言"中对"牙人"的描写也比较多且集中。"牙"称婆、卖婆,亦称"牙媪"或"牙嫂"。她们除了介绍人口买卖,还充当其他买卖的中介人。她们是一个特殊群体,大多是年纪大的老妇,往往精于世故,能言快语,喜贪不义之财,连哄带骗为人撮合不和谐的婚姻,不择手段地为男女私情牵线搭桥。她们具有商人的共同特点,贪婪地追求金钱,甚至不惜触犯道德底线,如《蒋兴哥重回珍珠衫》中,徽商陈商"忽然想起大市街东巷,有个卖珠子的薛婆,曾与他做过交易"①的薛婆就是从事牙行的妇人,她的珠子都是主人家的,她代人出售货物,只是从中赚些小钱。王三巧和陈商这对见不得光的恋情就是薛婆撮掇的,最后枉送了陈商性命。《陆五汉硬留合色鞋》里的陆婆就是"那婆子以卖花粉为名,专一做媒作保,做马泊六,正是他的专门"②。当然,牙婆也有好人,如《杨八老越国奇逢》中漳浦的檗妈妈就是个本分的牙人。

4. 形形色色的市井人物

"三言"中还有大量市井人物故事,婚姻又是其中的主要话题。作为全国人口密度最大的府州,苏州集聚能力强大。正如《唐解元一笑姻缘》中所云,苏州六门中阊门最盛,乃舟车辐辏之所,"真个是:翠袖三千楼上下,黄金百万水东西。五更市贩何曾绝,四远方言总不齐"③。这段描写真实反映了运河带来的交通顺畅,贸易繁荣,人员汇集,远近咸达。明代全国十大码头,苏州一地就独占枫桥、南濠(阊门)两处。《蒋兴哥重会珍珠衫》讲述湖北商人蒋兴哥常年在广东经商,"久闻得'上说天堂,下说苏杭',好个大马(码)头所在,有心要去走一遍",而"那枫桥是柴米牙行聚处,少不得投个主家脱货"④。至于阊门南濠山塘大码头,更是商人会馆云集。形形色色的市井人物,在这里演绎了无数普通人的故事。《吕大郎还金完骨肉》中的吕玉是江

---

① 冯梦龙. 喻世明言[M]. 北京:华文出版社,2019:7.
② 魏同贤. 冯梦龙全集·醒世恒言[M]. 南京:凤凰出版社,2007:304.
③ 魏同贤. 冯梦龙全集·警世通言[M]. 南京:凤凰出版社,2007:398.
④ 冯梦龙. 喻世明言[M]. 北京:华文出版社,2019:20.

南无锡县人,因走失了孩子,就往太仓、嘉定一路收些棉花布匹各处贩卖,就便访问儿子消息,其间发生了很多故事。《卖油郎独占花魁》中的秦重,由汴梁避兵乱到杭州,踏实勤恳地卖油存钱,用真心诚意感动了"花魁娘子"莘瑶琴,对方主动要嫁给他,即使布衣粗食也无怨无悔。此类故事还有《金玉奴棒打薄情郎》,写的是杭州丐帮团头的女儿金玉奴与书生莫稽的悲欢离合;《乔太守乱点鸳鸯谱》写乔太守乱点鸳鸯,成全三对新人的故事等。这些司空见惯的普通细节生活,市井人生的五花八门,汇成了江南世情画卷。

三、传承冯梦龙江南文化,打造冯梦龙文旅品牌

苏州作为江南文化的代表性城市,不光经济上富庶,在江南文脉、江南文化维度上,更是拥有冯梦龙文化等丰富资源。全面梳理冯梦龙江南文化,充分利用冯梦龙小说中所写的或社会背景中所涉及的江南文化内容,如江南水乡风貌、江南地方节庆、江南民俗风情、江南人文故事,以及白居易、钱王、苏东坡、唐伯虎的故事,从中提炼能够古为今用的现象、规律和产品,用作现代江南文化建设和文旅融合发展的指导和参照,是非常有价值和意义的。

(一)强化顶层设计,突出规划引领

要充分开发冯梦龙文化与江南社会经济发展中蕴含的各种资源,并通过种种形式尽可能地加以利用,用冯梦龙文化的经典遗产滋养美好乡风、助推乡村振兴、引导社会经济发展,全面打造冯梦龙品牌,提升苏州文化软实力。要坚守乡愁底蕴,整合特色资源,塑造文化地标,打造冯梦龙特色文化节庆,举办高水平的冯梦龙艺术节、文化展及相关研讨会,以江南文化特质引领苏州建设,并为江南发展垂范。

1. 以"记得住乡愁"为顶层设计,注重原生态江南文化风貌保护

要以"记得住乡愁"为顶层设计,注重原生态江南文化景观保护,大力开发富有江南特色的民俗节庆和演艺活动,传承"苏工"精神,留住江南文化,打造标志性文化高地,塑造特有的江南文化形象。

"原生态风貌"一词的出现,首先基于对文化的生态性理解。所谓"原生态",即事物原初的状态,是一切在自然状态下存续下来的状态。"原生态风貌"主要有两层含义,一是原生态的自然风貌,二是原生态的文化风貌。其特点就是自然、原真,富有风貌特色和历史底蕴,是原汁原味的、最民间的、最生活也最富有魅力的,因而也是值得尊重和传承的。"原生态风貌"不仅涉及地域概念,也涉及知识生成和变化中形成的特定情境,因而在关注"原生态风貌"的同时,还要关注"原生态风貌"的传承及其生存环境。"原生态风貌"应该是由标志性建筑、地域设施、环境风貌、特有绿化景观和城乡整体特征等符号共同构成的地方特有文化,因而是离开多年还能认得出的浓浓乡愁。不同的地理环境、文化传承会产生迥然相异的地方风貌,江南文化就是自然生态与文化生态紧密关联的和谐的文化风貌。

原生态江南文化风貌积淀了江南历史长河中的传统文化和科技结晶。如今这个多种文化共存的多元时代,为我们提供了风格迥异、多姿多彩、独具特色的文化样式,对经济、科技、文化乃至环保的发展,对增强民族凝聚力和地域认同感,对科普教育和文艺创作,都有着不可替代的重要作用。在城市化的进程中,原生态江南文化风貌的保护与经济的发展似乎是一对矛盾。我们没有吸取西方国家城市发展的教训,毁坏了祖先用生命换来的、彰显人与自然和谐关系的充满诗意的原生态风貌,使得城乡原生态景观面临危机。其实,原生态江南文化风貌的保护,是要在保护、保留优秀传统文化风貌的基础上有效地发展经济,并使经济发展反哺优秀传统文化风貌的保护。因此,要让江南文化在最大限度保持原真性的前提下承接历史、走向未来,为我们的子孙后代留下珍贵文化遗产,还有很长的路要走。

2. 保护水乡风貌,保护"苏式江南水乡"

江南湖泊遍布,河道纵横,处处可见因势而建的桥梁,是名副其实的"水城桥都"。一生大致都生活在江南水乡的冯梦龙在编撰、创作时,很多故事情节自然也就架构于江南的河荡湖泊之上。"三言"中比比皆是的水乡风貌、水上故事就充分证明了这一点。

今天,"天堂苏州,东方水城"仍然是苏州的旅游名片,水乡风貌仍然是苏州江南文化的文化基因和外在表现。苏州要传承利用江南文化,首先必须做好水文章。苏州旅游资源丰富,就优势品牌而言,苏州"东方水城"的特色在中国乃至全世界都非常罕见。公元前495年,吴王夫差为与楚国抗衡,开凿了从苏州望亭镇经无锡到常州奔牛镇的运河,这段运河比邗沟还早9年,是京杭大运河最早的一段。望亭镇也成为大运河进入吴门姑苏的第一镇。再如,"河城一体"的盘门是苏州古城和运河的特有品牌和象征,还有以钞关为特色的浒关运河特色小镇,枫桥夜泊的独有品牌,宝带长桥的运河风采,都差异化地展现着苏州的江南水乡风貌。

水上旅游是苏州全域旅游的重要组成部分,是打造国际文化旅游胜地的重要支撑。保护江南水乡风貌,做好大运河水上旅游精品,不但符合国家大运河文化带建设战略,对助力苏州社会经济发展也具有重要历史和现实意义。

要合理疏导运河沿岸用地功能,有序修复运河原有风貌,建筑及空间格局要与原来的设计、材料、工艺、风貌相吻合,保持运河风貌的真实性和完整性;强化水陆沟通,美化运河两岸步道,搭建亲水平台、栈道,形成运河沿岸应有的景观效果,让居民和游客可方便快捷地参观游览。要保护运河水质及周围生态系统,综合考虑滨水景观、生态驳岸、湿地功能等布局。要结合苏州"水城桥都"的城市特色,整治、提升原有桥梁景观,新建桥梁要具有苏州"水城"特色,优化滨水界面形象。建设上要有精雕细琢的工匠精神,参考淮安漕运总督府、杭州拱宸桥运河街区建设经验,再现码头、桥梁等运河特色标志景观,打造特色鲜明的江南运河观光旅游长廊。

要保护承载江南水乡记忆的美好空间,存续原真苏式生活场景。随着乡村城市化和逆城市化的推进,传统农耕方式已被规模化、现代化农业取代,原有的江南水乡风貌正在以肉眼可见的速度褪色,依附于传统农作与物质景观基础上的传统地域文化也正遭受着巨大冲击。在此形势下，借鉴国际经验，对传统江南水乡风貌进行综合保护显得日益重要。要划定具有典型江南水乡风貌或拥有地域特色农产品、传承特色乡土文化的乡村区域并进行综合保护，建立"苏式水乡"综合保护区，实行严格的空间管制，重点保护乡村景观的自然性和地域性特征，保护传统农耕技术和传统工艺，规范建设并严格保护符合水乡风貌的乡村住宅和传统村落，保护与弘扬苏州乡村特色生活、文化传统与风俗习惯，加强生态环境保护与生态景观品质提升，大力打造乡土文化保护和传承平台，延续原汁原味苏式水乡"原风景"。冯梦龙村在这方面就做得相当不错，一系列举措的实施，使文化的保护、乡村的风貌、经济的发展、农旅的融合在"苏式江南水乡综合保护"的框架中得到了相应体现，冯梦龙村因此成为国家级示范点。

3. 以更高站位谋划冯梦龙文化新经济的开发利用

苏州是一座有着2 500多年历史、文化资源丰富、人文积淀深厚的城市，也是首批24座国家历史文化名城之一。近年来，苏州依托丰富的文化资源，狠抓文化产业发展，把资源优势转换成产业发展优势，把文化软实力转化成发展硬功夫，构建苏州特色产业体系，较好解决了文化消费的有效供给不足，与生活的结合度和产业的融合度不够紧密的问题。2017年2月，苏州市被正式确立为国家文化消费试点城市。

文化新经济是以文化元素核心为内在驱动、以拉动文化消费为主要手段、以产业转型升级为最终目的的经济发展战略。为推动冯梦龙文化新经济的高质量发展，建议突出特色，优化环境，提升服务，推动文创企业集聚发展，努力形成一批有实力、有影响的文化品牌企业。夜间经济、展会经济是文化新经济的表现形式。建议苏州市出台相关文件，明确提出提振夜间经济。用好市场力量，在条件相对成熟的行业用心培育、妥善引导、遵循市场规律，释放新版"夜苏州"的全新能量，形成一批消费新地标。提升展会经济效益，扩大联动效应，提高文化经济效能。冯梦龙村的中秋赏灯就是很好的举措。

冯梦龙作为习近平总书记多次点赞的名人，博学多才，勤奋工作，才有了著作等身，才有了造福一方。我们不但要学习他的道德精神，还要学习他的学以致用、经世济民。要学习冯梦龙"不求名而求实"的精神，拿出御窑金砖的"工匠精神"，苦干实干，精益求精。要注重项目招选，引育市场主体。一要把文化新经济相关企业的招选作为招商选资的重点，如特色酒店、影视动漫游戏、IP开发运营、文化投资和新兴文化类公司；二要探索"文化+资本"跨界联姻，深度接洽涉及文化新经济的优秀资本方和运营商。着力提升"相城非遗文化"产品的艺术品位，如相城缂丝、蟋蟀盆、船模等非遗文化，使江南文化遗产保护、传承与市场价值提升发展，实现市场推动生产，生产促进保护的良性互动；以现代科技为媒介，通过与"数字化"沾边，与"信息化"连线，与"互动性"连接，深度开发本土文化特色产品，打造文化产业核心竞争力。

4. 立足自身优势，推动农文旅多业融合

中央一再强调要传承发扬中华优秀传统文化，为今天的社会经济发展服务。冯梦龙的作品老少咸宜，是苏州打造文化新经济的独特资源和重要财富。要充分发挥文化产业关联度高的特点，以文化产业为重要支点，带动相关产业共同提升，形成新型业态，共享共创，实现区域发展。一是文化与旅游融合。打造独具苏州特色的历史文化旅游产品。要重点推动发展夜间经济，打造夜生活集聚区，创造出新的文化消费热点，形成文化搭台，多方唱戏，各方共赢局面。二是文化与科技结合。通过信息技术、网络技术、数字技术等现代高新技术在文化领域的应用，大力实施"文化+互联网"，利用新技术、新渠道、新模式推动文化生产方式、传播方式和消费模式的系统创新。三是文化与节庆融合，大力打造节庆经济。四是文化与影视结合，把冯梦龙作品中适合拍摄成电影电视剧的题材搬上荧屏、搬上电视、搬上网络，制造热点和焦点，吸引人流、物流和资金流。五是文化与工艺结合，推进传统工艺创新发展。将苏绣、苏扇、戏曲服装、木刻年画、核雕、玉雕等各类"非遗"

项目和传统工艺与文化、时尚、创意、科技、互联网及消费需求相结合,加快传承创新,再造利用步伐,延伸产品价值链。

江南文化品牌具有强大的竞争力和生命力。就相城而言,历史悠久,文化底蕴深厚,有许多历史名人和知名文化产品,如孙武、沈周、冯梦龙等文化名人,吴门画派、御窑金砖等江南文化品牌,要加强品牌塑造和宣传推广,借助旅游业的发展,带动文化产业消费。

(二)做好文旅产业布局,强化优势产品引领

1. 利用名人文化,讲好江南故事

"三言"中多次讲到白居易、钱王、苏东坡等名人的故事,讲到伍子胥、况钟、唐伯虎等与苏州历史文化密切相关的人文遗迹。这些都是可堪开发利用的珍贵的名人文化资源。

2. 利用民俗风情,活化江南文化

民俗文化是文化中最具活力最贴近生活的部分,是人们最喜闻乐见的内容,因而是最值得开发也最容易见效的文化资源。以苏州为代表的江南地区有着丰富的民俗文化资源,是传承发展传统文化、建设社会主义文化强国的重要财富。

仅就相城区而言,民俗文化就有以下四种类型。第一种,生活民俗。一是民居民俗。如陆慕老镇、太平古镇、湘城古镇、黄埭古镇等都已纳入保护规划,其中陆慕老镇改造以"陆慕老镇·苏州记忆"为主题,保护老镇风貌,展示区域文化。二是节庆民俗。渭塘镇的"珍珠文化节",荷塘月色湿地公园的"六月二十四荷花生日",阳澄湖畔七月七日"乞巧节"等民俗活动已形成品牌,吸引了大批民众,成为民众体验传统文化的重要活动。第二种,生产民俗。渔文化、农耕文化展现着现代版的江南"鱼米之乡",御窑金砖、元和缂丝、陆慕泥盆、渭塘珍珠、相城琴弓、九龙砖雕、太平船模、黄桥铜器、水乡草编、阳澄渔歌等"相城十绝"成为珍贵的非物质文化遗产。第三种,文艺民俗。一是戏曲民俗。相城区北桥街道享有苏州市特色文化乡镇"戏曲之乡"的美誉,黄埭镇是"评弹之乡"。二是歌唱民俗。其中以阳澄渔歌最为

著名。三是书画民俗。相城区有著名的吴门画派创始人沈周,民间书画之风盛行。第四种,婚庆民俗。目前民间婚庆的"一条龙"服务延伸到观光、婚庆、婚车、婚纱、司仪、花轿等婚庆配套。

民俗文化的特质在于它是一种"活态"文化,随着社会发展,优秀的传统节日习俗等传统民俗,不仅可以继续传承发展,而且可以给建设本土化社会主义核心价值体系提供基础和营养。所以要加强组织领导,建设"民俗文化村"和"农村民俗园"等集中展现优秀传统农村民俗文化的场所,来引导广大农村群众积极参与,丰富农村精神生活,推进农村移风易俗;要培养文化自觉,落实良俗的保护措施和投入机制;要强化活态保护,充分依托生活、生产和民间传统开展保护和传承,充分依托民众的广泛参与做好保护;要加强青少年教育,精心编辑民俗文化乡土教材;要重视组织民俗文化学术活动,深入挖掘和弘扬江南传统节日文化内涵。

3. 利用美食文化,传播江南文化

"故乡虽好不归去,客里西风两鬓秋。不是阳澄湖蟹好,人生何必住苏州。"汤国梨女士的这首诗,突出说明了苏州美食、江南味道的独特性和吸引力。中国是美食的国度,江南是美食的殿堂。苏帮菜历史悠久,制作技艺高超,品种丰富多彩,选料特别讲究,注意活、生、时、鲜、嫩,烹饪方法以炸、熘、炒、煸、煎、汆、煨、焖为主,突出色、香、味、形,具有浓郁的江南菜肴特色。"民以食为天。"冯梦龙作品中,对美食的记载和描述很多。苏州的美食,既能满足游客的味觉享受,也能满足游客的精神享受。我们今日的文旅融合发展,美食主题也是值得重点关注的方向。

苏帮菜是国内唯一与岁时节令、人生礼仪、民间信仰等民间习俗关系密切的菜系。苏帮菜中主食、副食、糕饼、点心;汤、酒、茶、露;山珍、水鲜、花馔、鱼馔,花样繁多。就菜肴而言,讲究色、香、味、形、器俱佳,菜名或源于历史典故民间传说,或寓有诗情画意社会风情。苏州人餐饮还讲究环境,或与游观结合,或会友雅聚。苏州饮食与它的社会文化生态密不可分，种田、捕鱼、养蚕，饮食习俗各不相同。市肆菜、士绅菜、官府菜、文人菜、船菜、寺院菜、青楼菜应运而生，各有特色。这些都是江南文化的经典代表。

美食是城市营销的最佳搭档。在影视节目、网络视频、微信推送中，隐藏在城市寻常巷陌中的美食比传统的旅游项目更容易爆红。1983年的电影《小小得月楼》既传播了苏帮菜，也宣传了苏州城。民间有"杭州不断笋，苏州不断菜"的谚语。苏州是座美食云集的城市，苏州人的一年四季都是伴着各种美食度过的，"佳品尽为吴地有，一年四季卖时新"。西晋时期，因为想念家乡"莼羹鲈鱼"的美味，张翰从洛阳辞官归里；隋炀帝称苏州厨师烹制的鲈鱼是"金齑玉脍，东南之佳味也"；清代康熙、乾隆也都喜欢苏州菜肴。在年轻一代说走就走的旅行中，美食常常是目的地选择的第一原因。苏州有美食传统，但要让美食融入旅游文化这篇大文章，我们要向成都、重庆、西安乃至扬州学习，让传统菜肴、苏式糕点、苏式面与小桥流水、园林古巷一起为苏州代言，给游客留下难忘的印象。

要挖掘苏帮菜宝藏，就要结合苏州美食文化内涵和底蕴，突出江南文化特色和亮点，讲好江南饮食文化故事。可以尝试创作《冯梦龙作品中的江南美食》等书籍，多打造一些特色饮食品牌，传播苏州美食文化，形成文旅新的经济增长点。要充分利用美食节庆活动，把苏州独特的地域文化与美食文化相结合，提高苏州美食旅游的国际知名度。

4. 推进深度融合，开发冯梦龙农文旅主题品质游

要顺应文化和旅游消费提质转型升级新趋势，结合乡村振兴，从供需两端发力，不断激发消费潜力，发展文化产业新业态。2020年，苏州出台了《苏州市进一步激发文化和旅游消费潜力创建国家文化和旅游消费示范城市行动方案》《关于加快苏州夜间经济发展的实施意见》等相关文件，在旅游消费、娱乐消费、餐饮消费、购物消费、健·美消费、住宿消费、夜间文化消费七个方面深挖潜力。

要发挥冯梦龙文化的区域竞争优势，进一步推动文化创意和设计服

务与旅游业、消费品工业、农业和体育产业等重点领域融合发展,深挖旅游消费、娱乐消费、餐饮消费、购物消费、健·美消费、住宿消费和夜间文化消费潜力,积极发展会展旅游和研学旅行,打造苏州独有的冯梦龙会展品牌;加强文化创意引领和现代科技支撑,重点提升数字内容、先进文化制造业、文化旅游、创意设计、特色文化等产业产品的文化科技含量及附加值;推进农文旅融合,"约会冯梦龙村",让文化景点与"果蔬采摘"、生态休闲联姻,书香气息加生态研学,打造独有的冯梦龙主题产品,吸引各方游客。

5. 利用老字号,开发好江南味道

"三言"中屡屡出现江南各地的老店铺,其中很多是远近闻名的老字号。老字号是指历史悠久,拥有世代传承的产品、技艺或服务,具有鲜明的中华传统文化背景和深厚的文化底蕴,取得社会广泛认同,形成良好信誉的品牌和商家,具有广泛的群众基础和巨大的品牌价值、经济价值和文化价值。苏州老字号积淀着江南文化的品牌价值和特有调性,有着独特的经济、社会和文化效用。商务部曾经专门下发过《关于实施"振兴老字号工程"的通知》,要求促进老字号顺应消费需求新变化和"互联网+"新趋势,加快改革创新发展,进一步弘扬优秀文化,拓展品牌价值,充分发挥其在稳增长、促消费、惠民生中的积极作用。

苏州在漫长的历史长河里孕育了一批名闻遐迩的老字号企业,数量占江苏省一半以上,是增添江南味道、增强古城活力的重要抓手。要统筹引导,营造老字号的良好发展环境。

在文化传承上,大力挖掘苏州地方历史文化,促进老字号传承。重点通过强化老字号来提振观前商圈,通过物质、制度、"非遗"等各方面整合,利用区内集中的苏州道教文化、苏州饮食文化、工艺美术文化等,打造"充满苏州味道的古城第一商业游憩区"的特色形象和"老字号特色街区",解决"苏州老字号有什么,外地游客来看什么,本地市民来逛什么"的问题。这方面外地已有很多成功的先例,如天津百年老字号和小吃聚集地食品街、成都的宽窄巷子、太原食品街、福州的三坊七巷等。老字号特色街区能集聚展示苏州的百年老店和老字号，通过店多成市形成老字号商业的规模效应和人气效应，打造一个富有特色，吸引老苏州人怀旧和消费必去、新苏州人认识苏州和消费必去、外地来苏旅游者观光和购物必去的旅游和消费增长点，更好地传承和弘扬江南文化。

在经营管理上，要与时俱进，引进现代经营管理模式，推进商旅文融合，给老字号拍摄类似《舌尖上的中国》那样的视频，挖掘饮食文化中的故事、礼仪、品德，宣传、推介老字号，毕竟大多老字号都是有故事的，把老字号凝聚起来就有了独特的吸引力。还可以举办体现传统文化、符合现代生活方式和消费需求的购物活动，加大纪念品、礼品开发力度，推广旅游产品。在电商时代，老字号可以不再那么依赖线下渠道，而通过直播、微信公众号发文带动销售，通过知识网红在问答中实现销售，所以要大力推进"老字号+互联网"，促进线上线下融合发展。可以借助现代营销理念，把昔日的金字招牌打得越来越亮。在经营服务上，诚信经营、人性化服务，提升竞争力。

在品种口味上，要调整口味结构，不断推陈出新。提到苏式食品，人们想到的不外乎糖果、饼干、糕团等，这些显然已无法满足现代人的需求。苏式食品大多含糖量高，多吃甜食不利于身体健康。可见，对苏式食品的结构、口味等进行调整已成为老字号经营者必须解决的问题。餐饮行业老字号在对传统经典名菜名点进行反复提炼的同时，必须在保留原味的基础上，不断创新，以迎合现代人的口味。

在苏工技艺上，传承工匠精神。老字号的产生、发展和美誉，还充满了国家一再倡导的、力求精益求精的"工匠精神"。开展个性化定制、柔性化生产，增品种、提品质、创品牌，是传承江南文化、做强苏州文化的必要路径。可以建一个大型的老字号博物馆作为多功能的展示平台，如此一来，不仅能继承老的，还能开拓新的；不仅可以展示，还可以销售，可以根据时令推出不同产品，与商家签订相关协议，强化品牌意识。博物馆可以根据时令和需要开展相关活动，如端午教民众包粽子。还可以把老字号博物馆建设成"老字号品牌培育基地",对现有老字号传统产品和技艺进行挖掘、整理和提炼提升,为新兴老字号的品牌发展、体制创新、市场开拓、技术创新、经营创新、文化创新,以及人才培育等方面提供帮助。

(三)打造具有江南地方特色的荷花节

冯梦龙作品中多次写到的节庆活动,是江南文化中最鲜活、最生动的内容,是文旅产品的重要组成部分,能给游客增添更多的娱乐体验,也是活跃城市文化氛围、凝聚旅游市场人气、提升城市美誉度的有效途径。努力挖掘、开发节庆文化资源,打造具有江南特色的民俗节庆,已成为保护非遗文化、提高旅游业竞争力、提升苏州城市形象、展示江南文化魅力的重要手段,对丰富苏州旅游内容、提升游客观感、宣传苏州形象、建设独具魅力的国际文化旅游胜地有着极其重要的作用。

1. 挖掘体现江南味道的苏州本土节庆资源

要以弘扬传承为主线,充分挖掘、活化利用体现江南味道的苏州本土传统节日。自古以来,苏州就有"上有天堂,下有苏杭"的美誉,这里节庆民俗资源十分丰富,节日资源有春节、元宵节、清明节、端午节、中秋节、重阳节、冬至、除夕,民俗资源有稻花生日(百花生日)、六月廿四游荷花荡、乞巧节、游石湖、石公山观日月同出、天平观红枫等。但由于社会剧烈的变化,以及对传统的轻忽,如今其中大多数节日已经名存实亡,不再是民众踊跃参与的节庆。这对于旅游产品的开发来说,无疑是极大的损失。可为其中较有特色的节庆开发旅游活动项目,做足做深江南地方特色,增强市场吸引力。

例如,可以把中秋节和"游石湖"整合起来,运用民俗元素,注入时代情趣,营造狂欢气氛,力争把"中秋游石湖",行春桥畔看石湖串月,欣赏"拳船"、掷叉,打造成苏州蜚声海内外的中秋旅游品牌。古书记载的历史场景现在也许难以完全恢复,但可以选取其中精彩有趣的元素,并组织群众(包括游客)身穿民族服装,进行盛装游行,强化民族特色,以广泛吸引海内外游客。

2. 以"民众参与、居游共享"为主要开发模式

要突出传统节庆活动的地方性、文化性、观赏性、娱乐性、参与性，聚焦主题化、精品化、特色化开发，强化节庆活动配套产品，丰富产品内容，夯实群众基础，提高产品综合效益。要让丰富的节庆文化活动彰显出特有的文化魅力，反映苏州的独特风格和文化意境，以民俗文化激活民众的参与意识。

目前，苏州的旅游节庆除了"轧神仙""游石湖"，其他大多数属于观赏类的。而节日狂欢类的参与性产品才是许多地方旅游产品的重要组成部分，是吸引大量游客的一大热门。如泼水节，气氛热烈，极富民族特色，非常吸引游客。所以，可对苏州值得开发的民俗节日加以筛选、整合、开发，推出富有浓郁苏州地方特色的、参与性强的节庆旅游项目。

要想把传统旅游节庆办好，还要将民俗节庆产业化，以节创收。传统节庆在漫长的历史发展过程中从来不是一成不变的，而是随着时代始终处在"流变"之中，同时通过与现代要素的组合进而融入现代社会环境获得再生。苏州古城在展示吴地民俗、民间文化和水乡建筑的风格上独树一帜，以其保存基本完好的古风民俗、土特产品及风情旅游等旅游资源吸引了大批的游客，展现着江南旅游胜地的风采。要使节庆活动能真正吸引广大旅游者参与，一定要走民间开发与商业经营相结合的道路，将民俗旅游活动与农工商贸文化等紧密结合起来，提高民俗节庆活动的知名度、美誉度和整体联动效益。

3. 苏州与"荷文化"

"水城"苏州，水面面积占苏州总面积的将近一半。苏州湖荡众多，其中荷花荡在明清时期游人如织、民国时期为苏州二十四景之一，在历史舞台上曾经演绎了数百年的独特风情。荷花出淤泥而不染，有"六月花神"的美誉。"荷"与"和"同音，"荷文化"是中华优秀传统文化的重要组成部分。荷花是"和合"文化的象征，是家庭幸福、夫妻恩爱的象征，是高洁、清廉的象征，也是佛法庄严的象征，荷花文

学及其意境极其广泛，值得深挖并开发利用。

荷花，又称莲花，其种类很多，其出淤泥而不染的品格向来为人称颂。澳门特别行政区的区旗、区徽就选用莲花为图案，以象征纯洁和高贵。苏州与荷花特别有缘，早在春秋时期，吴地就有赏荷习俗。相传西施为荷花花神，公元前473年，吴王夫差在灵岩山馆娃宫为宠妃西施赏荷而修筑"玩花池"，池内移种野生红莲。洞庭东山、西山人善植荷花，每当夏季来临，荷花盛开，红、白、黄三色相映，灿若锦绣，赏荷人络绎不绝。夏驾湖、消夏湾、明月湾、白莲池、玩花池为五大赏荷胜地，文人雅士常在荷塘深处放棹纳凉。

相传农历六月二十四日是荷花生日，每年此日，各地都有热闹非凡的赏荷活动，所以又叫观莲节。苏州古时赏荷，最有名也最热闹的是葑门城外的荷花荡。据《吴郡志》载，每年六月二十四日，游人最甚。明代著名文学家袁宏道喟叹，"苏人游冶之盛至是日极矣！"据明末文学家张岱在《陶庵梦忆·葑门荷宕》里记载，这天"士女倾城而出，毕集于葑门外之荷花宕，楼船画舫至鱼艒小艇，雇觅一空"①；荷花荡里还有各种龙舟竞赛，画舫箫鼓，群集于此。"六月廿四荷花荡"成为当时与"中秋无月虎丘山"齐名的苏州最负盛名的民俗节日。由于荷花荡的影响很大，很多文学作品以荷花荡为背景展开，如冯梦龙《醒世恒言》中的《灌园叟晚逢仙女》，戏剧家马佶人的《荷花荡》传奇。

从明朝中后期到清初，得益于欢庆荷花生日的民俗活动，荷花荡一直很繁华，但到清中期之后开始慢慢沉寂，主要原因是苏州人欢庆荷花生日的主要场所由葑门荷花荡逐渐转移到虎丘的山塘浜。民国时期，荷花荡仍是苏州24个著名景点之一，除荷花荡和慕家花园外，其余22个景点现在仍是旅游热点。1921年版《苏州指南》记载："夏时（荷）花开，如云锦，清香扑人，郡中士民，多雇舟往游。"② 20世纪50年

---

① 张岱, 梵一. 陶庵梦忆［M］. 合肥：黄山书社，2015：20.
② 张岱, 梵一. 陶庵梦忆［M］. 合肥：黄山书社，2015：22.

代,"荷花生日"的游览狂欢已不见记载,但苏州荷花种植仍很广泛,不时仍有市民坐船赏荷的情景。六七十年代,随着环境的改变和苏州城市建设的加快,荷花荡被围垦,苏州葑门外"粉立千点,静香十里"的景象就此消失,连虎丘的赏荷胜景也沉寂在历史长河的深处。进入21世纪后,随着生态农业和湿地概念的渐受重视,莲藕种植又趋于恢复。

赏玩荷花历来是苏州的重要娱乐活动之一。苏州传承千百年的"荷花生日"活动,是苏州特有的传统民间风俗,也是江南文化的一个重要内容;围绕"荷花生日"而产生的诗词、散文、小说、剧本等文学作品是吴文化宝库里的瑰宝;"游荷花"、"赏荷花"、为荷花庆生等民俗都是重要而独特的文化旅游资源。荷花不仅能绿化、美化环境,同其他湿地植被相比,莲藕、莲心及加工成的荷叶茶都是绿色食品,具有较高的经济价值。相城区的荷塘月色湿地公园、冯梦龙村等都有成百上千亩的荷花,这些都为苏州打造"荷花生日"节庆提供了良好的基础条件。

荷花节庆是苏州地域文化的物质表现,围绕这一习俗文化,结合现代旅游的特点,合理开发、大力倡导符合社会主义核心价值观的节俗文化,能使其在传承文化、娱乐大众、充实民间文化生活的基础上,发挥重大的社会调节功能,并实现可观的旅游经济效益。在嘉兴南湖荷花灯会已被列为第二批浙江省非物质文化遗产的今天,我们应该挖掘、恢复、利用极具开发潜力的观莲赏荷习俗,让其成为一项重要的江南文化旅游资源,并将其提炼、升华为非物质文化遗产,这将有利于更好地弘扬和凸显吴地的乡愁,打造文化旅游特色名片,并进一步提升苏州历史文化名城的美誉度。

4. 恢复"荷花生日",打造荷文化旅游节的构想和路径

荷花不仅给人带来审美体验、视觉享受,而且蕴含着很多生活哲学。源远流长的荷花文化承载着人们对仁爱和合、纯洁高尚的美好追求,暗合了文明、和谐、诚信、友善的社会主义核心价值观。重现

"荷花生日"习俗，利用荷花、荷花生日打造一个有特色的旅游节庆，不但可以实现美教化、移风俗的社会功能，还能对苏州旅游经济发展起到强有力的推动作用。

第一，"一个中心、遍地开花"的活动布局。一个中心就是荷塘月色湿地公园。葑门外的荷花荡因园区的现代化建设已不复存在，目前最合适的就是相城的荷塘月色湿地公园，以及冯梦龙村的荷韵基地、常熟尚湖荷花节等。以此为中心，带动苏州其他各地荷文化发展。

第二，荷花群体花期在6月下旬至8月之间，为期2~3个月，所以赏荷观莲可贯穿较长时间，将农历六月廿四"荷花生日"作为重点，开展相关旅游项目势在必行。

第三，注重"荷文化产业"的开发和整合。一是开发以荷花、莲藕为主题的菜肴、小吃。二是开发以荷花、莲藕为主题的小商品，如荷花盆栽和盆景、荷花插花、荷画等。三是开发莲藕的药用保健产品。四是举办丰富多彩的赏荷活动，举办各类民间艺术演出和民俗展示，可将冯梦龙的《灌园叟晚逢仙女》和马佶人的《荷花荡》传奇改编成昆曲等在园内演出。五是举办制作荷花灯比赛、荷花摄影、"小荷"绘画、亲子游乐等各种竞赛活动。六是突出水上活动，游客观览或参与采莲、乘船游湖观灯，开展各种水上游船活动，举办踏白船比赛等。七是开展荷花文化主题科普宣传活动，让人们领略渐行渐远的江南文化，感受雅致高洁的生活品质，激发对高尚人格品格的追求和对美好生活的向往。

第四，以"苏州荷花生日"申报非物质文化遗产为抓手，推出全市赏花指数地图，衍生出更多文旅产品，突破城域进一步扩大苏州荷花生日品牌的影响力。

（四）宣传上，传承冯梦龙文化，树立冯梦龙品牌

苏州特色的江南文化是苏州持续发展的核心体现，具有不可取代的文化内涵和独树一帜的专属价值，能树立一个城市无形的品牌效应，提升城市竞争力。冯梦龙文化就是不可多得的江南历史文化，也是塑造苏州城市旅游文化品牌，提升城市形象和竞争力的重要力量。然而，冯梦

龙作为一位世界级的历史文化名人，虽经宣传推广，但与他对中外文化的突出贡献及其影响相比，其受重视程度还相当不够，更枉论研究传承。应借助各级各类宣传平台载体和渠道，加大宣传推广力度，还冯梦龙应有的历史地位、文学地位和社会地位，使冯梦龙真正成为苏州一张亮丽的文化名片，为"文化苏州"建设增光添彩。

要创新宣传手段，全方位利用传统媒体，精准利用自媒体，通过微信朋友圈、微博、抖音和小红书等，对冯梦龙进行整体宣传。还可以多部门合作，通过苏州评弹、刺绣、昆剧、木刻等"非遗"传播冯梦龙文化，通过编制冯梦龙文化绘本、口袋书等宣传冯梦龙及其作品。要继续整理冯梦龙对现实社会有教化警示意义的名言警句，发挥其教化民众的强大功能。

要在城市雕塑、宣传画廊、公共广告牌、地铁灯箱等宣传载体上给冯梦龙留下一席之地，筹拍冯梦龙和"三言"的电视专题片，将冯梦龙的优秀作品拍成电影电视剧，提高冯梦龙的知名度和美誉度。

要注重冯梦龙文化遗产的宣传推广，依托相关研究机构和力量，加强对冯梦龙生平、著作和思想的研究和推广，加强课题研究，开发与冯梦龙相关的文化旅游和文创产品，持续推出与冯梦龙相关的研讨会、书画展、文化沙龙和相关文章，继续举办高质量的冯梦龙文化节，打造冯梦龙文化的价值高地。

要把冯梦龙文化和经典作品引入学校、社区。在基层设立"冯梦龙文化大讲堂"，通过广泛开展"五进"工程，使冯梦龙文化家喻户晓。冯梦龙作品蕴含着中华民族的大智慧，有益于开发学生潜能、提升学生言行素质、促进学生品质蕴养。

要设立冯梦龙传统文化教育传承基地，以家国情怀教育、社会关爱教育和人格修养教育为重点，着力提升民众的综合素养，让人们了解苏州、江南乃至中华优秀传统文化，了解重要传统节日（尤其是江南地方节日）的文化内涵和家乡生活习俗变迁，感受经典的江南民间文艺，汲取前人经验和智慧，培养豁达乐观的人生态度和抵抗困难挫折的能力。依托众多"家在苏州·e路成长"未成年人社会实践体验活动站，宣传冯梦龙文化这样独特的本土优秀传统文化。把每年的春节、元宵节、清明节、端午节、中秋节、重阳节等传统节日，变成宣传冯梦龙江南文化的重要契机。

要组织各类主题活动，用喜闻乐见的形式进行传播，使民众接受优秀传统文化的熏陶。每年举行"阅读苏州"夏令营，通过组织学生开展阅读太湖、探访大运河、考察博物馆等活动，让学生熟悉苏州、了解苏州、接受苏州文化的熏陶。开展知识竞赛活动，了解苏州历史文化，读懂苏州人文情怀，触摸苏州最美乡愁，举办以"诵读中华经典，传承吴地文化"为主题的"普通话、苏州方言、英语口语"比赛，即"三话"比赛，进行苏州话儿歌、童谣、山歌、渔歌、民歌等收集、整理、传唱工作；进行江南农耕文化教育，围绕家庭教育中劝学、劝善、励志、修养、孝道等方面的内容开展教育，既弘扬传统美德，又体现苏州特色，进一步传承好家风、好家训、好家教。

要利用轨道交通公共空间丰润冯梦龙文化底色。轨交站点人流量大，是城市重要的公共空间，也是流动人群认识苏州、感受苏州的重要节点。相比博物馆、艺术馆等其他城市公共空间，轨交公共空间更具包容度和自由延续性，也有着更广的受众覆盖面。因此，要更好地利用苏州轨交公共空间，将冯梦龙文化融入站点文化建设，将冯梦龙故事融入轨交文化展示，展现其城市形象之窗的文化传播价值。

文坛的参天大树　廉政的不朽楷模

——一个"冯粉"向大师的礼敬

马汉民

我是冯梦龙的"铁粉",毕生读冯梦龙的书,学习冯梦龙作品为"里耳"服务的精神。早在20世纪50年代初期,因为生活在"山歌之乡"的吴县的缘故,我就对山歌情有独钟。在互助合作初期阶段,我在蹲点的胜浦乡新华农业初级社,还专门举办了山歌、故事训练班,并特意在县文化馆编出一份山歌小报;之后我便长期从事冯梦龙研究,并出版长篇小说《冯梦龙》;还专门飞往日本,寻访这位文学巨匠流失在异国他乡的作品遗存,并带回多部已在大陆散逸的作品,让人们对冯梦龙多了一份了解。今年是冯梦龙诞生450周年和赴闽任寿宁知县390周年,谨以此文,表达我对冯梦龙的崇高敬意!

一、我对冯梦龙的评价:中华文化的参天大树

冯梦龙是明代杰出的文学家和思想家,是苏州的才子,是举世无双的高产作家,也是勤政为民的好官,是中华文化的参天大树。苏州历史文化资源很多,像冯梦龙这样一生充满传奇色彩、具有世界影响的名家巨匠却很少!习近平总书记多年来曾在不同场合点赞冯梦龙的作品和德政,多次引用他的名言警句,并给予高度评价。

1. 冯梦龙是一位对社会、对人民大众有着高度责任感的文学大家

冯梦龙涉猎广泛,小说、戏曲、民歌、笑话无所不通,写下了洋洋三千万言的作品,可谓"有海水的地方就有冯梦龙的作品"。冯梦龙的作品,基于为"里耳"所接受的目的,反映的多为当时底层民众的生

活，文字通俗易懂，生动体现了"以通俗文学教化民众"的想法。

冯梦龙的作品，具有浓郁的江南文化特色，也反映出独特的时代背景、思想痕迹和地域特色。冯梦龙是通俗文学的全才，在民歌、戏曲、小说方面都有撰作，并且作出了杰出贡献，作品总数超过50种。冯梦龙虽然不反对文言小说，但他更强调文学作品的通俗性，认为作品通俗易懂才具有更强的艺术感染力。他在《〈古今小说〉叙》中指出，只有通俗的作品，才能得到平民百姓的欣赏，才能起到教化作用，这不是被奉为经典的《孝经》《论语》这类书所能达到的。所以，冯梦龙对《喻世明言》《警世通言》《醒世恒言》"三言"的命名，就是为了"导愚""适俗"和"习之而不厌，传之而可久"，即以大众喜闻乐见的故事形式传递惩恶扬善的劝诫之意。这即使在今天也是符合社会主义核心价值观要求的。

2. 冯梦龙是"为官一任，造福一方"的清官廉吏

冯梦龙是一位修理灵魂的工程师。他在思想上受王阳明、李贽影响，其醒世思想和王阳明的救世思想是一脉相承的。冯梦龙的清廉正直，源于他心系百姓的爱民情怀。

作为一位很有社会责任感的作家，冯梦龙长期生活在社会底层，对社会的两面看得更为清楚。他的作品第一次描写了资本主义的萌芽和市民阶层的情态，还第一次表现了男女平等。他不但在作品中充分肯定妇女的才智，在人口问题上也有自己的科学见解，认为"若二男二女，每生加一倍，日增不减，何以养之？""不若人生一男一女，永无增减，可以长久"，① 堪称中国古代最早突破"多子多孙为福"传统观念，倡导生育两个子女、最好一男一女的最佳"计划生育"的文人。他不但要用作品来唤醒世人，在花甲之年出任寿宁知县后，更是将其一贯的"民本"思想落到实际吏治中，还民以公正与清廉，为百姓办了许多好事实事，真正实现了《福宁府志》《寿宁县志》所称颂的"政简刑清，

---

① 吴申元. 中国人口思想史稿 [M]. 北京：中国社会科学出版社，1986：204.

首尚文学，遇民以恩，待士有礼"。这十六个字高度概括和赞扬了冯梦龙的作为和功绩。

建设冯梦龙廉政文化，是要给众人以深刻启迪，让为民意识、清正之风真正入脑入心。我们要加大对冯梦龙作品的收集力度，建立冯梦龙文学数据库，同时对接高校资源，做优冯梦龙廉政文化教育，让更多人能够真正读懂冯梦龙，深入了解冯梦龙廉政文化，让越来越多人铭记先贤智慧，进一步推动廉政文化发展。我们要充分发扬冯梦龙以民为本、以人为本的廉政文化，以保护、挖掘、弘扬名人文化为己任，深挖冯梦龙文化内涵，打造冯梦龙廉政文化品牌，让冯梦龙廉政文化真正得到传承和弘扬。

二、对冯梦龙的社会评价，应回归应有的高度

1. 冯梦龙值得敬重

冯梦龙文化美妙丰富，就像多声部钢琴曲，值得反复学习品鉴。

冯梦龙遍览全书，博闻强识，他的忘年交王挺说他"上下数千年，澜翻廿一史"。他不盲从，不自为是，更令人惊艳的是，他研究什么都能达到极致。虽说江山代有才人出，但古往今来，能在小说、戏曲、民歌、汇智等各方面都能钻研精通并取得卓越成就的，唯冯梦龙一人而已。

冯梦龙虽然经历丰富，充满坎坷，但终其一生，其实都在身体力行着儒家的价值取向和进取精神。所以，当他57岁出任丹徒县学训导，尤其是61岁出任寿宁知县终于有了德政实践的机会时，秉持"以勤补缺，以慈辅严，以廉代匮，做一分亦是一分功绩，宽一分亦是一分恩惠"[①]的理念，将"升沉明晦"的官宦前途抛开，满腔热忱专心理政，真心为百姓做事，开创了情法相宜的政德实践。冯梦龙的一生，跌宕起伏，充满传奇，所以北京师范大学教授潜明兹感叹：薄伽丘"来自旧

---

① 冯梦龙. 寿宁待志 [M]. 陈煜奎，校点. 福州：福建人民出版社，1983：88.

世界,却面向一个新时代",而冯梦龙"来自旧世界,却没有迎来一个新世界"。① 他要实现人生的价值,也就是古人追求的人生"三不朽"——立德、立功、立言。著书立说既已立言,他还要实现"为官一任、造福一方"的理想抱负,做到实实在在的为民立德、立功。所以,这样的冯梦龙,值得敬重!

2. 冯梦龙文化值得传承发扬

城市文化和品牌打造需要独特而卓越的资源,冯梦龙这样备受推崇的名人就是苏州优秀传统文化建设的独特资源和卓越品牌。2017年8月,我前往日本寻找冯梦龙遗失在海外的著作。日本研究中国文学尤其是冯梦龙文学的大木康教授为了进一步推进冯梦龙文化的研究与传承工作,当即表示要把他家祖传的冯梦龙《笑府》和《小说精言》书籍赠送给苏州市冯梦龙纪念馆。9月23日,在苏州相城区举行的2017第二届冯梦龙文化旅游节开幕式上,大木康教授专程来苏向冯梦龙纪念馆捐赠了祖传下来的这两套冯梦龙作品,为冯梦龙研究增加了不可多得的珍贵资料。大木康教授是东京大学文学博士、东京大学东洋文化研究所教授,主要研究被誉为"明末通俗小说之旗手"的冯梦龙的著述,并从冯梦龙出发,逐步开始研究明清文学和江南社会文化史。当我作为苏州市冯梦龙研究会的名誉会长,接过大木康教授专程从日本送来的这两套书时,心情是非常感慨的:一是激动于老祖宗作品的回家,二是感动于大木康先生对冯梦龙研究的厚爱、对冯梦龙家乡的关心!

一个日本人都能对冯梦龙文化研究付出如此的热情和心血,我们作为冯梦龙家乡的后人,难道不更应该传承和发扬冯梦龙文化吗?苏州作为冯梦龙故乡及其文化遗产的孕育地和发祥地,更当充分保护、挖掘和利用好这一珍贵而独特的文化资源,打造和弘扬冯梦龙文化品牌,体现江南文化的品牌价值,展现江南水乡的文化特色,发挥冯梦龙作品惩恶扬善的教化功能,推进江南文化的传承利用。要发挥冯梦龙文化的资源

---

① 潜明兹. 潜明兹自选集 [M]. 上海:上海人民出版社,2007:402.

优势,加强文化创意引领和现代科技支撑,增强与冯梦龙有关的人文旅游黏度,丰富旅游项目内容,将冯梦龙文化资源开发成特色文旅产品。可以将冯梦龙文化打造成文化旅游新亮点,策划冯梦龙文化的特色活动。此外,冯梦龙的很多故事情节主要架构于江南的河荡江湖之中,"三言"中水乡风貌、水上故事比比皆是。今天,"天堂苏州,东方水城"仍然是苏州的旅游名片,水乡风貌仍是苏州江南文化的文化基因和外在表现。所以,原生态的江南文化景观,多姿多彩的江南水乡风貌,这些美好空间和苏式生活场景都是苏州"水城桥都"的城市特色,精彩呈现冯梦龙作品中的故事情节和江南文化,乃是苏州文旅的优势品牌,要大力保护、传承和发扬。

(马汉民,苏州市冯梦龙研究会名誉主席)

解读冯梦龙大运河文学
传承冯梦龙大运河文化

陈来生

冯梦龙作为难得的文化奇人、廉政伟人和吏治达人，备受毛主席和习近平总书记推崇。随着大运河文化建设的兴起，"冯梦龙与大运河"也逐渐进入人们的研究视野。仅是冯梦龙"三言"对明代运河流域城乡风貌、市井生活、商贾文化、爱恨情仇的描写，就可以让我们对大运河及其沿线城乡的政治、经济、文化、民俗进行相关探索和解读。在文化复兴和大运河国家文化公园建设的背景下，对冯梦龙和大运河这样的世界级名人和遗产，我们要高度重视、充分挖掘和传承利用，打造好冯梦龙这张苏州历史文化的亮丽名片，做好做大"冯梦龙与大运河"文章，为苏州建设江南文化、打造大运河文化带"最精彩的一段"增光添彩。

一、大运河与冯梦龙大运河文学的梳理与解读

从小生长在运河之畔、深受运河文化浸染的冯梦龙，笔下反映运河风景、民俗、故事的篇章也精彩纷呈。如果把"三言"所反映的运河商贸活动放在当时的社会经济背景下加以系统梳理与解读，可以对运河及其沿岸城市的政治、经济、文化、民俗进行全面探索和研究，也可以对今日苏州的大运河文化建设起到启发和推动作用。

明成祖朱棣迁都后，国家的政治中心北移，南粮北运重启，作为南北运输的大动脉，京杭大运河成为最理想的纵向漕运线路。作为一条连通南北社会生活的交通要道，大运河留下了历代官宦赴任省亲、诗人访友寻胜、商贾往来贸易的众多故事，因而很多重要的政治事件、经济活

动和军事行动都发生在大运河沿线地区。冯梦龙出生、成长在苏州，除了四十余岁曾赴麻城讲学，晚年去寿宁当知县外，一生中绝大部分时间都在运河名城苏州度过，这使他接触到了形形色色经运河来苏州的人，谙熟许许多多风土人情和掌故传说，这为其创作反映运河文化的"三言"提供了有利条件。可以说，运河文化孕育了"三言"中的大运河小说。

首先，大运河为冯梦龙小说提供了丰富的故事素材。苏州地处大运河沿岸，交通便捷，转运贸易发达，人口流动性很大，商品经济水平领先全国。冯梦龙深受运河城市及运河文化熏陶，能便利地接触到不同地区的不同人物和事情。参加中国大运河申遗并被批准列入《世界遗产名录》的城市共有35个，其中北京、天津、济宁、宿州、徐州、淮安、扬州、镇江、常州、无锡、苏州、湖州、嘉兴、杭州、绍兴等城市，加上前些年才从淮安分出来的宿迁，在冯梦龙20篇明代运河小说中被提及的城市达到16个。大运河纵贯中国南北，尤其是江南运河和淮扬运河沿岸，各类码头、船闸、桥梁古建筑、传统民居、历史街区、水乡村镇，以及民俗风情、掌故传说等，给冯梦龙的大运河小说提供了丰厚的素材。运河成为冯梦龙讲述故事、刻画人物的最佳场所。运河故事中的徽商、苏商、晋商常常奔波于运河之上，而官员从北京直接去往任所或回家探亲后再去任所，也大多选择水路。《警世通言》的《老门生三世报恩》中，鲜于同从北京去浙江台州任知府，就是从京杭大运河抵杭州，再走浙东运河到台州上任的。京杭大运河最重要的一段是南起浙江杭州，北至江苏镇江的江南运河，这也是冯梦龙运河小说的主要场景地，尤以对苏州府的描述最多。就大运河苏州段而言，列入世界文化遗产的河道包括城区山塘河、上塘河、胥江、环古城河和苏州至吴江段京杭运河等河道；遗产点包括山塘历史文化街区、虎丘云岩寺塔、平江历史文化街区、全晋会馆4个运河相关遗产，以及盘门、宝带桥和吴江古纤道3个运河水工遗存，冯梦龙运河故事的很多情节都与之有关，其中多篇发生在苏州府下辖的昆山、吴江松陵及平望等县镇。如《王姣鸾百年长恨》中，周廷章返回吴江时，为娇鸾留下了通信地址："思亲千里返姑苏,家住吴江十七都;须问南麻双漾口,延陵桥下督粮吴。"此后,娇鸾每次都在信封上题诗,如"此书烦递至吴江,粮督南麻姓字香;去路不须驰步问,延陵桥下暂停航",第三次"荡荡名门宰相衙,更兼粮督镇南麻;逢人不用停舟问,桥跨延陵第一家"。①《金令史美婢酬秀童》的故事则发生在苏州昆山。

其次,大运河为冯梦龙小说提供了重要的叙事背景。运河、商业的迅速发展,使得当时社会经济发达,文化昌盛,思想开放,市民阶层迅速壮大,通俗文化较为普及,画谱戏本、举业范文、经商宝典、蒙童课本等的市场需求带动了刻书印刷业的发展,并使书籍价格大幅下降,从而使书籍更容易走进寻常市民家,通俗小说也因此获得了更好的生存和发展。冯梦龙创作、改编的通俗小说也因满足了商贾的旅途消遣和市民的文化需求而非常畅销。

短篇白话小说"三言"中依托运河讲述的明代故事共20篇:《喻世明言》中的《蒋兴哥重会珍珠衫》《沈小霞相会出师表》;《警世通言》中的《吕大郎还金完骨肉》《苏知县罗衫再合》《金令史美婢酬秀童》《钝秀才一朝交泰》《宋小官团圆破毡笠》《玉堂春落难逢夫》《唐解元一笑姻缘》《赵春儿重旺曹家庄》《杜十娘怒沉百宝箱》《王娇鸾百年长恨》《况太守断死孩儿》;《醒世恒言》中的《钱秀才错占凤凰俦》《刘小官雌雄兄弟》《施润泽滩阙遇友》《张廷秀逃生救父》《张淑儿巧智脱杨生》《徐老仆义愤成家》《蔡瑞虹忍辱报仇》。② 在这些小说中,赴任官员、赶考举子、商贾访客、船户水匪、怨妇掮客,登场于各种场景,演绎了种种故事。除了明确写到运河的之外,钝秀才马任在湖州、杭州寻友,杨小峰接张淑儿母女到扬州之类,虽没明说路径,但也可推知是走的运河。在"三言"中,有些只是为了介绍主人公的居住

---

① 魏同贤. 冯梦龙全集·警世通言 [M]. 南京:凤凰出版社,2007:527,530,531.
② 如果加上其他朝代的,则还有《喻世明言》中的《张舜美灯宵得丽女》《李秀卿义结黄贞女》《李公子救蛇获称心》、《警世通言》中的《计押番金鳗产祸》《白娘子永镇雷峰塔》,《醒世恒言》中的《卖油郎独占花魁》《小水湾天狐诒书》,这些篇目都写到京杭大运河,特别是江南运河。

地而对运河有所提及，对全文发展并没有什么重大影响，如《玉堂春落难救夫》《况太守断死孩儿》等；有的则对于情节的发展、人物性格的刻画和品质的揭示等具有重要作用，如《杜十娘怒沉百宝箱》中对杜十娘怒沉百宝箱的描写，随着"数百金""数千金""莫能定其价之多少"的奇珍异宝的层层展示和"无不惊诧""观者如堵""齐声喝彩，喧声如雷"的旁观反应，金银珠宝一层又一层地被十娘"遽投之江中""尽投之于水""又欲投之于江"，十娘向滚滚运河果决地舍弃了没有结果的感情和因之而毫无价值的珍宝。

再次，大运河为冯梦龙小说提供了思想来源和主题立意。在当时特定的社会背景下，冯梦龙的思想既受正统儒家思想的影响，从小攻读四书五经，走仕途道路是他的最高理想；又深受李贽和市民思想观念的影响，任自然、反束缚，正视老百姓的物质追求和逐利行为，在文学观方面也主张真情实感，写出人的真实欲望。

冯梦龙笔下的大运河叙事，既展示了沿岸城乡社会经济发展的繁华景象，又反映了沿岸民众的生活风貌；既写出了民众纯朴、善良、厚道的一面，也揭露了他们对金钱色欲的追求、对变泰发迹的渴望等世俗乃至庸俗的方面。在《蒋兴哥重会珍珠衫》中，面对王三巧的出轨，蒋兴哥进行了自我反思，所以在处理分手之事上很顾及三巧的面子，甚至还将十六箱财宝尽数给她作为再嫁的嫁妆，最后二人破镜重圆。《宋小官团圆破毡笠》中的宋金因患病被岳父逐出家门，生活困顿，却意外获得一笔财富，最终与妻子宜春相认，岳父愧恨交加，宋金不计前嫌后，一家团圆。正因为有这样的认识和感悟，小说对人性的理解、对人情的把握、对情理的演绎才显得透彻且切合实际。

二、冯梦龙大运河文化的启迪和传承

（一）运河贸易与城镇盛衰的关系及其启示

明代中后期，随着运河的开通和运输条件的不断改善，运河沿岸兴起了很多工商业城市。其中既有历史悠久的城市，如苏州、扬州、南京等，原本就发展良好，大运河带来的繁盛贸易使之愈加兴盛；也有些城镇则是借着大运河便捷的交通、产业的带动而形成并壮大起来的，如临清、济宁、德州、淮安等城市，以及盛泽、震泽、王江泾等专业化的工商业小镇，还有通州和天津之间的河西务，临清和济宁之间的张秋镇，都因地处运河中转地而发展为大城镇。新兴的县级以下城镇主要集中在丝棉手工业兴盛、工商业发达的江浙两省，如苏州吴江，千家以上的市镇就有平望镇（千家）、震泽镇（千余家）、同里镇（两千余家），盛泽镇更达万余家。浙江嘉兴府的濮院镇、新城镇都达万余家。

北方将原料、瓜果等初级产品运往南方，南方又将丝织品、棉织品、铁器、漆器等较高级的产品运往北方。这样，南来北往形成了一个统一的国内市场，并通过大运河来完成这个完整的物流网络。大量商品和贸易机会极大地吸引了各地商人小贩及其他各类"趁食"者的汇集。但人口既是生产者，又是消费者。急剧增加的人口造成了粮食供给的不足，而大运河正好解决了粮食运送的问题。如苏州枫桥镇，因其地当南北交通枢纽，水陆交通便捷，柴米牙行聚集，成为当时重要的囤粮之地。冯梦龙在《蒋兴哥重会珍珠衫》等小说中就多次提到枫桥这个粮米丝棉南北杂货集散分销的"脱货""发卖"之地。

近代以后，运河漕运逐渐衰败，运河运输功能减弱，运河沿岸城镇也随之发展变慢乃至衰落。苏州很多水乡古镇的兴盛衰落，也与水运交通有着密切的关系，可见交通运输和地理位置是发展经济的重要基础甚至重要前提。无论古今，发展社会经济都必须重视这一问题，同时还要考虑最为合适的交通方式。比如，水运在古代是最方便的，正如明人莫旦在弘治《吴江志》中所云："江乡水国，惟舟楫是利。小河支港，屈曲旁通，故货物不艰于负戴，老稚不劳于步涉，所谓舟楫为车马是也。然车马劳苦而舟楫平稳，行卧住坐如意所话。"① 较之车马，舟船不仅

---

① 转引自吴滔. 清代日记所见江南地区的水运 [J]. 华北水利水电学院学报（社科版），2011（1）：19-23.

轻松而且费用便宜。《刘小官雌雄兄弟》中有一段对话颇能说明这一事实:"刘奇道:'今日告过公公,明早就走。'刘公道:'既如此,待我去觅个便船与你。'刘奇道:'水路风波险恶,且乏盘缠,还从陆路行罢。'刘公道:'陆路脚力之费,数倍于舟,且又劳碌。'刘奇道:'小子不用脚力,只是步行。'"① 因为方便,所以《金令史美婢酬秀童》中昆山人金满起赃银,《宋小官团圆破毡笠》中昆山人宋敦去苏州阊门外陈州娘娘庙进香,《赵春儿重旺曹家庄》中扬州人赵春儿带银两去城外曹家庄,《施润泽滩阙遇友》中施润泽一行去东山购买桑叶,都是乘船去的。苏州南濠(阊门)也因五条水道"五龙交汇"而繁华。运河水路运输的持久繁荣,促使很多沿河的客货物集散地迅速发展起来,成为聚集大量人流的市镇,并随之催生了店铺、茶肆、酒楼等服务业。川流不息的客货船只和纷至沓来的人流,使这些店铺的生意都做得风生水起。但在公路、铁路、航运兴起之后,水运就不再是唯一的,在很多地方也不再是第一的运输方式了。

我们要分析水乡村镇兴起的背景和原因,更要与时俱进,思考在水路已不再是主要发展依托的背景下,如何挖掘、传承和利用冯梦龙文化的"富矿",借助国家大运河文化建设的东风,策划产品多元的大运河研学专项活动,拍摄曲折动人的冯梦龙大运河影视作品,宣传倡导党员和公务人员的廉洁勤政,开发冯梦龙运河文创产品,改编冯梦龙运河故事为数字动漫和电子游戏②,丰富文化内涵,增强传播动能,发挥冯梦龙拥有"海水流到哪里,作品就传到哪里"的海量"粉丝"的优势,将冯梦龙描述的运河故事和元素演绎成富有特色的文化产品大餐。

(二)"苏式""苏作""苏样"的独领风骚及江南文化的重启

到了明代中后期,资本主义经济逐渐冲破了土地限制,人口流动加剧,尤其聚集在东部运河沿岸地区。江南运河城镇的重要经济形式是手

---

① 魏同贤.冯梦龙全集·醒世恒言[M].南京:凤凰出版社,2007:204.
② 如可以从《唐解元一笑姻缘》《杜十娘怒沉百宝箱》《况太守断死孩儿》等中萃取经典,加工提炼。

工业。人口的密集不但为需要精工细作的劳动密集型手工业提供了充足的劳动力,也促进了社会分工,使手工业得以向更深更细的方向发展,极大地推动了"苏工""苏作"的发展和提升。明代王锜在《寓圃杂记》中说,苏州"人才辈出,尤为冠绝",而且"人性益巧而物产益多"①。以手工业的领头行业丝织业而论,苏州商品经济的兴盛离不开丝织业,丝织业商品化离不开大运河。苏州是明朝的丝织业中心,吴江盛泽镇更是其中的代表,这里每年生产出大量的丝织品,交易全国市场。除了丝织业引领全国潮流,苏州在这一时期的大部分时段内都位于城市体系的顶端,"可以说是整个帝国范围内,人口最多、最雅致,也是最繁荣的城市"②,因而几乎所有的"苏式""苏样""苏意"都成为时尚标准。《蒋兴哥重会珍珠衫》中,前往湖北经商的广东客商陈大郎头上就是"戴一顶苏样的百柱鬃帽"。正如明万历年间王士性《广志绎》所说:"姑苏人聪慧好古……苏人以为雅者,则四方随而雅之;俗者,则随而俗之。"③ 万历年间做过吴县县令的袁宏道说,苏州的"薄技小器,皆得著名",且"器实精良,他工不及,其得名不虚也"④。在深厚文化底蕴、雄厚经济基础和众多能工巧匠共同支撑下的丝绸纺织、玉石雕刻、出版印刷、造园艺术影响广泛,"苏作""苏样""苏式生活"几乎独霸明清社会!

就水运路线而言,不但有苏杭之间的"夜航船",而且从《宋小官团圆破毡笠》中可见,当时从苏州阊门到昆山既有定时出发的航船,也可随时招呼的小船,而且"天下船载天下客",可以集散四方。作为全国商贸中心,苏州不仅充斥着本地及外地的各种商品,而且还有大量的外国商品。嘉靖时人郑若曾记述:"自阊门至枫桥将十里,南北两岸

---

① 王锜. 寓圃杂记 [M] //明代笔记小说大观. 上海:上海古籍出版社,2005:325.
② 林达·约翰逊. 帝国晚期的江南城市 [M]. 成一农,译. 上海:上海人民出版社,2005:3.
③ 王士性. 广志绎 [M]. 吕景琳,点校. 北京:中华书局,1981:33.
④ 袁宏道. 瓶花斋集 [M] //钱伯城. 袁宏道集笺校. 上海:上海古籍出版社,2008:730-731.

居民栉比，而南岸尤盛，凡四方难得之货，靡所不有过者，灿然夺目"。① 据万历时利玛窦的描述："经由澳门的大量葡萄牙商品，以及其他国家的商品都经过这个河港。商人一年到头和国内其他贸易中心在这里进行大量的贸易，结果是在这个市场上样样东西都没有买不到的。"② 据明时来苏的朝鲜官员崔溥的《漂海录：中国行记》记载："苏州古称吴会，东濒于海，控三江带五湖，沃野千里，士夫渊薮，海陆珍宝，若纱罗绫缎、金银珠玉，百工技艺，富商大贾，皆萃于此。自古天下以江南为佳丽地，而江南之中以苏杭为第一州，此城尤最。"③ 这真实地反映了苏州繁荣的商贸经济，也为苏州江南经典城市的地位提供了又一佐证。

当下，随着长三角一体化发展战略的加快推进，江南文化建设已然重启。今天，要在传承与创新中彰显苏州的文化力量，首先就要重视市场化程度和市场化运营，研究其供应链。明朝"苏作"雄厚的商业资本没有再生产的投资路径、动力和制度保障，再多的资本也只能白白消耗在浮世的晚风中，这是历史留下的一大教训。④ 其次，明代传承下来的众多珍贵的"苏工""苏作"，许多留下了工匠的名字，这一方面反映了市场运作的规范和负责任的态度，另一方面显示了把一切都做到极致的工匠精神。

今日的江南文化建设、大运河文化开发利用，一定也要有士林、商贾、市民各界的倾情投入，才能形成有群众基础和市场前景的文化大产业；既要有文旅融合的理念，也要有精细雅致的工匠精神，才能奠定文

---

① 郑若曾. 江南经略 [M]. 傅正，宋泽宇，李朝云，点校. 合肥：黄山书社，2015：144.
② 利玛窦，金尼阁. 利玛窦中国札记（下）[M]. 何高济，王遵仲，李申，译. 北京：商务印书馆，2017：24.
③ 崔溥. 漂海录：中国行记 [M]. 葛振家，点注. 北京：社会科学文献出版社，1992：108.
④ 傅衣凌先生在《明清时代商人及商业资本》中指出，"洞庭人借着工艺品和特产品的输出，很容易成为一个商业资本家；但结果却受着自然环境和社会条件的限制，这商业资本并不能转化为工业资本"。（人民出版社1956年版，第102页）当时洞庭人或购置土地，或货币窖藏，或奢侈消费，或捐输和捐纳，仅有小部分商业资本流向生产领域。

化遗产保护和传承的坚实基础。就"运河十景"建设而言，有多次出现在小说故事中的枫桥、平望、望亭等，可以突出枫桥柴米牙行集聚，平望"四河汇集"，望亭的吴门第一镇和"稻香小镇"的特色，结合小说的描写和今日文旅开发的需要加以挖掘和利用。对苏州大运河沿线"运河十景"之外富有内涵和特色的文化资源也可加以梳理传承和开发打造，如《王娇鸾百年长恨》中提到的吴江垂虹桥，原有500多米、72孔，三起三伏，环如半月，长若垂虹，桥两岸多有商铺酒肆，明人莫旦在弘治《吴江志》中盛赞其蜿蜒夭矫，如老龙卧波，长虹饮海，真海内之奇观、吴中之胜景！今虽只有遗址，却也是颇值得开发利用的。此外，可以根据冯梦龙小说对明代商业生态的描述，依托现有设施，在冯梦龙村或望亭驿策划明代风格的文旅商业街区，集中演绎冯梦龙运河小说故事场景，让游客体验明代大运河商旅文化，并供冯梦龙大运河影视拍摄之用。还可将冯梦龙运河小说中具有特殊文化意象的人物、故事和景物，如讲述明代苏州文化名人唐寅风流韵事的《唐解元一笑姻缘》中的"三笑"故事等，在平望至苏州的大运河相应沿岸以雕塑、小品和名人名言牌等形式表现出来，打造"江南运河遗产最精彩的一段"。

（三）统一市场、钞关减税、亲商环境及其现代启示

明清以来，苏州作为"昌明隆盛之邦，诗礼簪缨之族，花柳繁华之地，温柔富贵之乡"，一直承担着很重的税负。顾炎武《天下郡国利病书》中说，明初苏州上缴的税粮不仅和浙江全省相当，而且几乎占了全国的十分之一。这样的经济体量，只有靠包容天下、海纳百川的格局成为"天下大码头"，才有可能。

要成为"天下大码头"，大运河起着极其重要的作用。畅达的交通带来了繁荣的贸易和丰足的税源，国内统一市场在大运河的基础上更快地运转起来。大运河作为重要的商品流通干线，全国八大钞关除了长江上的九江关外，其余七个均在运河上，分别是崇文门、河西务、临清、淮安、扬州、北新和苏州的浒墅关。清康熙年间，刘献廷在《广阳杂记》中记述了当时四座全国"一线城市"的分布态势，"天下有四聚，

北则京师，南则佛山，东则苏州，西则汉口"①，然而东部城市竞争激烈，苏州周边还有芜湖、扬州、江宁、杭州以分其势。这虽是清初景象，却也可据此推测明朝中后期江南商业市场的大体格局。作为全国人口密度最大的府州，苏州集聚能力强大。正如《唐解元一笑姻缘》中所云：苏州六门中阊门最盛，"真个是：翠袖三千楼上下，黄金百万水东西。五更市贩何曾绝，四远方言总不齐"②。这段描写真实反映了运河带来的交通顺畅、贸易繁荣、人员汇集、远近咸达之情形。明代徽州士子叶权在《贤博编》中罗列了当时全国十大码头，苏州一地就独占枫桥、南濠（阊门）两处，还不算阊门西北三十里的国家级钞关浒墅关。通过运河来往苏州的商船昼夜不息，苏州也因此成为天下商贾会聚的"大码头"。《蒋兴哥重会珍珠衫》中，讲述湖北商人蒋兴哥常年在广东经商，"久闻得'上说天堂，下说苏杭'，好个大马（码）头所在，有心要去走一遍"，而"那枫桥是柴米牙行聚处，少不得投个主家脱货"③。至于阊门南濠山塘大码头，更是商人会馆云集。

作为丝、棉织造业大市，苏州城东没有城西商业区的喧闹，是机户生产的"工业区"。对应全国棉花棉布生产中心太仓、松江，苏州城东北的娄门乃是重要的商路起点；而对应湖州丝绸商品大码头，苏州城南吴江地区运河沿线则形成了重要的江南市镇群，如平望号称"小枫桥"，盛泽号称"东方第一绸都"。各地商贾以苏州为中心，逐渐形成了强大的商人利益集团，许多家族经商与科举并举，成为江南名门望族，如徽商落户苏州的"贵潘"；明万历年间弃儒从商的宁波商人孙春阳。商帮竞技苏州，"遍地徽商"，而本土商帮也很了得，有"钻天洞庭"之美誉。

苏州能吸引众多外商，除了大运河的便利、物产的丰饶外，还与政府亲商的政策环境密切相关。明朝商税是为以丰补歉而额外增收的，但

---

① 刘献廷. 广阳杂记［M］. 汪兆平，夏志和，点校. 北京：中华书局，1957：193.
② 魏同贤. 冯梦龙全集·警世通言［M］. 南京：凤凰出版社，2007：398.
③ 冯梦龙. 喻世明言［M］. 北京：华文出版社，2019：20.

各地做法不同，有的宽松便商，有的则乘机乱收税。苏州政府为给各地商帮提供一个良好的营商环境，竭诚做好服务，整治贸易秩序，保护生态环境，保证商会正常运行，而且税收优惠，只对坐贾收取类似现在门店定额税的"门摊"，而对"客货不税"，因而"商贾益聚于苏州，而杭州次之"。万历十七年（1589）状元焦竑在书信中赞扬了苏州一位杨姓官员让利于商民的做法："盖国初原无钞关，后之增设，不得已而济匮，非其正也。往杨止庵公在浒墅半岁，以后正课既盈，恣商往来，不复榷税，一时颂声满于吴中……"① 对此，范金民先生评述说："不征商品税，特别有利于行商，促进了商品的流通。"②

正是这种对商贸经济的开放包容姿态，使苏州在丝绸、棉布、印染、纸张、书刊刻印、铜铁器等多种行业上引领全国，甚至酒类、油类、酱园等副食品加工业也独树一帜。也是这种亲商做法，才使苏州能在今天有那么大的经济发展成就。所以，任何时代社会经济的发展，亲商、亲民都是必不可少的。同时，这还说明了一点，那就是地位和尊重是靠自身的努力和实力打拼出来的，今日苏州经济的发展同样证明了这一点。

（四）长年经商在外对传统思想和家庭观念的冲击及其思考

明中后期出现的资本主义萌芽，使"父母在不远游"的传统思想受到前所未有的冲击，越来越多的人开始弃文经商、离家远行。长年经商在外，会给原来的生活模式带来不小的冲击，首当其冲的就是家庭婚姻关系。运河上的商贾，很多都是长途贩运者。如《钱秀才错占凤凰俦》中苏州西山的高赞"少年惯走湖广，贩卖粮食"。《蒋兴哥重会珍珠衫》中的蒋兴哥是湖广襄阳人，九岁开始就随父亲去广东做买卖，回程从广东贩些东西到苏州发卖；陈大郎是徽州新安县人，专程到湖北襄阳贩籴米豆之类，然后由水路南下到苏州枫桥脱货，他们都是常年在

---

① 焦竑. 澹园集 [M] //谢国桢. 明代社会经济史料选编（下）. 福州：福建人民出版社，1980：261.

② 范金民. 国计民生：明清社会经济研究 [M]. 福州：福建人民出版社，2008：130.

外的。《吕大郎还金完骨肉》中的吕玉是江南无锡县人，因走失了孩子，就往太仓、嘉定一路收些棉花布匹，各处贩卖，就便访问儿子消息，虽然路不太远，但每年正二月出门，到八九月回家，也要大半年。后在中途遇了个大本钱的布商，就同往山西脱货，离家时间更长。

分别日久，在外寂寞，就容易发生情变，而且繁华市镇上的众多酒肆歌楼更容易催生婚变。如《蒋兴哥重会珍珠衫》中，薛婆子在诱骗三巧儿时，饮酒中间，"问道：'官人如何还不回家？'三巧儿道：'便是算来一年半了。'婆子道：'牛郎织女也是一年一会，你比他到多隔了半年，常言道：一品官，二品客，做客的那一处没有风花雪月？只苦了家中娘子。'三巧儿叹了口气，低头不语。婆子道：'是老身多嘴了。今夜牛女佳期，只该饮酒作乐，不该说伤情话儿。'说罢，便斟酒去劝那妇人。"① 分别日久的寂寞、不甘，心里的悸动，跃然纸上。同样，《吕大郎还金完骨肉》中的吕玉，经商到山西，发货之后一时讨不到赊账，不能脱身，虽然夫妻情深，但单身日久还是忍不住去了青楼，惹出一身风流疮，服药调治，无颜回家。

运河上每天发生的形形色色的故事，起因不外乎家庭、友情，抑或欲念、贪婪，五花八门，但主因还是经济。中国是一个以家庭为中心、以孩子为核心的社会，家国一体，大国小家。但资本主义经济发展带来的冲击，从根本上颠覆了传统的思想观念，破坏了原来的社会秩序，引发了很多新的问题和矛盾。有些问题，比如对两地分居及其容易引发的问题，对独居老人的照顾，即使是今天的我们也应重视并推出因应之策。经济发展起来了，有些人就可以就近就业，不必离家打工，远出者也可朝发夕归，或在需要时以一日千里甚至更快的速度解决相思之需或探视老人，很多问题就能迎刃而解。

不过需要提请注意的是，这个发展应该是真正的发展，是从内到外、物质与精神相匹配的发展。还是以明朝中后期为例，当时人们追求

---

① 冯梦龙. 喻世明言[M]. 北京：华文出版社，2019：16.

"独抒性灵"和"适情悦意",思想越来越解放,连之前深居闺阁的很多妇女都冲破足不出户的禁律,出门游玩。《广志绎·两都》记载,"都人好游,妇女尤甚","每每三五为群,解裙围松树团坐,藉草呼卢"①,甚是狂放。明末清初小说《照世杯》写得更是传神:"我们吴越的妇女,终日游山玩水,入寺拜佛,倚立门户,看戏赴社,把一个花容粉面,任你千人看,万人瞧。他还要批评男人的长短,谈笑过路的美丑,再不晓得爱惜自家头脸。"② 在嘉兴,更有一种在传统眼光看来近乎淫靡的现象:莺泽湖中"多精舫,美人航之,载书画茶酒,与客期于烟雨楼。客至,则载之去,舣舟于烟波缥缈……若遇仙缘,洒然言别,不落姓氏",这种情形在传统农业社会背景下是不可想象的,但当时浸润于市民氛围的人们对这种风流韵事竟然见怪不怪,甚至还刻意追求这种浪漫情调,"间有倩女离魂、文君新寡,亦效颦为之"③。这种大突破,既与明代中后期人们开始摆脱传统思想的牢笼,倡求"目极世间之色,耳极世间之声,身极世间之鲜"(袁宏道)、"极声妓之乐"(唐伯虎)的感官享受的社会思潮遥相呼应,也与商业经济冲击,外出商人数量激增,商妇独守空房难耐寂寞有关。究其深层动力,还在于新兴商业文化和市民习俗的影响。

但同样是在倡求自由的明朝中后期,却出现了禁抑自由言行的举动。苏州虎丘每逢八月十五中秋之夜,各式人等无不鳞集,对传统社会及其礼仪规范形成极大的冲击,以至于引发苏州官府出面干涉,于明隆庆二年(1568)十月在虎丘二山门断梁殿前勒石示禁:照得虎丘山寺往昔游人喧杂,浪荡淫逸,今虽禁止,恐后复开,合立石以垂永久。今后除士大夫览胜寻幽超然情境之外者,住持僧即行延入外,其有荡子挟妓携童、妇女冶容艳装来游此山者,许诸人拿送到官,审实,妇人财物即行给赏。若住持及总保甲人等纵容不举,及日后将此石毁坏者,本府

---

① 王士性. 王士性地理书三种 [M]. 周振鹤, 编校. 上海: 上海古籍出版社, 1993: 258.
② 酌元亭主人. 照世杯 [M]. 北京: 团结出版社, 2016: 222.
③ 张岱. 陶庵梦忆 西湖梦寻 [M]. 成胜利, 点校. 长沙: 岳麓书社, 2016: 73.

一体追究。这既说明了市场经济冲击和观念更新的不彻底性，也反证了当时商品经济尚未发展到足以彻底推翻传统思想观念，更充分表明真正的发展才是颠扑不破的硬道理。

（五）诚信有好报、勤劳能致富的劝诫及其警示

冯梦龙的小说往往以大众喜闻乐见的故事形式，传递惩恶扬善的劝诫之意。

一是褒扬诚信经商、与人为善。如《吕大郎还金完骨肉》中的吕玉，为寻子走南闯北，经历千辛万苦，因捡到陈朝奉所丢银两，不为所动，归还之际，在陈家巧遇失散儿子。而在《施润泽滩阙遇友》篇中，更以大量篇幅巧设情节，叙述施润泽拾金不昧终得好报的故事，强化"好心有好报"的信念。《刘小官雌雄兄弟》中的刘小官兄弟"少年志诚，物价公道，传播开去，慕名来买者，挨挤不开。一二年间，挣下一个老大家业"①，都是因为诚实经营，才将生意做得红红火火。

二是宣扬经商有道、勤劳致富。《徐老仆义愤成家》中的徐老仆从杭州雇船到苏州卖漆，又从枫桥买籼米到杭州出脱，精打细算，辛勤奔波，掌握了"货无大小，缺者便贵"的经商之道，通过两头带货，低卖高抛获利。《宋小官团圆破毡笠》中，已经成为南京城里赫赫有名富商的宋小官，从昆山去仪真寻亲，还不忘买布匹带去销售。《施润泽滩阙遇友》中，施润泽从一张绸机到几年间增上三四张绸机，再后来发展为三四十张绸机的大机户，讲述了普通织户是如何通过勤劳节俭、经营有道而发展起来的。

三是严惩贪财恋色、作恶杀人。如《张廷秀逃生救父》中陷害廷秀父子的赵昂、杨洪、杨江被捕后各打六十大板，依律问斩，两个帮手各打四十大板，拟成绞罪。《苏知县罗衫再合》中谋害苏知县一家的凶徒徐能一伙，均被依律处决，其家财籍没为边储之用。《蔡瑞虹忍辱报仇》中匪首陈小四一伙俱被问罪伏法。《杜十娘怒沉百宝箱》中，当杜

---

① 魏同贤. 冯梦龙全集·醒世恒言［M］. 南京：凤凰出版社，2007：207.

十娘纵身跳江后，旁观之人都咬牙切齿，争欲拳殴李甲和那孙富。李、孙虽然分别逃去，结局却是李甲终日愧悔，郁成狂疾，终身不痊；孙富病卧月余，终日见杜十娘在旁诟骂，奄奄而逝。《王娇鸾百年长恨》中负约的周廷章，在堂上被乱棍打死，"满城人无不称快"。值得一提的是，与《金玉奴棒打薄情郎》中将妻子金玉奴推入江中的负心郎莫稽的结局相比，明代运河故事中有相近情节的坏人都受到了严惩，而宋朝背婚弃妻、蓄意杀妻的莫稽却仅在新婚夜被金玉奴棒斥而已，而且最后还能"相谐如初"，实在太过轻描淡写。或许是明代随着运河经济的繁荣，利用运河水道谋财害命的案例增多，再加上明后期贪图享乐之风盛行，贪婪、攀比、炫富日益成为社会的顽疾。冯梦龙为示惩戒，遂在小说中对涉及水上犯罪者都一概施以重惩。当然也有宋朝故事本来如此，冯梦龙尊重原作的因素。

相城区冯梦龙村的冯梦龙文化建设尤其是廉政建设已经具有相当规模，并且形成了很大影响力。未来，可在冯梦龙书院增设"冯梦龙与运河"的主题馆，梳理、展示冯梦龙作品中大运河文化的元素和魅力，以塑像、屏幕、图片为主，辅以精彩有趣的说明文字，反映冯梦龙运河小说中的故事情节和运河环境，并结合廉政教育，强化冯梦龙大运河故事的教化功能，弘扬其中与社会主义核心价值观相符的内容，惩恶扬善，倡导正能量。

主要参考资料：

1. 魏同贤. 冯梦龙全集［M］. 南京：凤凰出版社，2007.

2. 简雄. 苏州：文化记忆最江南［N］. 苏州日报，2019-8-26（11）.

3. 简雄. 明清史料笔记中的苏州大市场［N］. 苏州日报，2020-9-4（08）.

4. 谭正璧. 三言二拍资料［M］. 上海：上海古籍出版社，1980.

5. 胡士莹. 话本小说概论［M］. 北京：中华书局，1980.

6. 谢国桢. 明代社会经济史料选编 [M]. 福州：福建人民出版社，1980.

7. 傅崇兰. 中国运河城市发展史 [M]. 成都：四川人民出版社，1985.

8. 陆树仑. 冯梦龙研究 [M]. 上海：复旦大学出版社，1987.

9. 韩大成. 明代城市研究 [M]. 北京：中国人民大学出版社，1991.

10. 范金民，金文. 江南丝绸史研究 [M]. 北京：农业出版社，1993.

11. 陈大康. 明代商贾与世风 [M]. 上海：上海文艺出版社，1996.

12. 张海英. 明清江南商品流通与市场体系 [M]. 上海：华东师范大学出版社，2002.

13. 陈璧显. 中国大运河史 [M]. 北京：中华书局，2001.

14. 范金民. 江南社会经济研究·明清卷 [M]. 北京：中国农业出版社，2006.

15. 傅衣凌. 明清时代商人及商业资本；明代江南市民经济试探 [M]. 北京：中华书局，2007.

16. 赵维平. 明清小说与运河文化 [M]. 上海：上海三联书店，2007.

17. 陈桥驿. 中国运河开发史 [M]. 北京：中华书局，2008.

18. 中国地方志集成·江苏府县志辑 [M]. 南京：江苏古籍出版社，1991.

19. 范金民. 明清地域商人与江南文化 [J]. 江海学刊，2002（1）：126-133.

20. 张强. 京杭大运河中心城市的形成与辐射 [J]. 淮阴师范学院学报（哲学社会科学版），2008（1）：40-41，114，139.

（陈来生，苏州市冯梦龙研究会副会长、苏州科技大学教授）

试说冯梦龙作品中的大运河和漕运

马亚中

　　苏州是江南水乡，水网密布，曾经是落后的泽国。水既能造成洪涝之灾，毁灭生命财富，又能滋养农作物，便利交通，造福百姓。自隋代贯通大运河以来，苏州的水利资源就开始得到前所未有的开发利用，依赖于水利之宜的稻作和蚕桑农业得到了空前的发展。稻作比北方的旱作植物有更高、更稳定的产量，是解决吃饭问题的重要保障，而蚕桑和之后的棉花种植不仅能保障穿衣之需，而且还能产生巨大的经济价值。苏州就是因为是全国稻米和桑棉的主要生产基地而成为国家的财富渊薮的。

　　大运河的最主要的功能就是把江南的粮食和布帛输送到国家的心脏，滋养整个国家机器，维持统治的稳定。与此同时，大运河的巨大交通之利，也是推动、促进经济贸易的重要力量，沿着大运河的许多重要交通节点都迅速发展繁荣起来，成为著名的城市和乡镇，而苏州就是大运河畔一颗特别璀璨的明珠。苏州在唐代得益于大运河的贯通而迅速崛起，成为江南第一雄州。唐宝历元年（825），白居易任职苏州刺史，其时唐朝经过安史之乱，已经由盛转衰，北方时有兵叛战乱，而在诗人的笔下，苏州依然繁荣安定。其《登阊门闲望》诗云："阊门四望郁苍苍，始觉州雄土俗强，十万夫家供课税，五千子弟守封疆。"另一首《齐云楼晚望，偶题十韵，兼呈冯侍御、周殷二协律》又云："人稠过扬府，坊闹半长安"。而他在《苏州刺史谢上表》中所云更直白："当今国用，多出江南；江南诸州，苏最为大。兵数不少，税额至多。"[①]

---

　　① 白居易. 白居易全集［M］. 丁如明，聂世美，校点. 上海：上海古籍出版社，1999：360，503，942.

另据唐末陆广微《吴地记》记载，当时苏州两税茶盐酒钱692 885贯，居江南诸州前列。甚至到了晚唐，唐王朝行将就木，在杜荀鹤的《送人游吴》诗里依然是："君到姑苏见，人家尽枕河。古宫闲地少，水港小桥多。夜市卖菱藕，春船载绮罗。"一船船丝绸商品仍然沿着运河运销各地。苏州自从在唐代成为雄州以后，在其后的年代基本上一直保持上升曲线，到了明清时期，更发展成为全国的经济文化中心城市。由此可见，大运河对于苏州的发展厥功至伟。

话本小说这一文学体裁的形成也与大运河有着莫大的关系。漕运交通需要大量人力，当船只靠岸停泊时，码头就会热闹起来，船工运夫，牙贩走卒，各色人等聚集成市，于是就有一种叫作"河市乐"① 的伎艺表演脱颖而出。在"河市乐"表演中，既有"说话人"，也有"说诨话"之类的表演，在之后形成的勾栏瓦舍中就完善成了"说话"艺术，而话本小说也就得以产生。

晚明的冯梦龙成长于运河之乡，是由运河水滋养培育起来的一代文学大家。大运河文化不仅使他形成了平民通俗文学的审美取向，而且构成了他作品的重要背景和自然人文生态。本文将通过冯梦龙作品所传递的运河信息，来解读和认识大运河的种种面相。

一、冯梦龙对于运河治理的认识

从辩证法的角度看，任何事物都是有正反两面的。事实上，大运河也是利弊共存的，高明的管理者就是要能做到审时度势，兴利除弊。中国的地理态势基本上是地倾东南，而北方黄河流经黄土高原，挟带大量泥沙，在东流入海的过程中，不断抬高河床，在途经河南后形成地上河，经常造成溃堤洪灾。黄河还多次与淮水冲突，夺淮入海，给黄淮地区造成巨大灾难。而大运河则是南北走向，由北而南贯通海河、黄河、

---

① 王曾《王文正笔录》："宋城南抵汴梁五里，有东西二桥，舟车交会，民居繁多，倡优杂户，厥类亦众。然率多鄙俚，为高之伶人所轻诮。每宴饮乐作，必效其朴野之态，以为戏玩，谓之河市乐。"（见朱易安. 全宋笔记［M］. 郑州：大象出版社，2003：269.）

淮河、长江、钱塘江五大水系,由于中国地势是北高南低,北方又经常干旱缺水,所以由淮而北的运河经常会干涸淤塞,造成断航。为了保证通航,就必须保证运河有足够的水资源,为了保证漕运,就经常会挤占黄淮区的农田用水,这些都是治理河、漕的官员所面临的最难解决的问题。

明朝自永乐迁都北京后,为了实现南粮北运,大运河就成为国家之命脉。明代大运河,从通州至天津一段利用潮白河道,又称白漕;从天津至临清利用卫河,又称卫漕;临清至济宁以南,为元代开凿的会通河,有闸漕之称;徐州至淮安为原泗水运道,后为黄河所夺,故有河漕之称;从淮安至扬州,多为湖泊运道,故称湖漕;而长江以南运道通称浙漕。其中,白漕、卫漕利用天然河道,问题较少,浙漕地处江南,河网密布,运道畅达,亦费工无多。唯闸漕、河漕与湖漕三段,所处黄泛之区,由黄河泛滥所造成的影响和带来的问题也最大最多,是明代治理改造的重点所在。明代前期,主持淮扬运河治理的主要代表人物是时任漕运总督的陈瑄。冯梦龙《智囊·明智部·经务》"虞集"条引樊升之曰:

> 贾生之治安,晁错之兵事,江统之徙戎,是万世之至画也。李邺侯之屯田,虞伯生之垦墅,平江伯之漕运(平江伯陈瑄,合肥人。永乐初,董北京海漕,筑淮阳海堤八百里。寻罢海运,浚会通河通南北饷道,疏清江浦以避淮险。设仪真、瓜州坝港;凿徐州吕梁浜;筑汋阳南旺湖堤;开白塔河,河通江;筑高邮湖堤,自淮至临清,建闸四十七,建淮徐临通仓,以便转输,置舍卒导舟,设井树以便行者。)是一代之至画也。李允则之筑围起浮屠(事见"术智部"),范文正、富郑公之救荒,是一时之至画也。画极其至,则人情允协,法成若天造,令出如流水矣。"①

---

① 魏同贤.冯梦龙全集·智囊[M].南京:凤凰出版社,2007:208.

称誉李泌之屯田，虞集之垦墅，陈瑄之漕运为"一代之至画（划）"。其中按语是对陈瑄治理河漕功绩的简述。陈瑄主要做了三件大事：首先着力解决的是运河与淮河的交汇问题。在此以前，江南运河到淮安后，不能直接过淮，需要逆水西行60里至清河口过淮，留下诸多隐患。陈瑄经过细致的调查研究，了解到自管家湖至淮河鸭陈口仅20里，值清河口，可开河引湖水入淮通漕。明永乐十三年（1415），陈瑄亲率军民循宋代乔维岳所开故道，凿清江浦，由管家湖导水至鸭陈口入淮，并依次建造了新庄、福兴、清江、移风四闸，从此粮船至淮安免除了过坝渡河之苦。其次是解决长江与运河交汇处留下的问题，原来由江南来的漕船须由陆路过瓜洲坝才能入运河。明宣德六年（1431），陈瑄开泰州白塔河。次年于白塔河设置新开、潘家庄、大桥、江口四闸，这样从江南过江的粮船可入白塔河到湾头入运河，避免了瓜洲运口盘坝的劳费。最后是治理淮扬运河。淮扬运河以西运道以往多借湖面作航道，虽然洪武年间曾沿湖筑堤维护运道，但效果不彰。永乐时，陈瑄在原来基础上又大筑高邮、宝应、氾光及白马诸湖长堤，并在堤上做纤道，使运道与湖水分开，以避风浪之险。堤中皆留涵洞，可与湖水互相灌注调节水源，运道条件自此大为改善。由此可以了解古代先贤治理河漕的智慧和经验，只有把运河的基础建设搞好了，最大限度地改善了交通条件，才可能享受到运输便捷之利，才能形成经济流通、商贸繁荣的局面。大运河贯通以后，历朝都通过漕运征收大量财税，虽然可以经此充实国库，但也给人民带来了沉重负担。如何合理征税、惩治腐败、减轻百姓负担成为衡量政策是否成功和官员是否大有作为的根本。

冯梦龙在《智囊》一书中表彰了多位清官的德政。其中最早的一位是唐朝的刘晏（事见《智囊·明智部·经务》）。刘晏曾经担任唐代宗李豫的转运使，为了合理确定商品价格，他高价招募擅长跑步的人，到各地去查询物价，互相传递报告，即便是远方的信息，过几天也可以传到，因此，食品百货价格的高低，都掌握在他的手中。刘晏低价买进，高价售出，不仅国家获利，而且远近各地的物价也控制得很平稳。

在税赋方面，正常的年头公平合理的缴纳，饥荒时则加以减免或用国家的财力来济助。刘晏在各道分别设置知院官，每十天或一月详细报告各州县天候及收成的情形。歉收如果有正当的理由，则会计官在催收赋税时，主动下令哪一类谷物可以免税，哪一些人可向政府借贷，能做到各地的百姓尚未因歉收而受困，各种救灾的措施已报准朝廷施行了。在冯梦龙看来，发生灾害的地区，所短缺的其实只是粮食而已，其他的产品往往可维持正常的供应，若能低价将这些产品卖出去，交换其他的货品，或者借政府的力量转运到丰收的地方，或者由官府自用，国家的生计就不会匮乏。或由国家卖出囤积的谷物，分交运粮的单位，转运到各个缺粮的地区，使无力到市集购买的贫困农民能经由政府的辗转传送而免除饥荒。

当时运送关东的谷物进入长安城，因为河水湍急，大抵十斗能运到八斗就算成功，负责的官员也就可得到优厚的赏赐。刘晏以长江、汴水、黄河、渭水等水力各不相同，于是因着不同的河流制造不同的运输船只，长江的船运到扬州，汴水的船运到河阴，黄河的船运到渭口，渭水的船运到太仓；并在河边设置仓库，辗转接送。从此，每年运谷量多达一百多万斛，可以做到没一点点折损。

当年为了保障漕运，州县聘用富人来监督水陆运输，这些人在正当的税收之外还强制索取。很多人为了逃避这些额外的课征和劳役，干脆群聚为盗贼。刘晏将船运和邮递事务全收归政府负责，并废除不正常的征敛，人民的困苦才得到解除，户口也逐渐增加。冯梦龙认为刘晏"其理财常以养民为先，可谓知本之论"①。

在明代，冯梦龙表彰的是当时的南直隶巡抚周忱，他的主要职责就是督运南北畿郡的赋税。冯梦龙在《智囊·明智部·经务》中介绍了周忱对漕运赋税的改革。周忱任巡抚时，苏州地方欠税有790万石。经过深入民间田头，与老农恳谈，周忱了解到，是吴郡地方富豪有财力的

---

① 魏同贤. 冯梦龙全集·智囊 [M]. 南京：凤凰出版社，2007：196.

人不肯缴纳运送途中折损的耗米，转由贫民负担，贫民缴纳不出，只好流离四散。于是，周忱制定了新的平米政策，官田、民田一律加征运送折损的数量。"定为论粮加耗之制，而后金花银、粗细布轻赍等项，裨补重额之田，斟酌损益，尽善尽美。"① 苏州的税额有290余万石，经与当时的苏州知府况钟详细计算，宽减80多万石。又命令各县设立便民仓，每乡在村里役吏中，推选一个有力的人，称为"粮长"，负责征收本乡村夏秋两季的税，加收耗米比例不得超过十分之一。此外，又在粮长之中依财力的多寡选派押运的人，视路途的远近与劳力的分量支付酬劳，运到京师、通州应缴米粮的数量一石支付三斗，临清、淮安、南京等仓，依同样标准订定支付数目，作为舟船转运的各种费用。整顿支出和收入，支付后所余的米，分别存积在县仓，称之为"余米"。所收米粮立刻超出原来折损的部分。明英宗正统初年，淮扬有灾害，盐税亏损。周忱巡视时，奏请朝廷诏令苏州等府拨付余米，每县拨一二万石，运到扬州盐场，可抵第二年的田租，听任制盐人家缴私盐来换取米。当时米价贵，盐价廉，官府可以存盐，而人民有米吃，公私都得到好处。周忱在江南22年之间，每遇凶灾荒年，就相机行事，用余米来补救。除了田赋，没有征收任何额外的税，凡是各种进贡及官署、学校、祠堂、古墓、桥梁、河道的修理整治，所需费用都从余米中拨付。

但非常不幸的是，这项德政后来被朝廷废除了。朝廷将余米完全收归户部，于是征税名目繁杂，而百姓欠税的情形也愈来愈多。冯梦龙评论说："夫余米备用，本以宽济，一归于官，官不益多，而民遂无所恃矣。试思今日两税耗，果止十一乎？征收只十五，十六乎？昔何以薄征而有余，今何以加派而不足？江南百姓，安得不尸祝公而用追思不置也。"② 说明"以民为本"绝非虚言，如何为人民谋利益就是最大的政治，民心之向背由此而尽显。

---

① 魏同贤. 冯梦龙全集·智囊 [M]. 南京：凤凰出版社，2007：200.
② 魏同贤. 冯梦龙全集·智囊 [M]. 南京：凤凰出版社，2007：199.

在解决漕运米耗的问题上，明代松江知府樊莹也作出了重要贡献。《智囊·明智部·经务》中，在"周忱"篇之后，冯梦龙又表彰了樊莹。"松赋重役繁，自周文襄公后，法在人亡，弊蠹百出。大者运夫耗折，称贷积累，权豪索偿无虚岁，而仓场书手，移新蔽陈，百计侵盗。"①樊莹到任以后，经过调研认为，运送漕粮有所耗损，主要是因为运夫无人统一指挥，一些狡诈之徒有机会从中动手脚，倒霉的却是一些老实善良的人。于是樊莹聘用粮长专职运送，而宽减各种货物的费用来优待他，税赋除了常运米，其余的一律征收白银。这样一来，那些被派遣专职运粮的人，因为与切身利害有关，都不敢浪费，而掌管收纳计算的人，因出入的数量都有明确的记载，无法私自吞没。而以白银来纳税，人民的负担反而比用粮食纳税减轻，因此人民也乐意配合。于是累积多年的弊病一下子除去了十分之八九。又革除收购米粮的囤积户，以减少粮长的侵占；又以民间商人来代粮长运送布匹，并以准许其顺道运送私人的商品贩卖，作为为公家运送的报酬。冯梦龙认为这可以"补周文襄与况伯律所未备"。

大运河的运输有很高的水利成本，大运河承担的主要职能是漕运，但也适度给予运输其他经济商品的配额。其中就有许多利益所在，因此，河漕的治理还要敢于同腐败权奸、巧取豪夺做坚决的斗争。

冯梦龙在《智囊·智胆部·识断》中介绍的刘玺就是其中的一位勇于斗争的代表人物。刘玺，南京人，明嘉靖中历督漕总兵官。时有太师郭勋仗恃受宠，常率领属下大肆搜购南方珍玩，然后胁迫漕运官分派船只载运入京，获取暴利。当时水道运输不顺，多半都是这个缘故。刘玺为根除弊端，事先在船中准备一副棺木，然后右手拿刀，左手指着贪官说："若能死，犯吾舟，吾杀汝，即自杀卧棺中，以明若辈之害吾军也，吾不能纳若货以困吾军。"贪官听了，为免生事，只好悻悻然离去。冯梦龙对此评论说："权奸营私，漕事坏矣，不如此发恶一番，弊

---

① 魏同贤. 冯梦龙全集·智囊 [M]. 南京：凤凰出版社，2007：200.

何时已也。"又说:"人到是非紧要处,辄依阿徇人,只为恋恋一官故。若刘唐二公,死且不避,何有一官,毋论所持者正,即其气已吞群小而有余矣。"① 他认为没有杀身成仁的大无畏精神,就不可能斗倒权奸。

对待权奸可以拼死一搏,阻止其违法乱纪,但是对于王室的腐败,恐怕就不是斗狠能够解决问题的了,还要以智取胜。冯梦龙在《智囊·上智部·迎刃》中就介绍了一位靠动脑子想出好办法为百姓减轻负担的地方官范槚。明嘉靖四十年(1561),景王朱载圳就藩湖北安陆,浩浩荡荡数万人经由大运河到达封国,途中经过淮安。其时范槚是淮安知府,在漕督的主持下负责接待王驾,按照要求沿河两岸要开路五丈宽,遇到民房必须拆除,范槚为了减轻老百姓损失,想出办法在民房边放置破船,上面覆盖土板,看起来就像平地,希望可以瞒天过海解决问题。但是王驾沿途开销惊人,按照光禄寺的要求,"食品珍异,每顿直数千两"。范槚拿了《大明会典》据理力争:"王舟所过,州县止供鸡鹅柴炭,此明证也。且光禄备万方玉食以办,此穷州僻县,何缘应奉乎?"光禄寺没有办法只好按照"王每顿二十两,妃十两"的标准安排膳食,一下子省了数万巨额花费。为了让王舟尽快离开,范槚又派人花钱对具体主事的人说:"水悍难泊,惟留意。"② 于是王舟整日航行,水流又快,很快就通过了,三处靠岸只供应了一千三百两白银。而船队到了扬州仪真,一夜之间竟花了五万两。两者比较,非常清楚地说明,地方官为民谋利益完全可以有所作为,关键在于有没有真正把老百姓看成是"天"。

以上所述都彰显出了冯梦龙河漕治理的"民本"和"廉政"思想。

二、冯梦龙作品中反映的河漕世相

冯梦龙作品中许多故事都与河漕有关,通过故事中的一些细节也可

---

① 魏同贤. 冯梦龙全集·智囊 [M]. 南京:凤凰出版社,2007:317-318.
② 魏同贤. 冯梦龙全集·智囊 [M]. 南京:凤凰出版社,2007:119.

以略窥当年河漕的世相。

（一）作品所及城镇闹市

冯梦龙"三言"中与大运河相关的故事有 20 篇之多，其中涉及的河漕关节地名主要有杭州武林门、苏州阊门和枫桥、润州瓜洲、扬州仪真、山东济宁和临清等。以下以杭州武林门、苏州阊门和枫桥为例按次诠述。

武林门，杭州早前的十座城门之一，始建于隋代，吴越国时称北关门，宋高宗时称余杭门，明代改称武林门，为杭州北面门户，是进入大运河，通往浙北、苏南的必经之地，自隋代以来一直是沟通南北大运河的百货集散地。"樯帆卸泊，百货登市"①，就是被誉为钱塘八景之一的"北关夜市"。《警世通言》的《乔彦杰一妾破家》中就多次涉及武林门。故事讲的是好色毁家的悲剧，杭州商人乔俊经商途中，见邻船一女春香貌美，便见色起意，以一千贯将其娶回作妾。后来春香因为丈夫长期经商在外，竟与雇工董小二勾搭成奸。后来董小二又骗取乔俊女儿玉秀做"夫妻"，乔妻高氏知道后，一怒之下胁迫小妾合伙杀了雇工董小二，并弃尸河中。后被人告发，乔俊妻妾相继死在狱中，乔俊归家之后发现家破人亡，也投水自尽。作者描写乔俊娶了春香回家的场景：

> 次日天晴，风息浪平，大小船只，一齐都开。乔俊也行了五六日，早到北新关，歇船上岸，叫一乘轿子抬了春香，自随着径入武林门里。来到自家门首，下了轿。②

武林门是从运河返回杭州的必经之路。后来发现河中尸体的皮匠陈文老婆程氏五娘，也住在"武林门外清湖闸边"。这个清湖闸的位置在《湖墅志略》中有载录："城外河一自武林水门经北郭税务至清湖闸，泄入东运河，曰下塘河。行旅由城出关者，于清湖闸过塘。"③《艮山杂

---

① （雍正）西湖志，转引自陆鉴三．西湖笔丛［M］．杭州：浙江人民出版社，1981：96．
② 魏同贤．冯梦龙全集·警世通言［M］．南京：凤凰出版社，2007：521．
③ 转引自孙忠焕．杭州运河文献集成（第一册）［M］．杭州：杭州出版社，2008：492．

志》卷一称，宋时"上下塘运河米舟，悉得由清湖闸抵泛洋湖，以入天宗水门"。《艮山杂志》卷二又说："清湖闸有三：上闸，去余杭门二里；中闸，去三里；下闸，去五里。三闸又各有泄水陡门。周必大《归庐陵日记》云：'北关解舟至闸下'，谓此闸也。"① 故事中，乔俊在外做生意亏本返回杭州，听说老婆杀人，一家人都死在牢中：

> 两行泪珠如雨，收不住，哽咽悲啼。心下思量："今日不想我闪得有家难奔，有国难投，如何是好？"番来覆去，过了一夜。次日黑早起来，辞了船主人，背了衣包，急急奔武林门来。到着自家对门一个古董店王将仕门首立了。看自家房屋俱拆没了，止有一片荒地。②

在小说中，利往利来、众声喧哗，充满俗世气息的武林门就是这个悲剧的见证者。

《警世通言》中，《蒋淑真刎颈鸳鸯会》也是一个情色悲剧。主人公蒋淑真也与武林门有关，她出生于"浙江杭州府武林门外落乡村中"，"生得甚是标致。脸衬桃花，比桃花不红不白；眉分柳叶，如柳叶犹细犹弯"③。蒋淑真虽然天生貌美却品行不端，先后三次与人偷情，断送三条人命，最终事情败露，自己也将性命葬送。《喻世明言》里的《新桥市韩五卖春情》，也是告诫人们情色害人的故事。主人公吴山本来家境优渥，因为贪欲情色，着了私娼的道，差点因纵欲害了性命。而吴山正住在武林门新桥。吴山害了恶疮，一个月都没有出门。私娼金奴听说此事，做了两个糯米猪肚子，还写了一封情书，派人秘密交给吴山：

> 八老提了盒子，怀中揣着简帖，出门径往大街，走出武林门，直到新桥市上，吴防御门首，坐在街檐石上。只见小厮寿

---

① 翟灏. 艮山杂志［M］//陈述. 杭州运河文献. 杭州：杭州出版社，2006：126，192.
② 魏同贤. 冯梦龙全集·警世通言［M］. 南京：凤凰出版社，2007：513.
③ 魏同贤. 冯梦龙全集·警世通言［M］. 南京：凤凰出版社，2007：579.

童走出,看见叫道:"阿公,你那里来,坐在这里?"八老扯寿童到人静去处说:"我特来见你官人说话,我只在此等,你可与我报与官人知道。"寿童随即转身,去不多时,只见吴山踱将出来。①

据嘉靖《仁和志》载:"武林门外大街,南抵北新桥。其街东螺蛳小巷、夹城巷,转东直抵石灰桥坝。"②淳祐《临安志》载:"城外运河,在余杭门外,北新桥之北。通苏、湖、常、秀、镇江等河。凡诸路纲运及贩米客船,皆由此河达于行都。"③武林门外有钞关"北新关","北新桥"其名当得自关名,与小说中的"新桥"位置完全一致。所谓新桥,其实就是现实中的"北新桥"。《仁和志》中提到的石灰桥与小说中吴山开的丝铺所在的"灰桥"也可能是同一地点。

这两个情色故事都以武林门为背景,而武林门是运河商品经济兴盛的一个缩影。情欲源于人之本性,不论哪个朝代都有纵欲者。但如果说情欲是烈火,那么商业文化就是油脂,它必定会助燃情欲,使之一发而不可收。

而《喻世明言》的《沈小官一鸟害七命》则讲述了因玩物而连丧七命的荒唐悲剧。一只画眉鸟触发了一连串凶杀,如同多米诺骨牌倒下一般,而罪魁祸首其实就一个"利"字。箍桶匠张公贪图名贵画眉鸟的利,杀了鸟主人沈秀;黄老狗及他的两个儿子大保和小保因为冒领悬赏而先后毙命;买鸟的药商李吉因为进贡了鸟而屈死;最后案情大白,张公被处死,张妻被吓死,而导致如此大命案的核心就是一只鸟的利。故事的地域背景也是武林门。故事主人公沈昱,家住"海宁郡武林门外北新桥下",张公杀人夺鸟以后"一径望武林门外来",而审问李吉时,李吉交代:

---

① 冯梦龙. 喻世明言 [M]. 北京:华文出版社,2019:60.
② 转引自孙忠焕. 杭州运河文献集成(第二册)[M]. 杭州:杭州出版社,2009:58.
③ 浙江省地方志编纂委员会. 宋元浙江方志集成(第一册)[M]. 杭州:杭州出版社,2009:176.

先因往杭州买卖，行至武林门里，撞见一个箍桶的担上，挂着这个画眉，是吉因见他叫得巧，又生得好，用价一两二钱买将回来。因他好巧，不敢自用，以此进贡上用。并不知人命情由。①

最后张公归案，知府审问：

张公犹自抵赖，知府大喝道："画眉是真赃物，这四人是真证见，若再不招，取夹棍来夹起。"张公惊慌了，只得将前项盗取画眉，勒死沈秀一节，一一供招了。知府道："那头彼时放在那里？"张公道："小人一时心慌，见侧边一株空心柳树，将头丢在中间。随提了画眉，径出武林门来。偶撞见三个客人，两个伴当，问小人买了画眉，得银一两二钱，归家用度。所供是实。"②

故事最让人寒心的是杀人的缘起，只是"一两二钱"的小利，而悬赏金额一千五百贯钱虽然较多一些，但轿夫黄老狗居然让儿子杀死自己去冒领，由此可见当时小市民生活压力之大。这从一个侧面反映出当时商品经济造成的两极分化已经相当严峻。

下面看苏州的阊门和枫桥。

阊门位于苏州古城西北水路要冲，外城河、内城河、上塘河（京杭大运河古河道）、山塘河（通往虎丘）分别从五个方向汇聚于此，是苏州城最重要的交通枢纽。枫桥，去阊门七里，位于大运河、古驿道和枫江的交会处。明初卢熊在《苏州府志》中以为当作"封桥"，因唐代时在此设卡，每当皇粮北运时，便封锁河道。交通带来客流和物流，必然会聚集成贸易闹市。所以阊门到枫桥一带自古就是商贸繁盛之区。崇祯《吴县志》说："金阊一带，比户贸易，负郭则牙侩辏集。"③ 郑若

---

① 冯梦龙. 喻世明言 [M]. 北京：华文出版社，2019：338.
② 冯梦龙. 喻世明言 [M]. 北京：华文出版社，2019：341.
③ （崇祯）《吴县志》卷十《风俗》，明崇祯十五年（1642）刻本.

曾《江南经略》有"天下财货莫不聚于苏州，苏州财货莫不聚于阊门"之说，又称"自阊门至枫桥将十里，南北两岸居民栉比，而南岸尤盛，凡四方难得之货，靡所不有，过者灿然夺目"，"上江江北菽粟、绵（棉）花大贸易咸聚焉"。① 明末王心一序《吴县志》也称阊、枫之间"错绣连云，肩摩毂击，枫江之舳舻衔尾，南濠之货物如山"②。冯梦龙小说多以阊门、枫桥作为地理背景。《警世通言》中的《王安石三难苏学士》讲述了王安石几次为难苏轼的故事。其中第三难王安石所出对联就以阊门为掌故：

> 荆公问道："子瞻从湖州至黄州，可从苏州润州经过么？"东坡道："此是便道。"荆公道："苏州金阊门外，至于虎丘，这一带路，叫做山塘，约有七里之遥，其半路名为半塘。润州古名铁瓮城，临于大江，有金山，银山，玉山，这叫做三山。俱有佛殿僧房，想子瞻都曾游览？"东坡答应道："是。"荆公道："老夫再将苏、润二州，各出一对，求子瞻对之。苏州对云：'七里山塘，行到半塘三里半。'润州对云，'铁瓮城西，金，玉，银山三宝地。'"
>
> 东坡思想多时，不能成对，只得谢罪而出。③

此虽为传说，但也可见金阊山塘街名声早已随着运河水流向南北各地。《警世通言》的《桂员外途穷忏悔》主要讲述了桂员外夫妇破产欲自杀，被苏州府吴趋坊的施济救起，可他们却忘恩负义，一心只想损人利己往上爬，最后遭受恶报的故事。桂员外偶然掘得施济埋在别院中的财宝而发家致富，施家到了施济儿子施还手中却开始败落，无奈之中施还找桂员外求助，竟遭百般羞辱。施家最后竟致变卖房产，幸好施还在出手前拆卸祖父卧房时在天花板内发现账本一册，记载了祖父埋藏在各

---

① 郑若曾. 江南经略[M]. 傅正，宋泽宇，李朝云，点校. 合肥：黄山书社，2015：144.
② 王心一. 重修吴县志序[M]//（崇祯）《吴县志》卷首，明崇祯十五年（1642）刻本.
③ 魏同贤. 冯梦龙全集·警世通言[M]. 南京：凤凰出版社，2007：36.

处的财宝，终于重新发家。而桂员外却经商遭骗再次败落。他的妻子及两个儿子都罹祸相继而亡，最后竟投胎变成了施家的三条狗。而桂员外为了生存只好厚着脸皮托人做媒，要把女儿嫁给施还做妾：

> 踌躇再四，乃作寓于阊门，寻相识李梅轩，托其通信，愿将女送施为侧室。梅轩道："此事未可造次，当引足下相见了小舍人，然后徐议之。"①

施家住在吴趋坊，地近阊门，在皋桥西南。晋陆机诗《吴趋行》云："吴趋自有始，请从阊门起。阊门何峨峨，飞阁跨通波。"② 此吴趋坊名所由也。故桂员外就近在阊门找了客栈。后来施还娶了桂员外之女：

> 桂迁罄囊所有，造佛堂三间，朝夕侍佛持斋，养三犬于佛堂之内。桂女又每夜烧香，为母兄忏悔。如此年余，忽梦母兄来辞："幸仗佛力，已脱离罪业矣。"早起桂老来报，夜来三犬，一时俱死。桂女脱簪珥买地葬之，至今阊门城外有三犬冢。③

不过，所谓"三犬冢"只是小说家语，今已不闻。

《警世通言》的《唐解元一笑姻缘》中的唐寅也是家住阊门内桃花坞。明弘治十二年（1499），唐寅卷入徐经科场舞弊案问革，从此丧失科场进取心，遂放浪诗酒，醉心书画。阊门便是他主要的生活所在地。

> 却说苏州六门：葑、盘、胥、阊、娄、齐。那六门中只有阊门最盛，乃舟车辐辏之所。真个是：翠袖三千楼上下，黄金百万水东西。五更市贩何曾绝，四远方言总不齐。唐解元一日坐在阊门游船之上，就有许多斯文中人，慕名来拜，出扇求其

---

① 魏同贤. 冯梦龙全集·警世通言 [M]. 南京：凤凰出版社，2007：392.
② 萧统. 文选 [M]. 李善，注. 上海：上海古籍出版社，1986：1308.
③ 魏同贤. 冯梦龙全集·警世通言 [M]. 南京：凤凰出版社，2007：393-394.

字画。①

唐寅在游船上瞥见经过的画舫内"有一青衣小鬟,眉目秀艳,体态绰约,舒头船外,注视解元,掩口而笑",唐寅竟为之"神荡魂摇"。第二天到了无锡在大街上又一次见到这"青衣小鬟":

> 解元立住脚看时,只见十来个仆人前引,一乘暖轿,自东而来,女从如云。自古道:"有缘千里能相会。"那女从之中,阊门所见青衣小鬟正在其内。解元心中欢喜,远远相随,直到一座大门楼下,女使出迎,一拥而入。询之傍人,说是华学士府,适才轿中乃夫人也。解元得了实信,问路出城。②

因此一份痴心,唐寅便托词留在无锡,乔装混入华府做了书役,好找机会接近"青衣小鬟"。华学士爱惜他的才华,希望长期留用,居然要为他置室,唐寅顺杆提出要在华府丫鬟中择一心仪之女。丫鬟中掌四时衣服的秋香正是那个"青衣小鬟",于是唐寅便如意娶到了秋香:

> 合卺成婚,男欢女悦,自不必说。夜半,秋香向华安道:"与君颇面善,何处曾相会来?"华安道:"小娘子自去思想。"又过了几日,秋香忽问华安道:"向日阊门游船中看见的可就是你?"华安笑道:"是也。"秋香道:"若然,君非下贱之辈,何故屈身于此?"华安道:"吾为小娘子傍舟一笑,不能忘情,所以从权相就。"秋香道:"妾昔见诸少年拥君,出素扇纷求书画,君一概不理,倚窗酌酒,旁若无人。妾知君非凡品,故一笑耳。"华安道:"女子家能于流俗中识名士,诚红拂绿绮之流也!"③

唐寅既已如愿,便带着秋香脱身返回苏州。后来华学士到苏州拜

---

① 魏同贤. 冯梦龙全集·警世通言 [M]. 南京:凤凰出版社,2007:398.
② 魏同贤. 冯梦龙全集·警世通言 [M]. 南京:凤凰出版社,2007:399.
③ 魏同贤. 冯梦龙全集·警世通言 [M]. 南京:凤凰出版社,2007:403.

客，获悉华安就是唐寅，于是便上门拜访：

> 二人再至书房。解元命重整杯盘，洗盏更酌。酒中学士复叩其详。解元将阊门舟中相遇始末，细说一遍。各各抚掌大笑。学士道："今日即不敢以记室相待，少不得行子婿之礼。"解元道："若要甥舅相行，恐又费丈人妆奁耳。"二人复大笑。是夜，尽欢而别。①

在这个后来为世俗喜闻乐道的故事中，阊门俨然成了唐寅与秋香定情的证人。

《醒世恒言》的《张廷秀逃生救父》讲述富商王宪看中木匠张权之子张廷秀的手艺精巧、聪明勤谨，招赘为婿，与小女儿玉姐结亲，却遭到大女儿瑞姐和大女婿赵昂的反对。张权被陷害入狱，张廷秀被逐出家门，玉姐也被逼自杀（未成）。张廷秀弟兄四处奔走诉冤，历尽磨难，终于双双中了进士，昭雪冤狱，最后惩办恶人，合家团圆。张权原是江西南昌府进贤县人氏：

> 怎奈里役还不时缠扰。张权与浑家商议，离了故土，搬至苏州阊门外皇华亭侧边，开个店儿。自起了个别号，去那白粉墙上写两行大字，道："江西张仰亭精造坚固小木家火，不误主顾。"张权自到苏州，生意顺溜，颇颇得过，却又踏肩生下两个儿子。②

这阊门外皇华亭就在运河边上，正德《姑苏志》已有记载：明成化九年（1473），知府丘霁重改建（姑苏驿馆）于胥门外。基半筑于水，广袤数十丈，背城面河，气势宏敞。北有延宾馆，后有楼曰昭阳，可以登眺。驿之右有皇华亭，左有月洲亭，相去百步，为使客憩息之所。崇祯《吴县志》又称：状元宰辅坊，在阊门外皇华亭，为申时行

---

① 魏同贤. 冯梦龙全集·警世通言 [M]. 南京：凤凰出版社，2007：406.
② 魏同贤. 冯梦龙全集·醒世恒言 [M]. 南京：凤凰出版社，2007：391-392.

长子用懋重修。由此大致可知皇华亭位置当在胥、阊之间靠近阊门一侧。张权手艺精湛，被"专诸巷内天库前，有名开玉器铺的王家"请到家里做嫁妆。

且说张权正愁没饭吃，今日揽了这大桩生意，心中好不欢喜。到次日起来，弄了些柴米在家，分付浑家照管门户，同着两个儿子，带了斧凿锯子，进了阊门，来到天库前，见个大玉器铺子，张权约莫是王家了。①

专诸巷位于阊门内，以春秋时刺杀吴王僚的勇士专诸得名。《吴门表隐》称："天库在专诸巷中，门前有花石者最古，断门槛者香火特盛。地库在北寺中院，今有九处，惟大观音殿旁最前，门外有琵琶街，形已失。阴雨时辄有声，皆唐周真人隐遥为民禳灾处。"② 据此可见此天库乃为道院，是为祭祀补库之所。王家在天库前开玉器铺子，补库倒是很方便，但是却没有防住家里大女儿、大女婿的贪婪。后来瑞姐、赵昂害人的阴谋都在阊门展开。而张家两儿被歹人投入江中，居然大难不死，为善人所救，最后都殿试二甲，成了同榜进士，可谓吉人天相，所以这个阊门也是逢凶化吉之地。兄弟二人一个点了翰林，一个选南直隶常州府推官，终于可以衣锦还乡，救出父亲：

离了南京，顺流而下，只一日已抵镇江。分付船家，路上不许泄漏是常州理刑，舟人那敢怠慢。过了镇江、丹阳，风水顺溜，两日已到苏州，把船泊在胥门马头上，弟兄二人，只做平人打扮，带了些银两，也不教仆从跟随，悄悄的来得司狱司前。望见自家门首，便觉凄然泪下。走入门来，见母亲正坐在矮凳上，一头绩麻，一边流泪。③

故事最后以喜剧终结，歹人全部伏法，表达了"凡事但将天理念，

---

① 魏同贤. 冯梦龙全集·醒世恒言 [M]. 南京：凤凰出版社，2007：394.
② 顾震涛. 吴门表隐 [M]. 甘兰经等，校点. 南京：江苏古籍出版社，1999：2.
③ 魏同贤. 冯梦龙全集·醒世恒言 [M]. 南京：凤凰出版社，2007：430-431.

安心自有福来迎"的主题。

《警世通言》中，《宋小官团圆破毡笠》的故事则发生在枫桥，讲述昆山人宋金受人馋谤，生活艰厄，蒙邻居刘有才收留，在船上帮工，为刘有才夫妇赏识，并将女儿宜春嫁与为妻。一年后，宋金爱女夭折，他哀痛过度，得了绝症，又被刘有才抛弃。宋金在荒滩上发现强盗财宝，成为巨富。后与宜春复合，夫妻同诵《金刚经》，到老不衰，享寿各九十余，无疾而终。这也是一个悲喜剧。宋金之父宋敦原是宦家之后，而刘有才"积祖驾一只大船，揽载客货，往各省交卸。趁得好些水脚银两，一个十全的家业，团团都做在船上"。两人四十多岁尚未有后，"闻得徽州有盐商求嗣，新建陈州娘娘庙于苏州阊门之外，香火甚盛，祈祷不绝。刘有才恰好有个方便，要驾船往枫桥下客，意欲进一炷香"，为求子嗣，正好宋敦也有此愿：

> 当下忙忙的办下些香烛纸马阡张定段，打叠包裹，穿了一件新联就的洁白湖绸道袍，赶出北门下船。趁着顺风，不勾半日，七十里之程，等闲到了。舟泊枫桥，当晚无话。……次日起个黑早，在船中洗盥罢，吃了些素食，净了口手，一对儿黄布袱驮了冥财，黄布袋安插纸马文疏，挂于项上，步到陈州娘娘庙前，刚刚天晓。①

祭拜完毕，刘有才又"自往枫桥接客去了"，而宋敦则因返回时为了给一个病死的老和尚施一口棺材耽误了许多时间，做了一件大功德，为以后的福报埋下伏笔。枫桥在这里不仅是做生意的地方，也是求神拜佛做善事的地方。

《醒世恒言》中，《徐老仆义愤成家》中的老仆人阿寄，人虽老，脑子却精明，是做生意的人才，他利用运河交通贩卖商品，极善于利用各种商品信息：

---

① 魏同贤. 冯梦龙全集·警世通言［M］. 南京：凤凰出版社，2007：302-303.

打听得枫桥籼米到得甚多，登时落了几分价钱，乃道："这贩米生意，量来必不吃亏。"遂籴了六十多担籼米，载到杭州出脱。①

明代开始，苏州枫桥逐渐成为重要的"米市"。顾炎武在《天下郡国利病书》中说："夏麦方熟，秋禾既登，商人载米而来者，舳舻相衔也。中人之家，朝炊夕爨，负米而入者，项背相望也。"② 沿长江东下的粮食，在镇江中转，经运河抵达枫桥米市，"湖广之米辏集于苏郡之枫桥，而枫桥之米，间由上海乍浦以往福建"③。故谚有"打听枫桥价，买米不上当"一语。小说中所反映的阿寄利用枫桥米价波动来牟利，是对现实的真实写照。

《喻世明言》中，《蒋兴哥重会珍珠衫》写的是蒋兴哥与其妻王三巧婚变的悲欢离合故事，故事是个喜剧。故事中粮商陈大郎非常珍惜王三巧赠予的珍珠衫，做生意时也一直穿着：

却说陈大郎有了这珍珠衫儿，每日贴体穿着，便夜间脱下，也放在被窝中同睡，寸步不离。一路遇了顺风，不两月行到苏州府枫桥地面。那枫桥是柴米牙行聚处，少不得投个主家脱货，不在话下。

忽一日，赴个同乡人的酒席。席上遇个襄阳客人，生得风流标致。那人非别，正是蒋兴哥。原来兴哥在广东贩了些珍珠、玳瑁、苏木、沉香之类，搭伴起身。那伙同伴商量，都要到苏州发卖。兴哥久闻得"上说天堂，下说苏杭"，好个大马头所在，有心要去走一遍，做这一回买卖，方才回去。④

在这段描述中，可以清楚地了解到当时的枫桥和苏州得运河之利，

---

① 魏同贤. 冯梦龙全集·醒世恒言 [M]. 南京：凤凰出版社，2007：783.
② 顾炎武. 天下郡国利病书 [M] //顾炎武全集（13）. 上海：上海古籍出版社，2011：589.
③ 蔡世远. 与浙江黄抚军请开米禁书//魏源全集·皇朝清经世文编·卷四四. 长沙：岳麓书社，2004：425.
④ 冯梦龙. 喻世明言 [M]. 北京：华文出版社，2019：20.

确实已是万商聚合、百货云集之地，不仅柴米牙行汇聚，就连南方各种珍珠、玳瑁、苏木、沉香等名贵珍稀物产也云集于此，这也可以间接地反映出苏州的富裕和奢靡之风。陆楫有云："今天下之财赋在吴越。吴俗之奢，莫盛于苏杭之民。有不耕寸土而口食膏粱，不操一杼而身衣文绣者，不知其几何也。盖俗奢而逐末者众也。……彼以粱肉奢，则耕者庖者分其利；彼以纨绮奢，则鬻者织者分其利。"① 吴越因富庶而奢靡，又因奢靡而"逐末"者众，也就是高消费反过来刺激、促进了商品经济，使更多的人有了就业机会，分享其利，经济得以良性循环。这个观点是非常深刻的。

以上几篇小说中写到的阊门和枫桥都是逢凶化吉的"福地"，故事最终都以喜剧结局，这与武林门相关的故事形成鲜明对比，很值得玩味。

（二）作品所及河漕名目

冯梦龙作品中故事发生的地理背景不仅与运河城市的闹市有关，而且其中许多细节名目也关涉河漕诸多方面。下面也择要加以阐述。

1. 白粮

《醒世恒言》的《张廷秀逃生救父》中，粮商王员外的大女儿、大女婿要谋害张家父子，大女儿献上一计：

> 赵昂满心欢喜，请问其策。那婆娘道："谁不晓得张权是个穷木匠，今骤然买了房子，开张大店，只你我便知道是老不死将银子买的。那些邻里如何知得，心下定然疑惑。如今老厌物要亲解白粮到京。乘他起身去后，拼几十两银子买嘱捕人，教强盗扳他同伙打劫，窝顿赃物在家。就拘邻里审时，料必实说，当初其实穷的，不知如何骤富。合了强盗的言语。"

后面又说道：

---

① 陆楫. 蒹葭堂杂著摘抄［M］//丛书集成初编. 北京：商务印书馆，1936：3.

> 且说王员外因田产广多，点了个白粮解户，欲要包与人去，恐不了事，只得亲往。①

其中所称"白粮""白粮解户"，正与明代漕运制度有关。所谓"白粮"，即白粳米，为江南五府所征、供宫廷和京师官员用的漕粮。"白粮解户"即负责解押白粮的粮户。明成化六年（1470）规定，征自苏、松、常、嘉、湖五府的白粳米（白粮）实行民运制。官府制造运船，每船佥点纳粮户五六名，多不过10名，运粮至京。明嘉靖元年（1522）又规定，民运白粮照兑运事例，每年的十月底征完，十二月底以前运至瓜洲，听攒运官催攒起程。正月内开船，限六月底前抵京完纳。明隆庆六年（1572）又补充规定，民运白粮每船可附带40石土宜，沿途钞关免其纳税。明万历九年（1581）进一步要求，每岁解京白粮，务要佥派殷实粮户、不许棍徒包揽。另外，对于民运粮船，可免带城砖。沿途如有积棍包揽解送、歇家科扰等弊，听巡视科道参究。可见解押白粮是有一些优惠政策的，"白粮解户"应该是一项好差使，所以对"白粮解户"的选择要求也高，必须是"殷实粮户"。

2. 坐舱钱

《警世通言》中，《苏知县罗衫再合》讲述了苏知县全家的悲欢离合故事。苏知县考中进士授任金华府兰溪县知县，前往赴任：

> 苏云同夫人郑氏，带了苏胜夫妻二人，伏事登途。到张家湾地方，苏胜禀道："此去是水路，该用船只，偶有顺便回头的官座，老爷坐去稳便。"苏知县道："甚好。"原来坐船有个规矩，但是顺便回家，不论客货私货，都装载得满满的，却去揽一位官人乘坐，借其名号，免他一路税课，不要那官人的船钱，反出几十两银子送他，为孝顺之礼，谓之坐舱钱。苏知县是个老实的人，何曾晓得怎样规矩，闻说不要他船钱，已自勾

---

① 魏同贤. 冯梦龙全集·醒世恒言 [M]. 南京：凤凰出版社，2007：400.

了,还想甚么坐舱钱。①

其中讲到的"坐舱钱",与明代的一项漕运制度有关。明制规定,官船可以免税免查,有官身和功名的人也可以免税。明末右佥都御史祁彪佳在日记里就记录有自己坐船南返,有商船三艘,载枣货与之并行,路过临清钞关,榷官即令其所有同行者一切商税均免。可见当时士大夫是有许多特权的。因此,船家就想方设法往官方背景上靠,甚至有伪造官员出行官衔牌蒙混过关的。为此,当时还诞生了一种船户,专门租用仕宦之家的船只载货牟利。《苏知县罗衫再合》中的罪犯徐能就是这样的船户:

> 仪真县有个做惯私商的人,姓徐,名能,在五坝上街居住。久揽山东王尚书府中一只大客船装载客人,南来北往,每年纳还船租银两。②

文中的徐能就是靠租用有着官身的王尚书家的私船,在运河上服务商贾,进而和王府分利。后来事发,徐能一伙被正法,苏公父子回乡省亲:

> 诸事已毕。下一日,行到山东临清,头站先到渡口驿,惊动了地方上一位乡宦,那人姓王,名贵,官拜一品尚书,告老在家。那徐能揽的山东王尚书船,正是他家。徐能盗情发了,操院拿人,闹动了仪真一县,王尚书的小夫人家属恐怕连累,都搬到山东,依老尚书居住。后来打听得苏御史审明,船虽尚书府水牌,止是租赁,王府并不知情。老尚书甚是感激……③

可见官府相护,出了事情也有办法撇清,在明代,官宦之家买条船还真是一条发财捷径。

---

① 魏同贤. 冯梦龙全集·警世通言 [M]. 南京:凤凰出版社,2007:135-136.
② 魏同贤. 冯梦龙全集·警世通言 [M]. 南京:凤凰出版社,2007:136.
③ 魏同贤. 冯梦龙全集·警世通言 [M]. 南京:凤凰出版社,2007:155-156.

3. 水脚银

《警世通言》中,《宋小官团圆破毡笠》讲到船户刘有才的起家:

> 那刘顺泉双名有才,积祖驾一只大船,揽载客货,往各省交卸。趁得好些水脚银两,一个十全的家业,团团都做在船上。①

这水脚银为支付民夫工钱的运费折银,其实只是各种"耗米"中的一项。明成化七年(1471)实行运军代替民运,由州县兑粮到京通交仓的"长运法"。随着漕运法的变化,粮户的纳粮负担大为加重。对纳粮户来说,沉重的负担还不是来自征收的漕项正粮,即正米正项,而是随之而来的各种正米耗项和杂项耗米,如沿途车船费用有"船钱米""水脚银""脚用米";助役补贴费用有"贴夫米""贴役米""加贴米""盘用米""使费银";铺垫装船费用有"芦席米""楞木银""铺垫银";还有防耗防湿费用"筛扬米""湿润米"等。在明文规定之外,还有名目繁多的漕项附加杂费和因漕务官吏贪索而增加的各种征敛,致使粮户需缴纳二石,甚至三四石粮食才能完纳一石正漕,粮户的实际负担超过漕粮正额的二倍到四倍,有的地方甚至多达五倍。纳粮成为有漕地区粮户的沉重经济负担。正所谓苛捐猛于虎,由此可见江南农民生活之艰辛。

三、冯梦龙作品中反映的河漕经济

冯梦龙的作品从多个侧面反映了明代河漕运行的情况,让人们可以看到一个动态的河漕面相,其中有关明代商品经济发展的现状也多有展现。

(一)河漕给沿河节点带来的经济繁荣

从京城以外大的城市来看,从北到南,唐代如洛阳、汴州、宋州、

---

① 魏同贤. 冯梦龙全集·警世通言 [M]. 南京:凤凰出版社,2007:301.

宿州、泗州、楚州、扬州、润州、常州、苏州、杭州、湖州、越州都是因大运河而兴盛起来城市，元明以后如通州、天津、临清、张秋、济宁、淮安、镇江、扬州、常州、无锡、苏州、杭州等，不下数十城，由此形成了一条以运河商路为依托，以沿运城镇为载体的商贸经济带。本文仅以江南小镇吴江盛泽为例说明运河经济影响之深入。

《醒世恒言》中的《施润泽滩阙遇友》讲述了明嘉靖年间，苏州府吴江县盛泽镇有个叫施复的小商人拾金不昧最后发迹的故事。其中有对盛泽镇的描写：

> 这苏州府吴江县，离城七十里，有个乡镇，地名盛泽，镇上居民稠广，土俗淳朴，俱以蚕桑为业。男女勤谨，络纬机杼之声，通宵彻夜。那市上两岸绸丝牙行，约有千百余家，远近村坊织成绸匹，俱到此上市。四方商贾来收买的，蜂攒蚁集，挨挤不开，路途无伫足之隙，乃出产锦绣之乡，积聚绫罗之地。江南养蚕所在甚多，惟此镇处最盛。①

据嘉靖《吴江县志》，明初朱元璋课民种桑，盛泽开始有村落，"居民止五六十家"，但是在冯梦龙笔下嘉靖年间的盛泽"市上两岸绸丝牙行，约有千百余家。"所谓牙行，是指在市场上为买卖双方说合、介绍交易，并抽取佣金的商行或中间商人。汉代称"驵会"，宋以后称为"牙行"，明代经营牙行者需有一定数量的资产，经官府批准并发给执业凭证和账簿。在一个小镇居然有牙行"千百余家"，可以想见商品交易之繁盛。而康熙《吴江县志》记载，盛泽在清初已是商贾远近辐辏，居民万有余家，蕃阜气象，诸镇指为第一。盛泽的兴起依靠的是得天独厚的丝绸生产和依托运河之便的商业贸易。而巨额的贸易，靠个人手工生产是无法满足需求的，因此，工场化的生产方式是商品发展的必然要求。施复本是一个个体生产业主：

---

① 魏同贤. 冯梦龙全集·醒世恒言［M］. 南京：凤凰出版社，2007：352.

> 夫妻两口，别无男女。家中开张绸机，每年养几筐蚕儿，妻络夫织，甚好过活。这镇上都是温饱之家，织下绸匹，必积至十来匹，最少也有五六匹，方才上市。那大户人家，积得多的，便不上市，都是牙行引客商上门来买。施复是个小户儿，本钱少，织得三四匹，便去上市出脱。①

而当资金积累到一定数量后就可以雇工扩大生产：

> 那施复一来蚕种拣得好，二来有些时运。凡养的蚕，并无一个绵茧。缲下丝来，细员匀紧，洁净光莹，再没一根粗节不匀的。每筐蚕，又比别家分外多缲出许多丝来。照常织下的绸，拿上市去，人看时，光彩润泽，都增价竞买，比往常每匹平添许多银子。因有这些顺溜，几年间，就增上三四张绸机，家中颇颇饶裕。里中遂庆个号儿，叫做施润泽。②

这三四张绸机，夫妻俩必定是忙不过来的，一定会雇佣机匠。

> 夫妻依旧省吃俭用，昼夜营运，不上十年，就长有数千金家事。又买了左近一所大房居住，开起三四十张绸机，又讨儿房家人小厮，把个家业收拾得十分完美。③

靠着一点点的资金积累，施复的产业如滚雪球一般越做越大。可以说，施复发家的故事映射了盛泽乃至整个江南运河城镇手工业和商业发展的基本历程。

（二）一般商人经商的基本方法

有了运河交通的便利，商品的流通就有了良好的条件，但若要不断增殖，还需要有敏锐的信息感知能力。在古代社会，信息相对闭塞，商品贩卖基本上靠的是信息不对称，充分掌握信息，准确判断其价值就是

---

① 魏同贤. 冯梦龙全集·醒世恒言 [M]. 南京：凤凰出版社，2007：353.
② 魏同贤. 冯梦龙全集·醒世恒言 [M]. 南京：凤凰出版社，2007：356.
③ 魏同贤. 冯梦龙全集·醒世恒言 [M]. 南京：凤凰出版社，2007：364.

一个成功商人的获利奥秘。

《醒世恒言》的《徐老仆义愤成家》中，老仆阿寄虽没有什么文化，却有灵敏的商业嗅觉：

> 再说阿寄离了家中，一路思想："做甚生理便好?"忽地转着道："闻得贩漆这项道路，颇有利息，况又在近处，何不去试他一试?"定了主意，一径直至庆云山中。元来采漆之处，原有个牙行，阿寄就行家住下。那贩漆的客人，却也甚多，都是挨次儿打发。阿寄想道："若慢慢的挨去，可不担搁了日子，又费去盘缠。"心生一计，捉个空，扯主人家到一村店中，买三杯请他，说道："我是个小贩子，本钱短少，守日子不起的，望主人家看乡里分上，怎地设法先打发我去。那一次来，大大再整个东道请你"。也是数合当然，那主人家却正撞着是个贪杯的，吃了他的软口汤，不好回得，一口应承。
>
> ……
>
> 那阿寄发利市，就得了便宜，好不喜欢。教脚夫挑出新安江口，又想道："杭州离此不远，定卖不起价钱。"遂雇船直到苏州。正遇在缺漆之时，见他的货到，犹如宝贝一般，不勾三日，卖个干净。一色都是见银，并无一毫赊帐。除去盘缠使用，足足赚个对合有余。①

这是阿寄的第一笔生意，首先，他凭借灵敏的商业嗅觉判断贩漆能赚钱；其次，他知道时机对于生意的决定作用，所以尽可能抓住先机，充分节约时间成本，误了时间可能会一无所获；再次，善于处理人际关系，做好人际公关，请人喝酒吃饭这一招至今屡试不爽；最后，充分认知供货的不对称性，货物在产地一般要比在用货地廉价。阿寄靠这四招做成了第一笔生意，接着他又充分利用时间成本和交通成本，乘胜

---

① 魏同贤. 冯梦龙全集·醒世恒言 [M]. 南京：凤凰出版社，2007：782-783.

追击：

> 又想道："我今空身回去，须是趁船，这银两在身边，反担干系，何不再贩些别样货去，多少寻些利息也好。"打听得枫桥籼米到得甚多，登时落了几分价钱，乃道："这贩米生意，量来必不吃亏。"遂籴了六十多担籼米，载到杭州出脱。那时乃七月中旬，杭州有一个月不下雨，稻苗都干坏了，米价腾涌。阿寄这载米，又值在巧里，每一挑长了二钱，又赚十多两银子。自言自语道："且喜做来生意，颇颇顺溜，想是我三娘福分到了。"却又想道："既在此间，怎不去问问漆价？若与苏州相去不远，也省好些盘缠。"细细访问时，比苏州反胜。你道为何？元来贩漆的，都道杭州路近价贱，俱往远处去了，杭州到时常短缺。常言道："货无大小，缺者便贵。"故此，比别处反胜。①

在这里阿寄又充分利用当时信息传播滞后的不对称优势，不仅把苏州枫桥比较便宜的籼米贩到"稻苗都干坏了，米价腾涌"的杭州，赚了大钱；又从杭州了解到由于商人的从众思维反而造成漆的供货比远处短缺，故又马上去庆云山贩漆到杭州，又赚一笔钱。可见其资金周转之快、利用率之高，如此经商不富也难。这首战告捷之后，阿寄又如法炮制，扩大范围到更远的地方大展拳脚：

> 阿寄此番，不在苏、杭发卖，径到兴化地方，利息比这两处又好。卖完了货，打听得那边米价一两三担，斗斛又大。想起："杭州见今荒歉，前次籴客贩的去，尚赚了钱，今在出处贩去，怕不有一两个对合。"遂装上一大载米至杭州，准备粜了一两二钱一石，斗斛上多来，恰好顶着船钱使用。那时到山中收漆，便是大客人了。主人家好不奉承。一来是颜氏命中合

---

① 魏同贤. 冯梦龙全集·醒世恒言 [M]. 南京：凤凰出版社，2007：783.

该造化，二来也亏阿寄经营伶俐，凡贩的货物，定获厚利。一连做了几帐，长有二千余金。①

可以说，阿寄的经商之道也是江南运河商人的一个基本写照。大运河不仅提供了优越的商品经济土壤，也培育了一代代商业奇才。

（三）苏南的大宗商品除了稻米丝绸还有棉布

从元代开始，苏南地区就已经是棉花和棉布的生产基地。明朝建立以后，朱元璋就下令："凡民田五亩至十亩者，栽桑、麻、木棉各半亩，十亩以上倍之。"② 积极推广棉花种植。自明中期以后，在常、苏两府的江阴、常熟、太仓、昆山、嘉定等县，棉花种植面积就已非常可观。太仓州"地宜稻者十之六七，皆弃稻种花"③，而嘉定县更是种稻之田只有十分之一，"其民独托命于木棉"④。专业化植棉规模促进了当地棉纺织业的发展，无论是在棉区还是非棉区，农家多以纺花织布为业。如在棉区的嘉定，据万历《嘉定县志》载："邑之民业，首藉棉布。纺织之勤，比户相属。"⑤

《警世通言》中，《吕大郎还金完骨肉》讲述了无锡吕玉善有善报的故事，其中就写到吕玉丢失儿子后一边经商一边找寻儿子：

> 吕玉娶妻王氏……王氏生下一个孩子，小名喜儿，方才六岁，跟邻舍家儿童出去看神会。夜晚不回。夫妻两个烦恼，出了一张招子，街坊上，叫了数日，全无影响。吕玉气闷，在家里坐不过，向大户家借了几两本钱，往太仓嘉定一路，收些绵花布匹，各处贩卖，就便访问儿子消息。每年正二月出门，到八九月回家，又收新货。走了四个年头，虽然趁些利息，眼见

---

① 魏同贤. 冯梦龙全集·醒世恒言 [M]. 南京：凤凰出版社，2007：785.
② 明史·食货二 [M]. 北京：中华书局，1974：1894.
③ （崇祯）《太仓州志》卷十五《灾祥》，明崇祯二年（1629）刻本.
④ 顾炎武. 天下郡国利病书·苏松备录//顾炎武全集（13）[M]. 上海：上海古籍出版社，2011：586.
⑤ （万历）《嘉定县志》卷六《物产》，明万历三十三年（1605）刻本.

得儿子没有寻处了。日久心慢,也不在话下。

到第五个年头,吕玉别了王氏,又去做经纪。何期中途遇了个大本钱的布商,谈论之间,知道吕玉买卖中通透,拉他同往山西脱货。①

作品中的吕玉没有经过多少谋划,一下手就是做棉花布匹生意,可见这在当时已是非常普遍的生意门路,收货的地方正是棉花布匹的生产中心"太仓嘉定一路"。吕玉不过是个初次做生意的小商人,他遇到的有大本钱的布商就将生意做到了北方山西。可见棉布的销路主要是北方地区。而《宋小官团圆破毡笠》里的宋金交了好运以后,在回故里寻亲的途中也是不忘贩布挣钱:

再说宋金住在南京一年零八个月,把家业挣得十全了,却教管家看守门墙,自己带了三千两银子,领了四个家人,两个美童,顾了一只航船,迤至昆山来访刘翁刘妪。邻舍人家说道:"三日前往仪真去了。"宋金将银两贩了布匹,转至仪真,下个有名的主家上货了毕。②

可见贩布当为不错的买卖。而《张廷秀逃生救父》中的张权所开店铺做的也是售布生意,其儿张文秀遇难被救遇到的贵人也是布商:

且说河南府有一人,唤做褚卫,年纪六十已外,平昔好善,夫妻二人吃着一口长斋,并无儿女,专在江南贩布营生。一日正装着一大船布匹,出了镇江,望河南进发。③

可见自从宋代棉花传植中国,又经元代松江黄道婆从海南把纺织棉布的技术改进提升后带回家乡,棉布就作为百姓的日常衣料取麻布而代之。

---

① 魏同贤. 冯梦龙全集·警世通言 [M]. 南京: 凤凰出版社, 2007: 57.
② 魏同贤. 冯梦龙全集·警世通言 [M]. 南京: 凤凰出版社, 2007: 316.
③ 魏同贤. 冯梦龙全集·醒世恒言 [M]. 南京: 凤凰出版社, 2007: 417.

从明代开始，由于苏南人口的迅速增长，以及桑、棉等经济作物的大规模种植，稻米生产已经有所不足。宋代"苏湖熟，天下足"的农谚到了明代中后期已经变成了"湖广熟，天下足"，苏南地区甚至要靠湖广等地输入粮食。正是在这样的背景下，明清之际苏州的枫桥也就逐步成为江南最大的米市。而桑、棉等经济作物种植面积的扩大，也进一步带动了苏南手工业和商品经济的发展，富余的农村劳动力可以转化为城镇手工业、商业的人力资源。从整体上看，苏南地区的农业、手工业和商业有此消彼长的变化，这使得苏南地区的城商经济空前发展。苏南棉布的主要产地是嘉定和常熟，向有"嘉定布"与"常熟布"之称，其销路大部分是通过运河北销。有人估计，明代后期，松江、嘉定、常熟三地的棉布上市量不下 3 000 万匹，而通过运河北销的棉布至少有 2 000 万至 2 500 万匹。苏南棉布生意发达，但本地产棉不足，这就需要到河北、山东等主要产棉区收购棉花，这就大大活跃了南北经济贸易的流转，繁荣了南北的城商经济。

本文通过阅读和勾稽冯梦龙作品有关河漕内容的一些细节，并与大运河文献史料进行比勘，力求还原、再现明代河漕文化的诸多侧面，呈现出大运河对于中国社会巨大影响之万一。以上三个方面的诠述多有不足，以期方家不吝指正。

（马亚中，苏州大学文学院教授、博士生导师）

冯梦龙文学与大运河

陶建平

一、明代文学家冯梦龙

冯梦龙是明朝南直隶苏州府长洲县（今江苏苏州）人，是著名的文学家、思想家、戏曲家。明崇祯七年（1634），冯梦龙担任福建寿宁知县；崇祯十一年（1638），他任满致仕回乡从事著述；晚年奔走于反清大业。冯梦龙家里有很多藏书，他也撰写了很多白话短篇小说，其中所辑话本《喻世明言》（又名《古今小说》）、《警世通言》、《醒世恒言》合称"三言"，是中国白话短篇小说的经典作品。他对小说、戏曲、民歌、笑话等通俗文学的创作、搜集、整理、编辑，为中国文学事业作出了独特的贡献。

苏州作为冯梦龙的故乡，在传承和弘扬冯梦龙文化方面推出了一系列举措。如2012年10月19日，苏州市冯梦龙研究会成立。2014年11月15日，冯梦龙村挂牌仪式在新巷村举行，并举办了冯梦龙诞生440周年纪念活动。2015年9月25日，相城区委、区政府，黄埭镇党委、政府宣布在冯梦龙村举办首届冯梦龙文化旅游节，并举行电影《冯梦龙传奇》开机仪式等。

二、苏州望亭与大运河的历史渊源

公元前495年，吴王夫差为与楚国抗衡，下令人工开凿自苏州望亭镇经无锡到常州奔牛镇的水运航道，这段航道成为京杭大运河"第一锹土"的开挖之地。望亭也开启了与运河相依共生的历史。后隋、元两朝对其进行维修、扩建，最后形成了纵贯南北的长达1 700余千米的京杭大运河。京杭大运河众航段中，年代最早、贸易最盛的一段是从镇江到杭州的江南运河，而其中最繁华的当属苏州段。大运河苏州段的起点，就是被誉为"运河吴门第一镇"的望亭。望亭虽然不大，却也拥有近2 000年的历史，一直深受帝王将相和历代文人墨客的喜爱。传说吴王阖闾曾在这里修建过一个观赏山水和休闲游玩的"长洲苑"；吴主孙坚曾在这里修建过一座临水御亭；白居易曾用"灯火穿村市，笙歌上驿楼"来描绘它的繁华盛景；冯梦龙笔下，很多人在望亭登场并演绎悲欢离合的故事。这一切都是因为那条波光粼粼的大运河。为了有效控制运河积蓄下的水源并有效保证运河漕运上的船只顺利通航，隋唐时期在运河上陆续扩建、修筑了不少堰和多座水闸，其中就包括望亭堰。望亭成为水上交通枢纽的同时，也成为江南重要的交通驿站，成为扼守苏州西北角的门户、出入苏州的必经之路。

2019年5月，位于大运河畔的"吴门望亭运河公园"正式建成并对外开放。望亭运河公园集文化遗产保护、文化艺术研究、生态旅游、特色党建等多项功能于一体，是苏州"运河十景"之一。苏州根据望亭的历史文脉重新修复了清代御亭、古问渡桥、望亭驿等多处历史文化遗存，并新建了望运阁、运河百诗碑廊、石码头牌楼、文化遗产展示馆等建筑，使这里成为"吴门文化新地标"。望亭镇的经济发生了翻天覆地的变化，老百姓也从运河发展中得到实惠。

为加快大运河文化建设，望亭镇推出了"稻香小夜曲"文旅夜经济品牌，运河畔的夜市"望运集"也瞬间成为爆款，全国各地游客纷至沓来。此外，运河百诗碑廊内集中展示了百余幅运河沿线城市的书法碑刻，生动描绘了运河风物，彰显了运河古今之美。大运河文体馆也正在建设中，规划有运河文化展示馆、游泳馆、健身中心等，建成以后望亭又多了一个地标性建筑，望亭居民的文化、体育生活也将进一步丰富。此外，望亭镇利用资源优势，围绕乡镇特色蔬菜、水稻生态和千亩林果园建设，打造稻田旅游及果品采摘旅游。其中，北太湖旅游风景区全面有效整合了太湖、大运河等优势旅游资源，建设完善了长洲苑湿地公园、稻香公园、果品公园、游客服务中心等各类特色旅游服务载体群，以及主题休闲街区、咖啡馆、民宿等各类特色旅游配套设施，成为大运河文化旅游的"打卡地"并跻身"网红"景点之列，年累计接待中外游客超 300 万人次。

望亭将联合相城区创建省级全域旅游示范区，并以此为契机，做大做强大运河文化旅游品牌，实现农文旅深度融合，推动望亭大运河文化产业发展。只有充分发掘历史文化底蕴，才能更好地发展运河古镇。望亭将继续从文化、生态、经济等多角度入手，保护、传承、发展、利用好运河资源，让大运河与望亭共生共荣、绵延流长。

三、冯梦龙文学与大运河的交集

冯梦龙"三言"中所写到的明代故事很多都与大运河有关。在这些故事中，人们的出行和活动基本都是走水路，大运河作为南北交通通道在其中发挥了重要作用，并对沿岸人们生活产生了重要影响。

在《喻世明言》的《沈小霞相会出师表》中，沈小霞从山西大同把父母和弟弟的灵柩运回故乡绍兴安葬，便是"先奉灵柩到张家湾，觅船装载"，然后再进入运河，之后一路南下，"到了浙江绍兴府……将丧船停泊马头"[1]。从这篇明代故事中我们可以了解到当时运河已成了沟通南北的重要通道。靠近或者临近运河的人们，无论大事小情，只要涉及出行，一般都会把运河当作首要选择。

《醒世恒言》的《刘小官雌雄兄弟》中，刘德在运河之旁的河西务镇上开旅店，其后刘奇、刘方在此开布店，他们是坐商；《钱秀才错占凤凰俦》中的高赞"少年惯走湖广，贩卖粮食。后来家道殷实了，开起两个解库，托着四个伙计掌管，自己只在家中受用"[2]，他是先做行商，后转为坐商。他们赚取利润的最重要方式就是长途贩运，在这些临

---

[1] 冯梦龙. 喻世明言［M］. 北京：华文出版社，2019：551.
[2] 魏同贤. 冯梦龙全集·醒世恒言［M］. 南京：凤凰出版社，2007：125.

近运河的城市或市镇中经商出行,他们首选的出行方式自然就是运河。

"三言"明代故事中所写到的读书人,出仕者无论是官还是吏都要宦游四方,对于那些大多数生活在运河岸边的成为官吏的读书人来说,运河为他们的宦游四方提供了很大的便利。此外,这些人的个人生活,如公干、回家、游玩、探亲、婚嫁等,也都与运河有关。

我们可以把冯梦龙文学和大运河文化紧密结合,对冯梦龙个人活动及其小说、山歌、诗文等文学作品进行深入研究挖掘。把运河文化发展作为当地政府重点工作。可以考虑在相应文化展示带中恢复冯梦龙小说故事中具有文化意义的景物。根据冯梦龙小说对明代商业生态的描述,在望亭镇建设明代风格的商业街区,展示冯梦龙运河小说故事场景。

黄埭、望亭是相城区主要出产江南稻米的地方,在挖掘运河文化的同时有必要重新认识江南文化的根,结合"稻香小镇"打造建设稻作文化博物馆,推动冯梦龙研究和大运河经济、文化、旅游研究的创造性和创新性发展。

(陶建平,苏州市冯梦龙研究会副会长)

弘扬冯梦龙民本思想
为乡村振兴提供路径和思想保障

乐建新

冯梦龙虽直至花甲才担任知县,且任期只有短短四年,但他凭借卓越的才干和高尚的人品在百姓中留下了美名。在实施乡村振兴战略的当下,传承冯梦龙民本思想,把为民服务、为民谋利放在第一位,成为实现乡村振兴的思想保障之一。

从冯梦龙的作品中,可以时时发现以民为本的政德思想。在《智囊》中,他通过古今之治的故事和智慧,讲述德本思想;在"三言"中,他第一次把以手工业者、小贩、小商人及其妻女为主的城市平民作为正面人物写入作品,并通过对市井生活、社会经济、爱恨情仇的描写,体现以人为本、尊重民生的德本思想。冯梦龙以情演法的"情教说",使他虽无显赫的政治地位,却能矗立在时代思想的文化高地和政德高地。

一、冯梦龙在寿宁以民为本的具体实践

冯梦龙晚年任福建寿宁知县。习近平总书记多次在不同场合肯定冯梦龙,称赞他为官清廉、关心民生、深入调研、因地制宜。

冯梦龙的科举道路十分坎坷,屡试不中,乡里多次推举他孝廉、有道及博学宏词,却都被有势力者夺去。所以,当他 57 岁出任丹徒县学训导,尤其是 61 岁出任寿宁知县①终于有了德政实践的机会时,便将"升沉明晦"的官宦前途抛开,满腔热忱专心理政,真心为百姓做事,

---

① 魏同贤. 冯梦龙全集·冯梦龙年谱 [M]. 南京:凤凰出版社,2007:38,42.

开创了情法相宜的政德实践。其政绩被后人评价为"政简刑清,首尚文学,遇民以恩,待士有礼"。

儒家的人生理想,最高莫过于立功、立德、立言"三不朽"。冯梦龙的一生主要从事创作,存留于世三千万字,当然足以"立言"。而他四年县令的"立德""立功",也可圈可点。孔子最早明确把"德"和"政"联系在一起,形成"仁者爱人"的德政思想。孔子的"仁政"和孟子的"民本"思想,王阳明的"致良知"和李贽的"童心说",都深深地影响着冯梦龙。王阳明认为,天下最要紧的是读书做一个圣贤的人,这一思想对冯梦龙的影响很大。冯梦龙为官,以民为本,以仁施政,公正、勤政、廉政而且善政,体现出浓厚的爱民情怀。教化有方、理讼有法与富民有道,是古代评判循吏的三大标准。在情与法、教化与理讼关系的处理上,冯梦龙寻求着情与法的调和相济,探寻着循吏的是非标准和执法智慧。

1. "一念为民之心"的执政思想

冯梦龙胸怀匡时济世之志,以孔子的"仁政"和孟子的"民为贵"思想作为执政原则,以"循吏"的标准严格要求自己,为官不为金钱权力,只为实现自己的政治抱负,立志要将以民为本的吏治思想付诸实践,"一念为民之心,惟天可鉴"①。在寿宁任职期间,他跋山涉水不辞劳苦,深入调研为百姓排忧解难。在了解了"寿邑之贫"和"寿民之艰"后,立即着手改革吏治,整顿民风,"险其走集,可使无寇;宽其赋役,可使无饥;省其谳牍,可使无讼"②;为防止吏胥胡作非为、扰民肥己,冯梦龙想方设法解决寿宁百姓解送公粮和官员送旧迎新的两大"里役";甚至亲自踏勘、指导田地开垦和水利建设,"凿石为田,高高下下,稍有沙土,无不立禾","田滋于水,水脉通塞,而田之肥瘠随之"③。在他以勤补缺,以慈辅严,以廉代匮,做一分亦是一分功业,

---

① 冯梦龙. 寿宁待志 [M]. 陈煜奎,校点. 福州:福建人民出版社,1983:115.
② 冯梦龙. 寿宁待志 [M]. 陈煜奎,校点. 福州:福建人民出版社,1983:88.
③ 冯梦龙. 寿宁待志 [M]. 陈煜奎,校点. 福州:福建人民出版社,1983:15.

宽一分亦是一分恩惠的为政思想下，一念为民，造福一方。

2. "不求名而求实"的办事作风

冯梦龙出任寿宁知县时的明朝，贪腐成风。他没有随波逐流，而是为民请命，简政轻赋；为民解难，修筑城隍，除虎防盗；为民化讼，遇民以恩，灵活判案，使得县狱时时尽空，不烦狱卒报平安；发布《禁溺女告示》，解决寿宁的典妻和溺女恶俗。他还运用古今各种智谋化解纠纷难题，便有了著名的"犀溪断牛案"。"三言"中，苏州知府况钟"况青天"体察民情，昭雪奇冤，赢得万民称颂，这也成为冯梦龙为民办实事的寄托。此外，针对各种弊端，他还在《寿宁待志》中提出了十三款具体条陈，以利后人。

3. "老梅标冷趣"的品格操守

冯梦龙以诗言志，在《戴清亭》一诗中以"老梅标冷趣，我与尔同清"表明自己做一个清官良吏的决心。为减轻乡民重负，上书提议免去官员迎新送往的旧规，不但不受贿索贿，甚至还多次慷慨捐俸。如当地百姓信巫不信医，为改变此风气，冯梦龙捐俸买药为百姓治病，赢得百姓爱戴。

4. "兴学立教"的教化理念

冯梦龙善用智谋化解各种纠纷，采取"兴学立教"等多种措施，以实现"无讼"的德治理念。他注重教化，坚持"磨世砥俗，必章劝诫"，彰扬忠孝节义，训诫恶棍霸徒，从正、反两方面来垂范、警醒、教化世人，留下了连习近平总书记都为之点赞的德政。寿宁虽有学校但读书者少，于是他将自己的著作《四书指月》发给诸生，并亲自讲解，使读书人欣欣然渐有进取之志。

二、学习冯梦龙工作作风，为乡村振兴提供路径支持

在寿宁任期中，冯梦龙一心为百姓着想，遇民以恩，待士有礼。纵观冯梦龙的德政思想和实践，我们可以总结为"重民方有德本，爱民

而行德政"：因为"重民"，才能以民为本，勇于担当、不惧劳苦、不畏挫折；因为"爱民"，才能善施德政，从不贪墨、脚踏实地、乐于奉献。这些务实精神和工作措施，即使在今天，对我们仍然有很多启示。冯梦龙的德政之道，有调研，从而精准施行德政；有措施，从而有效施行德政；有法制，从而保障施行德政；有教化，从而从源头、从内心更好地施行德政。值得今天的我们全面学习、深刻领会。

1. 深入调研，勤勉不辍，精准施行德政

冯梦龙推崇王阳明"致良知""知行合一"等哲学思想，他的醒世思想受到王阳明救世思想的深刻影响，他在"三言"中通过塑造贤明的清官形象来寄托自己的吏治思想，如在《况太守断死孩儿》中塑造了明代苏州知府况钟"况青天"的形象，盛赞况钟体察民情，为百姓昭雪奇冤，赢得万民称颂。冯梦龙秉持"一念为民之心"的施政态度，"不求名而求实"的务实之风，每事深入实际调查研究，从而有的放矢提出解决问题的办法。他不顾年事已高、车马劳顿，跋山涉水，走遍全县调研了解寿宁的基本状况，因地制宜拿出"险其走集，可使无寇；宽其赋役，可使无饥；省其谳牍，可使无讼"的治县方略，募集银两，动员民众凿山石、立谯楼、修城墙、筑关隘，训练民兵，加强武备。当发现县库无余财时，便查看家册了解寿邑之贫，然后着手改革吏治，整顿民风；为绝虎患，亲力亲为，寻找捕虎能人，捐出俸禄，半年后连毙三虎；为解决百姓饮水和灌溉问题，他在城边溪中筑堤建坝，引流入城，泽及后人；为了兴农，他亲自写下耕田、治水、施肥、育种的指导性"衙规"，"凿石为田，高高下下，稍有沙土，无不立禾"，三年便使原先已"一空如扫"的县仓"储俱见谷"。

这种实事求是、注重调研、对症下药的勤政善政，还体现在改革吏治、减轻徭役、教化民风、革除弊端等方面。冯梦龙把对现实的忧患意识和对理想的实现路径详细记载在《寿宁待志》中，这部五万余字的自传性县志别具一格，不名为"县志"而称为"待志"，乃是他意识到自己的看法难免有局限性，"一日有一日之闻见，吾以待其时；一人有一人之才识，吾以待其人"，期待后人能够继续补充完善，所以宁愿"逊焉而待"①。正因为有这种谦虚务实的君子之风，才能从不满足于坐堂问政理事，而是脚踏实地解决问题。在"政简刑清，首尚文学，遇民以恩，待士有礼"的德政之下，寿宁成为"超于五十七邑之殿最"，实现了闽地名士徐𤊹在《寿宁冯父母诗序》中所赞誉的"政平讼理"②。

2. 精简开支，减轻徭役，有效施行德政

当时的县令，除了理政断案，还要征收赋税。寿宁全县11 900余人，而赋税总共只有4 800两银子，其中还要押送税银上缴1 600多两，地瘠民穷。而朝廷因内忧外患，开支巨大，不断以各种名目增收赋税。冯梦龙深感"寿民之艰"。他在《寿宁待志》中真实记录了朝廷横征暴敛造成的几大恶果：一是人口大量外逃，负担更为不均；二是地方财政空虚，无力为民办事；三是百姓生活困苦，甚至出现典妻、卖子现象。对这些社会疾苦，冯梦龙在《催征》小诗中慨叹，既"不能天雨粟"，又"聚敛非吾术"，祈盼"安得烽烟息，敷天颂圣恩"③，所以决意将增加赋税后给百姓带来的沉重负担向上申述，历数其弊，希望上级能"稍垂怜于万一"，以解"寿民之苦"。

在减轻徭役的同时，他以勤补缺，以慈辅严，以廉代匮，坚信"做一分亦是一分功业，宽一分亦是一分恩惠"，提倡简政轻赋，"遇民以恩"。《寿宁待志》记载了他解决寿宁"造解黄册"之弊的过程：每十年大造一次黄册，每造一次就得重新登记丁口和田粮，事情繁复且花费巨大，弄得县衙"宦债未清，屡见讼牍"，穷苦百姓"典妻卖子，犹不能偿"④，所以上书条陈，希望能勒石为定，将之作为成规保留下去。他自己上任时低调赴任，节省开支；在任时不仅没有假公济私，反而常

---

① 冯梦龙. 寿宁待志［M］. 陈煜奎，校点. 福州：福建人民出版社，1983：前言.
② 高洪钧. 冯梦龙集笺注［M］. 天津：天津古籍出版社，2006：6.
③ 《催征》小诗全文：不能天雨粟，未免吏呼门。聚敛非吾术，忧时奉天尊。带青刍早稻，垂白鬻孤孙。安得烽烟息，敷天颂圣恩。参见高洪钧. 冯梦龙集笺注［M］. 天津：天津古籍出版社，2006：219.
④ 高洪钧. 冯梦龙集笺注［M］. 天津：天津古籍出版社，2006：68.

常捐出自己的薪俸为民做好事：重修城门，重修学宫，捐俸施药，捐资兴修关圣庙；甚至离任时惦记着县学没有修复完善，又捐银维修……

苏州相城区围绕冯梦龙为官、为民、为文的事迹，深入挖掘冯梦龙文化的当代价值，先后开展了冯梦龙廉政文化"六进"、"阳澄清波"党风廉政宣教月等系列活动。冯梦龙村以打造全国廉政文化教育示范基地为契机，围绕农业提质增效目标，从产业融合发展、农田基础设施建设、农田环境保护及土地整治与综合利用等方面进行规划设计，打造以生态绿色农业为基础、以科技创新为支撑、以文化传承与创意为纽带、以江南水乡为特色、以农村一二三产业融合发展为目标的乡村振兴示范引领项目，完善发展详细规划，科学优化产业布局，将冯梦龙文化元素融入田园风貌、布局形态、功能设施、产业发展等各个方面，加快发展文化、生态、休闲、观光与农业的融合业态，成为全国闻名的特色田园乡村。

3. 整肃吏治，杜绝冤纵，保障施行德政

冯梦龙大力倡导"无讼"理念，杜绝官府暗箱操作的机会，挤压"讼棍"存在的空间，防止百姓在走投无路的情况下铤而走险，维护社会的安定。其实，在"三言"中，冯梦龙揭露了诸多司法腐败的现象，如《喻世明言》的《滕大尹鬼断家私》中醉心名利、见财起意的县令滕大尹。冯梦龙认为，要杜绝这种官员的贪腐，就要从源头上减少案件的发生率，希望"讼庭何日能生草，俗吏有时亦看山"。这个理念即使在今天，对提升人民群众法治文化素养、推进国家治理体系和治理能力现代化仍有借鉴意义。

明崇祯年间已处"末世"，上下勾连，贪腐成风，弊端百出。冯梦龙对时弊洞察入微，认为最为害民者，就是吏、役、官亲、官仆这四种怙势作威的人，因此对身边的吏役察得实、管得紧、戒得严；到任次年起便着手改革吏治、明断讼案、简政清刑。他建"戴清亭"激励自己以戴镗为榜样，做个清正廉洁、务实为民的好官；揭露弄虚作假虚报耕地的"升科"、名为蠲免钱粮实际寅吃卯粮弄得府库空虚的虚假"恩典"、账上有粮库无存粮的虚假"积贮",提出改革解送公粮和官员送旧迎新等"里役",能清晰感受其致力德政、勉励改革,为民请愿、为民造福的情怀。

冯梦龙到任后经过调查研究,对当地的民风社情有了比较深刻的理解,认为只要县官能秉公断案,实现"政简刑清"的目标并不困难。他发现寿宁县无仵作,需到外县迎请,不仅花费大量银两,还有可能弄虚作假,于是提出"省其谳牍,可使无讼"等主张,并注重现场调查取证,灵活判案,"政简刑清",使得牢狱"时时尽空,不烦狱卒报平安也"。但对因伪造契约难以鉴定、"县无仵作"等原因造成的寿宁百姓打官司难,仍有"怨抑不伸者"的情况,冯梦龙也不粉饰太平,在《寿宁待志》中也如实记录。能如此坦诚,不求表面政绩,更不计个人名声,正是真心为民的德政表现。

冯梦龙的很多作品具有劝诫及警示意义。除了那些刚性的法治措施,冯梦龙作品里还有很多体察民情而行法治的德政思想。

一是体察民情的原情断案。断狱不但要明察案情,还要体察民情而行法治。孔子弟子曾子称:"上失其道,民散久矣。如得其情,则哀矜而勿喜。""哀矜折狱"、"春秋折狱"、"原情"论罪等中国传统法学思想,在宋明司法实践中得到广泛运用。明代余懋学收集历代循吏断狱案例的谳学著作《仁狱类编》卷三《原情》,就是考察犯罪的原因,力求能够"如其情",也就是对犯罪原因的客观真实合理的分析与判断,能依据情理来裁判断案,减少民众的冤情。冯梦龙在《情史·情贞·王世名妻》中,用哀矜同情的心态记载了"王世名为父复仇案";在《警世通言》的《况太守断死孩儿》中,对寡妇邵氏失节之事,况钟的判词仅用"一念之差""死有余愧"轻责,主要判定支助奸邪贪婪,死罪难逃,不仅表现出况钟的明察秋毫,而且反映出对逾越礼法却率性自然的情恋的包容;在《醒世恒言》的《乔太守乱点鸳鸯谱》中,"弟代姊嫁，姑伴嫂眠。爱女爱子，情在理中……我官府权为月老"①，乔太守一道判词成全了三对有情人。

二是体察人情的司法智慧。冯梦龙十分推崇自古以来循吏们的司法技巧与智慧，而这些往往来自于对人情的深刻认识。《智囊·察智部·总序》："吏治其最显者，'得情'而天下无冤民，'诘奸'而天下无戮民，夫是之谓精察。"② 如《智囊·察智部·诘奸》的《子产　严遵》中，子产通过观察妇人哭声判断奸情；《智囊·察智部·得情》的《杨评事》中，杨评事细审案情，凭借凶手张潮"叩门便叫三娘子"判断他"定知房内无夫"③，判断是他杀害赵三。冯梦龙将古代循吏断案故事归类总结，对他自己的公正判案是有极大借鉴意义的。

人世间种种的故事，五花八门，但起因不外乎家庭、友情，抑或欲念、贪婪。中国是一个以家庭为中心、以孩子为核心的社会，家国一体，大国小家。但资本主义经济发展带来的冲击，使越来越多的人开始弃文经商、离家远行。长年经商在外，会给原来的生活模式带来不小的冲击，首当其冲的就是家庭婚姻关系。当时的商贾，很多都是长途贩运者。分别日久，在外寂寞，就容易发生情变，繁华市镇上的众多酒肆歌楼更容易催生婚变。如《蒋兴哥重会珍珠衫》中的三巧儿，《吕大郎还金完骨肉》中的吕玉，虽然夫妻情深，但单身日久还是发生了出轨的事情。这在很大程度上与明代中后期人们开始摆脱传统思想的牢笼，倡求"目极世间之色，耳极世间之声，身极世间之鲜""极声妓之乐"的感官享受的社会思潮遥相呼应，也与商业经济冲击有关。

"无讼"思想是儒家"和为贵"等中庸思想在法治领域的重要体现，在中国法治发展史上产生过巨大的影响。冯梦龙认为诉讼并非无所不能，甚至是万不得已的一种选择。在国家治理方面，"法治"是"德治"的补充，只有"德治"才能真正约束自我，因此他强调人与人之

---

① 魏同贤. 冯梦龙全集·醒世恒言 [M]. 南京：凤凰出版社，2007：168.
② 魏同贤. 冯梦龙全集·智囊 [M]. 南京：凤凰出版社，2007：241.
③ 魏同贤. 冯梦龙全集·智囊 [M]. 南京：凤凰出版社，2007：250.

间的和谐相处，要将天理、国法、人情融为一体，倡导和而无讼，促进邻里和睦。在《智囊·上智部·通简》的《龚遂》中，冯梦龙认为为官者要真心为民，施政及民，"化有事为无事，化大事为小事"①，努力为百姓做一点实事，为朝廷安民。

在世界正处于百年未有之大变局的当下，我们要统筹发展和安全，坚持公平正义，推进民主法治，提高社会治理现代化水平，建设更高水平的善治之城，就应从冯梦龙文化中汲取智慧，促进市民文明素质与城市文明程度同步提升，构建共商、共治、共建、共享的社会治理格局，推动社会治理能力更加成熟，提升社会治理体系和治理能力的现代化水平。

4. 教民有方，化民成俗，内化施行德政

冯梦龙在《智囊》中，选编了一些圣贤之人的用人智慧，以评点的形式阐明自己的法治观，认为法治的关键首先在于吏治，而吏治的关键在于人才；而要考核和激励官员，一定要多方接触，实际考察，光看考评的评语有可能"毁誉失真"。其次，执政执法要宽猛调和相济，"宽以济猛，猛以济宽"，两者相才能政事和谐。最后，对于成文法要倚重，但更要重视执法者的主观能动性。

所以，冯梦龙在寿宁施政，首先就是推行善政，重视教化。冯梦龙对寿宁县的教育十分重视，他认为，"礼者，禁将然之前；而法者，禁于已然之后"②，若推行德政和教化，可以让民众自己约束自己的言行，把不好的事情扼杀在萌芽状态。所以他不但靠行政强制力推行善政，而且"立月课"，"颁《四书指月》亲为讲解"，以期重塑人内心的道德伦理、感情礼仪，移风易俗。

《寿宁待志》记载，当地文风不振，百姓争勇好斗，不知法律，聚众械斗事件时有发生。为此，冯梦龙根据当地"岭峻溪深，民贫俗俭"

---

① 魏同贤. 冯梦龙全集·智囊［M］. 南京：凤凰出版社，2007：77.
② 转引自刘兆伟. 论语［M］. 北京：人民教育出版社，2015：267.

的特点，提出"险其走集，可使无寇；宽其赋役，可使无饥；省其谳牍，可使无讼"的施政纲领，采取了源头预防、移风易俗、官批民调、民间自治、兴学立教等多种措施加以教化。在《寿宁待志》的《劝诫》篇中，冯梦龙开宗明义提出"磨世砥俗，必彰劝诫"，增设旌善亭、申明亭等，极力彰扬忠孝节义，同时训诫恶棍霸徒，从正、反两方面对民众加以示范和警示。《寿宁待志》的《风俗》篇中介绍了因地制宜借用"结义解纷"方法化解怨情、债务等纠纷的方法，充分体现了他的教化防讼、化事息讼、明察听讼、量情决讼等理念。

寿宁县山险水陕，闭塞落后。针对文风不振、学宫久圮的现象，冯梦龙"首尚文学"，把教育作为首要大事，带头捐俸禄"重建学门"，整修学宫，颁发书籍，亲自授课，勉励年轻学子通过读书改变自己的命运，"士欣欣渐有进取之志"；他还提倡、传播儒家无讼思想，从道德教化上消除民间纠纷隐患，化解社会矛盾。

冯梦龙特别注重劝化世道人心，针对寿宁当地广泛存在的典妻、卖妻、溺女、弃女现象，他发布《禁溺女告示》，用明白晓畅的语言、促膝谈心的口吻，明确重责弃女者，奖励抱养女婴者，使此风顿息。对民众普遍"信巫不信医，每病必召巫师迎神"的陋俗，冯梦龙"示禁且捐俸施药"，慢慢改变了大家的认知和习惯。

建设现代化强市从根本上而言是实现人的现代化。人文素质强则城市实力强，人文素质弱则城市实力弱。文化的本质是人化，以文化人、以文育人是文化建设的目的，传承江南文化促进人文素养提升，是现代化强市建设的重要任务。在这方面，冯梦龙在寿宁的教化工作就做得很好，他"三言"的"导愚"、"适俗"和"习之而不厌，传之而可久"，目标都在于提升人的素质。为此，要挖掘好、阐释好、传承好、利用好冯梦龙文化的正能量，将其融入培育和践行社会主义核心价值观的新时代文明实践中，促进公民思想道德素质大力提升，以建设更高水平的人文之城，谱写现代化强市建设的辉煌篇章。

5. 因地制宜，依托优势，优化营商环境

苏州自古能吸引外商，除了大运河的便利、物产的丰饶，还与政府亲商的政策环境密切相关。正是这种对商贸经济的开放包容姿态，使苏州在丝绸、棉布、印染、纸张、书刊刻印、铜铁器等多种行业引领全国，甚至酒类、油类、酱园等副食品加工业也独树一帜。也是这种亲商做法，苏州才能在今天有那么大的经济发展成就。充分彰显江南文化对现代化强市建设的经济价值，建设更高水平的创新之城，是苏州打造江南文化品牌和重塑江南文化核心地位的战略举措。江南文化无论从萌芽形成到繁荣兴盛，都与经济发展密切相关。江南文化犹如精美的双面绣，一面是经济昌盛，一面是文化繁荣。苏州建设现代化强市具有得天独厚的江南经济基础和冯梦龙文化等江南文化基因，必须大力推动传统文化与现代产业的融合发展，围绕江南文化品牌的塑造，结合苏州实际，制定产业文化化和文化产业化双循环发展规划，加大政策扶持力度，促进产业文化化和文化产业化良性互动、集聚发展，提升冯梦龙等特色文化品牌影响力，推动先进制造业和现代服务业在江南文化浸润中更具深度、厚度和亮度。

（乐建新，苏州智汇旅游规划设计研究院副院长、苏州市冯梦龙研究会理事）

论李贽思想对冯梦龙人生之影响

何晓畅

李贽比冯梦龙大47岁,李贽去世时,冯梦龙已经28岁了。从年龄上讲,李贽可以算得上是冯梦龙的爷爷辈,这么大的年龄差,他们之间会有联系吗?根据各类史料记载,笔者就李贽思想对于冯梦龙人生的影响作出以下研究。

一、冯梦龙年少期间的所做所想传承了李贽思想

明万历二年(1574),冯梦龙出身于理学名家,他从小受到了很好的文化教育,好读书,而且酷嗜经学。童年和青年时代,他把主要精力放在诵读经史以应科举上,并在青年时期高中秀才,但长期没有考中举人。

冯梦龙少年时期即有才情,曾与文震孟、姚希孟、钱谦益等结社作文。在嘉定侯氏西堂读书时,与侯峒曾兄弟及其他名士,卷帙过从,文章往还。但他自早年进学之后,屡考科举不中,久困诸生间,落魄奔走,曾以坐馆教书为生。根据史料和文献记载,李贽于万历九年(1581)以后专心研学,人气逐渐飙升,万历十四年(1586)名气开始传播于湖广,万历十六年至十八年(1588—1590)间,梅国桢、刘东星、"公安三袁"(袁宏道、袁宗道、袁中道)见证了李贽思想的发展与影响,而当时的麻城(今湖北省黄冈市麻城市)有梅国桢、耿定向、周思久、丘长孺,武昌有熊廷弼,他们都与李贽有接触,这些人在当时与后来都也跟冯梦龙有所接触。

冯梦龙非常崇拜李贽这位思想家、文学家,据明人许自昌《樗斋

漫录》记载，冯梦龙"酷痴李氏之学，奉为蓍蔡，见而爱之"①，我们不能确定冯梦龙在年少时期是否现场听过李贽的教导，但从冯梦龙的作品里看，第一，冯梦龙在文学上主张"情真；第二，他更强调文学作品的通俗性；第三，冯梦龙主张文学需有教化作用，这无疑是对李贽思想的传承与创新。

二、李贽的个性解放思想对冯梦龙产生深刻影响

李贽批判封建礼教和传统观念的束缚，提倡个性的自由和解放，主张人的价值和尊严应该得到尊重。这种思想在冯梦龙的作品中也得到了充分的体现。李贽看到了是非观念的虚假性和欺骗性，只有冲破这种是非观的束缚，才能追求真实的"是"。冯梦龙在《广笑府》序中表达了对孔子的批判，这种批判精神与李贽的思想是一致的。李贽坚决反对以孔子的言论作为判断是非的标准，他认为被历代统治阶级奉为经典的六经、《论语》、《孟子》并非万世之至论，而是道学之口实，假人之渊薮。冯梦龙的作品强调个体的情感和意愿，注重人物的性格和心理描写，通过揭示人物内心的矛盾和挣扎，展现个性解放的主题。

三、李贽的政治思想对冯梦龙的影响

李贽是明代官僚制度的倡导者和实践者，他强调官员应该具备一定的才干和道德品质，以便为国家和社会做贡献，李贽在《焚书》卷二《书晋川翁寿卷后》中提出一个问题："今天下多事如此，将何以辅佐圣上，择才图治？"②他认为，官僚制度导致了社会的不公和道德的沦丧，而个体自由则是实现社会公正和个人价值的关键，政治应该服务于人民，他在《续焚书》卷二《西征奏议后语》中说："盖天下之平久矣，今者非但所用非所养，所养非所用已也。自嘉、隆以来，余目击留

---

① 麻城市文化研究中心.文化麻城[M].武汉：湖北科学技术出版社，2022：118.
② 李贽.焚书·续焚书[M].长沙：岳麓书社，1990：73.

都之变矣,继又闻有闽海之变,继又闻有钱塘兵民之变,以及郧阳之变矣……非但西夏足忧也。"① 李贽主张以人民的福祉和国家的富强为政治的最高原则,这种思想在当时社会引起了强烈的反响,也为后来的思想家和文学家提供了重要的思想资源。受到李贽这种政治思想影响的冯梦龙,在《警世通言》中描写了许多官员的形象,并通过这些官员形象反映了李贽的一些政治思想。

四、李贽的妇女观对冯梦龙的影响

李贽的妇女观在当时是比较激进的,他提倡男女平等,主张婚姻自由,肯定女子的才能。李贽认为,男女双方的选择应该是双向而不是单向的。这种思想也在冯梦龙的作品中得到了体现。比如,在冯梦龙编纂的《情史》中,收录了许多关于女性情感和才华的故事,表现出对女性的尊重和赞美;在《警世通言》的《王娇鸾百年长恨》中,借王娇鸾的故事表达了对封建礼教束缚下妇女悲惨命运的同情和对封建婚姻制度的控诉;在《小夫人金钱赠年少》中,借小夫人与张员外的婚姻故事表达了对封建礼教的抨击,又借小夫人与张胜的故事表达了妇女对爱情追求的赞扬。冯梦龙的这些作品从不同角度表现了其男女平等、重视女子才智等进步思想,这些思想在很大程度上也受到了李贽男女平等、反对封建礼教束缚等思想的启示和影响。

五、李贽的文学思想对冯梦龙的影响

李贽主张文学应该具有独立的审美价值,反对文学为政治服务。冯梦龙的《喻世明言》《警世通言》《醒世恒言》等作品,也充满了对社会现实的批判和对人性的探索。

李贽强调个性解放,冯梦龙在《杜十娘怒沉百宝箱》中讲述了杜十娘不顾封建礼教束缚,追求真爱,反遭李甲辜负而沉箱投江的故事。

---

① 李贽. 焚书·续焚书[M]. 长沙:岳麓书社,1990:349-350.

这则故事体现了杜十娘作为女子对封建道德的反抗，这正是李贽个人解放思想在冯梦龙作品中的具体体现。

李贽主张"童心说"，也就是文学应该反映真实的内心世界。冯梦龙的作品注重情节的曲折和人物形象的塑造，通过描写真实的生活场景和人物情感，展现文学的艺术魅力和感染力。冯梦龙在《卖油郎独占花魁》中讲述了卖油郎秦重爱慕因"靖康之难"沦落青楼的"花魁娘子"莘瑶琴，花费重金却不肯轻薄喝醉的莘瑶琴，并在莘瑶琴受欺凌时予以保护，最终以诚意打动莘瑶琴，莘瑶琴用积攒的钱财赎身嫁给秦重并认出油店内的父母的故事。这则故事真实地反映了普通人的生活和情感。

六、冯梦龙在麻城"真实"地感触李贽思想

李贽前后在麻城生活十余年，平生大部分著作都是在麻城完成的。文章开头讲到麻城有梅国桢、耿定向、周思久、丘长孺等官吏与大儒，他们均与李贽有交集，在李贽作品中提到的麻城人就有 49 个。用现在的话来说，麻城是李贽的第二故乡。李贽当时在麻城文学思想圈的影响很大。

根据梅之焕《叙〈麟经指月〉》，梦龙黄州之行，"田公子"实为东道主，"而冯生赴田公子约，惠来敝邑"。冯梦龙是被田生芝邀请而来，田生芝当时正在家乡攻读经书。而冯梦龙到麻城是由家乡吴县县令陈无异（麻城人）及熊廷弼推荐的，"乃吾友陈无异令吴，独津津推毂冯生犹龙也。"[①] 梅、李、田诸家与熊廷弼为"莫逆"之交。后梅之焕还为冯梦龙的《麟经指月》和《智囊补》作序。

李贽于明万历三十年（1602）去世，冯梦龙于万历四十七年（1619）到麻城，在此期间，李贽的友人梅之焕、丘长孺、梅之煐、"公安三袁"等均与冯梦龙有交集，他们在麻城给冯梦龙架起了"真

---

① 王凌. 畸人·情种·七品官：冯梦龙探幽 [M]. 福州：海峡文艺出版社，1992：126.

实"地感触李贽思想的桥梁,为冯梦龙思想的升华和社会交流提供了一个广阔的平台,这对冯梦龙胸襟的开阔、眼界的提升都是十分有益的。如果说之前冯梦龙没有接触到李贽其人与思想,那么在麻城他是真正地感触到了李贽的思想,并在今后的创作中传承和发扬了李贽思想。

结　论

当然由于历史条件和阶级的局限,冯梦龙对世俗生活的关注及通俗文学的价值认识较之于李贽尚显肤浅,他没有提出相应的具有自己时代特点的主张。然而就思想内涵的发展历史看,二者的创作思想和价值取向仍然给后人的小说创作提供了一种思想的借鉴和引导。因此,从某种意义上来说,冯梦龙的通俗文学创作正是继承了李贽的思想精髓才得以推广并最终推动了小说向世俗、平易、亲切的方向演进。

(何晓畅,明史文化研究学者、湖北省作家协会会员)

从"第二个结合"看当代"人民至上"思想对冯梦龙"一念为民"思想的继承与发展

卢彩娱

习近平总书记在主持中央政治局第十三次集体学习时指出,培育和践行社会主义核心价值观必须立足中华优秀传统文化。习近平总书记的重要论述,为我们深刻理解和把握"第二个结合"的重大意义,不断谱写马克思主义中国化时代化新篇章,建设中华民族现代文明提供了科学指引。

习近平总书记曾数次提及明代文豪冯梦龙及其精神。2000年7月,时任福建省委副书记、省长的习近平同志在接受《中华儿女》杂志采访时说:"封建社会的官吏还讲究'为官一任,造福一方',我们共产党人不干点对人民有益的事情,说得过去吗?"[①] 2014年,习近平总书记在有关会议上高度肯定冯梦龙在寿宁任上的措施,更把他与包拯、郑板桥、陶渊明等文人治县典范并提,给予高度评价,要求共产党人以古鉴今、以史为镜。冯梦龙"一念为民"的理念和实践,蕴含着丰富的勤廉思想和当代价值。从"一念为民"到"人民至上",中国共产党把先贤的治国智慧,创新发展为我们党的根本执政思想,"人民至上"成为"一念为民"的现代诠释和成功实践。本文就"一念为民""人民至上"的前提条件、核心内容、实现路径、根本保障等方面的传承与发展进行阐述。

---

① 中共宁德市委宣传部,宁德市文学艺术联合会.宁德文丛·散文卷[M].福州:海峡文艺出版社,2021:204.

一、体察民情是"一念为民""人民至上"的前提条件

察县情、知民情是解决问题的关键。冯梦龙在任期间,并不满足于坐堂问政理事,一到任上,他便不顾年老体迈,经常微服私访。他走遍全县,深入各图、甲实地调查,掌握第一手资料,《寿宁待志》中常可见到"父老云""当问之老农耳"的字句。冯梦龙奔走于村野乡间,全面真实地掌握了全县"土田""户口""升科""赋税""物产""里役"等方面的具体情况,并以此制定治县良策。举凡农耕、兵戎、神事、风土、民情,他都做过深入调查,并在调查研究的基础上,亲自写下了耕田、治水、施肥、育种的方法。

到任伊始,冯梦龙认真听取老县吏叶际高、教谕田有余、训导吕元英、典史柴达可等的介绍,详细了解前几任知县的做法,汲取他们的好经验,并执笔记录他们的优秀事迹。他翻阅旧卷宗,了解过往的案子,这都为他日后工作的顺利开展提供了前提条件。

习近平总书记在福建宁德工作期间,多次讲述冯梦龙在寿宁为官的故事,认为古时候的贤明县官尚且有击鼓升堂、为民申冤的,我们不应该"成天忙于开会"。时任宁德地委副书记、行署专员的陈增光在接受记者采访时回忆说,他给我的第一印象,不是一个坐在办公室里听汇报的领导,而是向基层要真相、要思路、要答案的务实领导。他来报到后几天,在地委、行署班子及老同志见面会上做了一个讲话。他说:我很高兴也很荣幸能到闽东老区来工作,为老区人民奉献自己的一份力量。我到这里毕竟人生地不熟,还是要靠大家充分献策,你们提出的合理意见,我一定会采纳,也一定竭尽所能,在任期内为闽东多做一些事情。他的讲话很简短,也很朴实,一下子拉近了和大家的距离。

在听完干部的建议后,他说,我会把大家的意见记在心上,尽力而为,努力创造条件逐步来实现。然后他对我们地委行署的几位同志讲,要把老同志的建议和干部群众的问题放在心上,走出办公室,到基层去

寻找思路，到基层去寻找答案。

习近平同志一到宁德就下基层调研，一去就是一个月。陈增光回忆说，习近平同志走基层有几个特点。第一，到每个县调研，肯定都要先听各县班子的工作汇报，但他不提倡念稿子。他对县里的同志说："你们不要念稿子，了解多少就说多少，记住多少就讲多少，你念稿子上的东西我还很难一下子记住，不如咱们这样脱稿交流效果好。你们放心讲，讲不下去了可以看一下稿子，讲得下去就讲出来。"他后来跟我讲，这就是考核干部的一种方法，看他的精力有没有用在工作上，如果是自己做的事情，自己肯定讲得出来，不一定要念稿子，如果是别人做的事情而且又是秘书写出来的，他就离不开稿子。第二，他喜欢看县志。他每到一个地方就要调阅当地的县志，他说不看县志就不了解这个县的过去和现在，就难以深入认识县情，光靠我们这样跑了解不够。第三，他注重走访。每到一处，他既走访一些企业，也走访一些村庄和农户，了解群众的生产生活情况，而不仅仅停留于听汇报。他在各个县的讲话也都很简短。①

习近平总书记谈及他的文学情缘时曾这样讲述："记得我在宁德工作时，早上出发，傍晚才能到寿宁。那个地方都是山路，我上山时想起了戚继光的诗，'一年三百六十日，都是横戈马上行'。到了寿宁以后，我要下车但下不来了，被颠得腰肌劳损了，后来让人把我抬下来，第二天才好。冯梦龙去了那么艰苦的地方，一路翻山越岭，据说他当时走了好几个月。"②

到基层去，到一线去，到群众中去，不仅彰显了习近平同志深厚的人民情怀，还蕴含了推动事业发展的方法论。习近平同志大力倡导"行动至上"，经常扑下身子、沉到一线，深入基层和边远地区接访群众、现场办公，协调解决涉及当地发展和人民群众急难愁盼问题，在实

---

① 陈增光. 我与习书记交接在基层 [M]//习近平在宁德. 北京：中共中央党校出版社，2020：1-40.

② 习近平总书记的文学情缘 [J]. 共产党员（河北），2016（32）：55-58.

践中逐渐探索形成"四下基层"的工作方法和工作制度。习近平总书记当年身体力行群众路线，创立并推动"四下基层"制度和方法，在闽东大地留下了骨肉相连的群众路线，留下了艰苦奋斗的工作作风，留下了清正廉明的公仆形象，留下了亲民爱民的执政理念，留下了踏石留印的务实精神。"四下基层"是习近平总书记在宁德工作时大力倡导的工作方法、工作制度，是党的群众路线的实践创新。如今，"四下基层"制度已成为福建广大领导干部的自觉行动。

二、真抓实干是"一念为民""人民至上"的根本路径

"一念为民""人民至上"，都把"实"字放在前面。冯梦龙在《寿宁待志》中说："余生平作事，不求名而求实。"① 冯梦龙是这么说的，也是这么做的。虎暴严重，他就亲自到平溪寻找木匠，制作捕虎器；巫医、巫术害人谋财，他就治巫捐药；民间溺女严重，他就发布《禁溺女告示》，从法规高度加以严禁；城防松懈，他就修隘筑门，上书要求增兵力；蟾溪旱涝无常，百姓深受其苦，他就修东坝；学宫荒废、学子假斯文，他就修学宫、立月课、甄别假童生；市面上出现假银，扰乱市场，他就出台新规，让假银无法现身；有恶霸欺压百姓，弄虚作假，他就巧治恶霸；有悬疑之案无法断判，他就不辞辛苦，微服调查，公正审判……冯梦龙就是这样，针对百姓的真切困难和需求，通过这一系列的实干和实事，赢得了百姓的赞许，赢得了好官循吏的美名。

坚持实事求是、求真务实是新时代党的群众路线思想的基础。习近平总书记在宁夏调研考察时强调，"社会主义是干出来的"。习近平同志在宁德工作期间，总是坚持先调研后决策，发现问题、解决问题，鼓励广大干部要"以干得助"。习近平同志通过对宁德9个县市的实地调研，特别是对一些贫困户和落后企业的走访，根据扶贫对象的实际困

---

① 高洪钧. 冯梦龙集笺注［M］. 天津：天津古籍出版社，2006：67.

难,具体设立扶贫项目,"按照现实困难情况,实事求是,把资金用在刀刃上"①。寿宁县特困乡下党的脱贫问题、古田县食用菌产业发展瓶颈问题、"连家船民"小康问题、福安坦洋村特色茶产业发展问题等,都是在习近平同志的关心下得到解决的。

三、利民富民是"一念为民""人民至上"的核心内容

"治国有常,而利民为本。"冯梦龙总是将百姓的利益放在首位。他深入调查田地特点,虚心请教农民。他关注农业生产的细枝末节,主张防患于未然。在冯梦龙眼里,农耕无小事,他观察到烧草木灰可能导致火灾:"冬月,烧山取灰,故随处有灰厂。或恐伤竹木,扫草叶即于厂内煨之,屡致延烧,不可不戒"②,谆谆教导百姓要多注意野外烧火,不能因此酿成火灾。

冯梦龙一再强调粮食生产是一切经济活动中的头等大事。他在一些文章里,对那些重视耕作,采取有效措施促进农耕的官吏大为赞赏,并屡次阐明自己劝农与悯农的态度。他注重积贮,指出所谓的"天下第一美政"就是将赃罚银等用于购买粮食谷物,以备灾年荒年之用。为了减轻农民负担,他冒着得罪官僚的风险,如实向上级官府条陈"大造黄册"和"迎新送旧"两件最为害民的事,要求进行适当的改革。在任四年,冯梦龙重民力、厚民生、惜民财,兴文立教、矫正陋俗,大力发展经济改善民生,真正为百姓谋福祉。

习近平总书记指出:"中国共产党在中国执政就是要为民造福。"党的十八大以来的脱贫攻坚是在党和国家事业取得历史性成就和发生深刻历史性变革的基础上,为保障贫困群众的生产生活,让人民过上好日子,切实维护、保障、发展、实现贫困群众各项利益而进行的伟大社会

---

① 中央党校采访实录编辑室.习近平在宁德[M].北京:中共中央党校出版社,2020:318.
② 冯梦龙.寿宁待志[M].陈煜奎,校点.福州:福建人民出版社,1983:15.

革命的重要组成部分。以人民利益为中心是党的十八大以来脱贫攻坚的核心内容，脱贫攻坚本质上是在中国共产党的领导下更好地更切实地维护、发展、实现人民利益的历史进程。

四、清正廉洁是"一念为民""人民至上"的根本保障

"老梅标冷趣，我与尔同清。"冯梦龙借老梅的高尚品质，寄托自己清廉为官的志向。在《戴清亭》一诗里，他表达了自己要像梅花一样，不随波逐流，保持高洁的情怀，态度明朗、坚定。他到任后，一是捐俸集资修缮"四知堂"，把它作为官吏廉政警示教育场所，经常带官员到"四知堂"里进行廉洁教育。二是重视清官的榜样教化作用。他认真翻阅寿宁前几任知县的事迹记录，对其中几位知县的事迹进行了表彰，并把他们的名字和事迹一一记录在《寿宁待志》里，知县戴镗、周良翰、方可正等都得到冯梦龙的推崇和称赞。他还给寿宁进士叶朝奏写了祭文，对叶朝奏一生的思想、行为、文章、道德做了简洁的品评。冯梦龙记录这些清官的目的，就是要官员们以他们为榜样，做一个关心民生疾苦的好官。他自己更是身体力行，清正为民。三是以身作则，体恤属下。冯梦龙所在的明朝晚期，贪腐成风，纪纲败坏。他自知人微言轻，无回天之力，要做到人人"不想腐"难于上青天。但他始终坚持自律，以身作则，希望能力所能及地纠正一些腐败现象。冯梦龙在对下属严格要求的同时，又尽关心体恤之责。他及时向上级反映下属的政绩，并为山区小县干部提拔不易而鸣不平。四是捐俸办实事。《寿宁待志》就记录了冯梦龙在重修四城门谯楼、修学宫、除虎、禁溺女、禁巫捐药、种树等较大项目上的捐俸。五是主张改革"迎新送旧"制度，刹住迎新送旧过程中的贪腐现象。六是恢复"旌善亭"与"申明亭"制度，对官员、民众劝诫教化。

"天知、地知、你知、我知"的"四知"是戴镗、冯梦龙自律、自诫的警言，也是现代党员干部履职用权、执法为民的一面镜子。习近平

总书记在讲话中多次强调，党员干部要恪守党的初心，密切联系群众，始终做到心中有党、心中有民、心中有责、心中有戒。党的十八大以来，以习近平同志为核心的党中央从关乎党的生死存亡的高度出发，在全党掀起了一场雷霆万钧的反腐风暴，践行了"党纪国法面前没有例外"的庄严承诺。习近平总书记一直高度重视党员干部的官德修养。2004年任浙江省委书记时，他在《求是》发表《用权讲官德 交往有原则》一文，指出领导干部"既要依法用权，又要以德用权，归根到底用权要讲官德"[①]。他还引用吕本中《官箴》中的"当官之法，唯有三事：曰清、曰慎、曰勤"，并加以阐释：一要"清"，公正廉洁，两袖清风；二要"慎"，周密考虑，谨言慎行；三要"勤"，勤奋好学，刻苦上进。并提出好干部的五条标准：信念坚定、为民服务、勤政务实、敢于担当、清正廉洁，可以说是对"清、慎、勤"的现代解读。

正如习近平总书记指出的，"江山就是人民，人民就是江山"，坚持"人民至上"的发展理念，是对"一念为民""民为邦本"思想的继承和超越。坚持"人民至上"，依靠人民，造福人民，同人民站在一起、想在一起、干在一起，中国共产党就能带领人民在民族复兴的新征程上创造新的历史伟业。

（卢彩娱，福建省寿宁县教师进修学校高级教师、福建省作家协会会员、寿宁县冯梦龙研究会会长）

---

① 习近平. 用权讲官德 交往有原则 [J]. 求是, 2004 (19)：36-38.

浅谈冯梦龙治理文化的传承与发展

郑万江

明朝崇祯七年至十一年（1634—1638），冯梦龙担任福建寿宁知县。任职期间，他打造了一个百姓安居乐业的寿宁，他也因此被视为循吏，得到古今高度评价。本文以冯梦龙著《寿宁待志》为主要研究对象，兼及他的其他著作、文献，就冯梦龙治理文化的历史意涵、当代价值、传承发展，做粗浅探讨。

一、冯梦龙治理文化的历史意涵

著名学者黄寿祺有一首诗："'三言'世上流传遍，万口交称眼识高。四载寿宁留政绩，先生岂独是文豪。"诗指冯梦龙不仅是一代文豪，且是著名循吏，在寿宁留下显著政绩。诚哉斯言！

冯梦龙治理文化既包含治理理念，也包含治理实践。从冯梦龙治理寿宁的核心历史文本《寿宁待志》来看，包括治理"三部曲"。

首先，调查县情。冯梦龙通过广泛深入地调查，用八个字概括寿宁县情："岭峻溪深，民贫俗俭"①。分而述之，有八个方面：一是位置重要，"两省之瓯脱，五界之门户"②；二是地理偏远，"地僻人难到，山多云易生"③；三是交通艰难，"笋舆肩侧过，犹恐碍云根"④；四是山多田少，"凿石为田""计苗为亩"⑤；五是粮食短缺，"诸仓尽废""一

---

① 魏同贤. 冯梦龙全集·寿宁待志 [M]. 南京：凤凰出版社，2007：54.
② 魏同贤. 冯梦龙全集·寿宁待志 [M]. 南京：凤凰出版社，2007：2.
③ 魏同贤. 冯梦龙全集·智囊 [M]. 南京：凤凰出版社，2007：5.
④ 魏同贤. 冯梦龙全集·寿宁待志 [M]. 南京：凤凰出版社，2007：3.
⑤ 魏同贤. 冯梦龙全集·寿宁待志 [M]. 南京：凤凰出版社，2007：8.

空如扫"①；六是百姓贫困，"民穷财尽""民无余欠"②；七是财政困难，"库无余财"③；八是文化落后，"读书者少""科第斩然"④。

其次，提出纲领。根据寿宁的县情特点，冯梦龙提出一个治县纲领："险其走集，可使无寇；宽其赋役，可使无饥；省其谳牍，可使无讼。"⑤ 其中，"险其走集，可使无寇"意为加强防御交通要冲，可使寇盗进不来，相当于现在的平安建设；"宽其赋役，可使无饥"意为宽缓官府征派的赋役，可使老百姓不忍饥挨饿，相当于现在的脱贫攻坚；"省其谳牍，可使无讼"意为简省诉讼文书（用非诉讼方式解决纠纷），可使老百姓不打官司，相当于现在的法治建设。三个层次由低到高，循序渐进，分别包含可行性措施、路径和应实现目标，其中"险""宽""省"是措施，"走集""赋役""谳牍"是路径，"可使"是可行性，"无寇""无饥""无讼"是目标。这一系统纲领涵盖了县域治理三个最重要的方面，落实此纲领，即可实现一县治、百姓安。

再次，努力实施。力使无寇、无饥、无讼。分述如下。

力使无寇。冯梦龙一到任，即发现安全隐患严重。城墙崩塌，"四门荡然，出入不禁"，老虎大白天招摇进城，咬畜伤人；全县三关十六隘，"隘废而出入无讥，兵裁而训练无质"，形同虚设。他采取一系列措施"使无寇"。一是加强县城防备："申请各台蠲俸蠲赎，重立四门谯楼，城之崩塌处悉加修筑"，"又置大鼓一面，设司更一名，于县之门楼。又修复东坝，畜（蓄）水数尺于城内，规模亦似粗备矣"。二是加强边界守备：针对倭寇进犯路线，提出车岭关、绝险关、铁关"三关联络"，"并防院洋"的策略，并制定守卫车岭关的具体方案，以保南路万全。针对关隘地理特点，提出"铳第一，弩次之，虽弓矢亦不

---

① 魏同贤. 冯梦龙全集·寿宁待志 [M]. 南京：凤凰出版社，2007：19.
② 魏同贤. 冯梦龙全集·寿宁待志 [M]. 南京：凤凰出版社，2007：12.
③ 魏同贤. 冯梦龙全集·寿宁待志 [M]. 南京：凤凰出版社，2007：12.
④ 魏同贤. 冯梦龙全集·寿宁待志 [M]. 南京：凤凰出版社，2007：28.
⑤ 魏同贤. 冯梦龙全集·寿宁待志 [M]. 南京：凤凰出版社，2007：54.

逮也。多畜（蓄）硝磺，此最紧着"①。三是加强人员配备：先加强练兵，"立正教师一名，副教师二名，专主训练。月必亲试，严其赏罚"②；再招收兵员，扩充力量。四是祭出维稳实招：捐俸除虎，半年间"连毙三虎，自是绝迹"，还百姓以安宁；亲自捉拿恶霸陈伯进，把最偏远的泗洲桥从"化外之地"变为"化内之地"，纳入有效管辖。

力使无饥。寿宁百姓以务农为本，山高水寒，收获微薄，"一值水旱，外运艰难，立而待毙"。"万历季年以后，海内多事，征解日急"，百姓生活十分凄惨："穷民犹蹙额，五月卖新禾"，"带青砻早稻，垂白鬻孤孙"，外逃十分严重。冯梦龙为"使无饥"，采取了两项措施。一是修仓：先修复县城六个际留仓、预备仓；再修复乡下四个社仓，让老百姓就近输仓、领籴，免除跋涉负担之苦。二是积粮：责令有余粮者纳粮一石，扣减徭差银三钱，又用贮留在县库的赎银充抵徭差银，使得县仓"三年以来，储俱见谷"。

力使无讼。冯梦龙认为"寿讼最简，亦最无情"，争讼现象相当常见，典型者如符丰，"仇视其族，遍讼各台，更名借籍，诬杀陷盗，如鬼如蜮，不可端倪"。为"使无讼"，冯梦龙采取了六个方面的措施。一是教化防讼："立月课，且颁《四书指月》亲为讲解"，向学子们宣扬儒家无讼思想；设立"红黑榜"，把正、反面人物姓名用红、黑颜色分别写到县衙前的旌善亭、申明亭上，以实现道德教化的目的。二是设禁息讼：亲撰《禁溺女告示》，对潜在的溺女者晓之以理、动之以情、治之以法，用语通俗生动，效果立竿见影；寿宁人"俗信巫不信医，每病必召巫师迎神"，屡屡造成社会悲剧，冯梦龙禁巫倡医，捐俸施药，渐转不良风气。三是化事止讼：寿宁有一种独特的民间调解法，两姓之人积怨不断，调解者让乙方之子拜甲方为父，并写下字据，化冤家为亲戚；有债无法偿还者，让儿子拜债主为父，债主将欠条当作礼物之

---

① 魏同贤. 冯梦龙全集·寿宁待志 [M]. 南京：凤凰出版社，2007：2-3.
② 魏同贤. 冯梦龙全集·寿宁待志 [M]. 南京：凤凰出版社，2007：21.

钱赠给义子，债务一笔勾销。"犀溪断牛案"故事的十六个字判词"两牛相争，一死一生。死者同食，生者同耕"反映了冯梦龙高超的解纷智慧与能力，片刻之间化纷争聚讼于笔墨纸砚之上。四是明察听讼：冯梦龙曾断姜廷盛诬陷案，审理中运用辞听、色听、耳听等方法，明察秋毫，审后采取声东击西、秘密出访、实地调查等方法，多方取证，使得真相大白，作恶者得惩、蒙冤者得雪、受害者得救。五是量情决讼：冯梦龙在捉拿严办恶霸陈伯进后，又把其姓名写入申明亭；在重责行凶犯姜廷盛后，又责令其把被他砍成重伤的弟弟领回家疗养，"若不死，许从宽政，否则尔偿"①，充分体现了他灵活断案的智慧。六是轻罪自赎：冯梦龙十分认同前知县蒋诰的公益善举和司法创举："但闻捐钱植松数百于九岭，以蔽行人。笞罪亦许种松自赎。即此可想其人矣！"可以推论，冯梦龙也如此司法，才使得"狴犴中，累年无大辟，未必真刑措也"。

冯梦龙实施"二无"治县纲领取得显著成效。同时代人赞其："有为有守，仁声仁闻；千村棠芾，万姓口碑"（祁彪佳《与冯犹龙》），"百端苦心，政平讼理"（徐燉《寿宁冯父母诗序》），"晋人风度汉循良"（钱谦益《冯二丈犹龙七十寿诗》），"桃李兼栽花雾湿，宓琴流响讼堂清"（文从简《赞冯犹龙》）②。清朝《福宁府志》《寿宁县志》把冯梦龙列为"循吏"，评其："政简刑清，首尚文学，遇民以恩，待士有礼。"总之，冯梦龙治理寿宁的目标是总体实现了。

二、冯梦龙治理文化的当代价值

时光飞逝，390年倏忽而过。党的十八大以来，习近平总书记多次讲述冯梦龙宦寿故事、称赞冯梦龙精神品格、引用冯梦龙名言警句。最具代表性的是，2014年5月9日，习近平总书记在参加河南省兰考县委

---

① 魏同贤. 冯梦龙全集·寿宁待志 [M]. 南京：凤凰出版社，2007：25.
② 高洪钧. 冯梦龙集笺注 [M]. 天津：天津古籍出版社，2006：4，251，9.

常委班子专题民主生活会时,高度评价冯梦龙:明代以《喻世明言》《警世通言》《醒世恒言》传之后世的文学家冯梦龙,科举之路十分坎坷,57岁才补为贡生,61岁才担任福建寿宁知县。① 他减轻徭役、改革吏治、明断讼案、革除弊习、整顿学风、兴利除害,打造了一个百姓安居乐业的寿宁,当时的记载是:牢房时时尽空,不烦狱卒报平安也。可见,习近平总书记肯定冯梦龙,主要着眼于冯梦龙的治理文化。本文通过探讨冯梦龙治理文化与习近平谈治国理政之间的若干关系,揭示冯梦龙治理文化的当代价值。

冯梦龙治县理念、实践与习近平总书记治国理政理念、实践,有相通、相似、相契合之处。习近平任宁德市委书记时,曾在宁德全市地方志工作会议上的讲话中指出,冯梦龙在《寿宁待志》中精辟地指出了志书的资治功用。资治,即资助修治、资于治道。习近平总书记多次称赞冯梦龙,主要目的在于资治,即服务治国理政。资治,是习近平和冯梦龙的理念交会点。

习近平总书记用冯梦龙故事教育党员干部。他多次在讲述冯梦龙故事后发问:"封建社会的官吏还讲究'为官一任,造福一方',我们共产党人不干点对人民有益的事情,说得过去吗?""难道我们共产党人还不如封建时代的一个官员吗?""共产党的领导干部难道不应超过封建时代的地方官吗?"在《习近平总书记的扶贫情结》一书中,习近平在谈到冯梦龙时明确指出:"我们要学习这种精神,为官都想当舒服官,那还不如封建时代的士大夫呢。"立足新时代,超越封建社会旧时代,这是习近平总书记提倡党员干部学习冯梦龙精神的政治原点与基本导向。

习近平总书记用冯梦龙名言强调法治建设。2015年2月,他在中央党校省部级主要领导干部研讨班上的讲话中引用《警世通言》名言:"人心似铁,官法如炉。"意思是,法治之下任何人都不能心存侥幸,

---

① 魏同贤. 冯梦龙全集·冯梦龙年谱[M]. 南京:凤凰出版社,2017:38,42.

都不能指望法外开恩，没有免罪的"丹书铁券"，也没有"铁帽子王"。由此发出全面推进依法治国、全面从严治党的新时代最强音。

　　这里就冯梦龙治理文化与习近平总书记治国理政的相通、相似、相契合之处，试举几例。关于平安、脱贫、法治，冯梦龙提倡"使无寇"，习近平总书记强调建设更高水平的平安中国；冯梦龙提倡"使无饥"，习近平总书记提出打赢脱贫攻坚战；冯梦龙提倡使无讼，习近平总书记提出全面推进依法治国。兹举无讼与法治进行浅析。据《习近平在宁德》一书记载，20 世纪 80 年代末习近平在寿宁调研时说：冯梦龙还创立了"无讼"的理念，提倡把矛盾解决在基层，这样到了一定程度就没有人来申诉了，也就是"无讼"。2019 年，习近平总书记在中央政法工作会议上的讲话中强调：坚持把非诉讼纠纷解决机制挺在前面，从源头上减少诉讼增量。这与冯梦龙"省其谳牍，可使无讼"的理念十分地契合、相似。2021 年，习近平总书记在《求是》杂志发表的文章中指出：天下无讼、以和为贵的价值追求彰显了中华优秀传统法律文化的智慧。可见，习近平总书记肯定传统无讼理念所蕴含的当代价值。同时，冯梦龙致力明断讼案；习近平总书记强调努力让人民群众在每一个司法案件中感受到公平正义。这说明二者在法治理念上也有相通之处。

　　关于为民、务实、清廉。冯梦龙在寿宁有名言，"一念为民之心，惟天可鉴""余生平作事，不求名而求实""老梅标冷趣，我与尔同清"；习近平总书记在党的群众路线教育实践活动中强调"为民、务实、清廉"。古今表述不同，基本内涵相近。

　　关于全面从严治党。冯梦龙致力改革吏治；习近平总书记提出全面从严治党，落实"三严三实"。冯梦龙条陈十三款，针对当时的政事弊端提出改革意见，包括反对官员就任离任迎来送往、改革与赋税紧密相关的户籍登记制度、大力减轻百姓负担；习近平总书记提出全面深化改革，落实中央八项规定、反对"四风"。这些理念、实践都可谓古今相通。

以上理念、实践，古今对照，政治高度、具体内涵显然不尽相同，但二者在精神实质上是相通、相近、相契合的。可以说从某种程度上，冯梦龙的思想理念、精神品格及治县实践，为习近平总书记治国理政提供了有益的养分；习近平总书记对冯梦龙的多次赞扬，提升了人们对冯梦龙治理文化的深刻认识。2014 年，冯梦龙被列入寿宁三张传统文化名片（冯梦龙、古廊桥、北路戏）之一；2017 年，冯梦龙被列入福建三大法治文化名人（朱熹、冯梦龙、宋慈）之一、福建六大历史文化名人（朱熹、冯梦龙、郑成功、林则徐、严复、陈嘉庚）之一。包含治理文化在内的冯梦龙文化已然成为中华优秀传统文化的有机组成部分，具有无可置疑的当代价值。

三、冯梦龙治理文化的传承发展

当下如何传承发展冯梦龙治理文化？此处立足福建宁德，提出若干意见，期待批评讨论。

首先，传承发展冯梦龙治理文化是三个"必然要求"的结果。

一是贯彻落实"第二个结合"的必然要求。2021 年，习近平总书记在庆祝中国共产党成立一百周年大会上的讲话中第一次提出"第二个结合"。党的二十大报告明确指出："中国共产党人深刻认识到，只有把马克思主义基本原理同中国具体实际相结合、同中华优秀传统文化相结合，坚持运用辩证唯物主义和历史唯物主义，才能正确回答时代和实践提出的重大问题，才能始终保持马克思主义的蓬勃生机和旺盛活力。"冯梦龙文化是中华优秀传统文化的有机组成部分，传承发展冯梦龙治理文化就是贯彻落实习近平文化思想和"第二个结合"、坚持走中国特色社会主义道路的必然要求。

二是贯彻福建省委、省政府精神的必然要求。2017 年，福建省委办公厅、省政府办公厅印发《福建省优秀传统文化传承发展工程实施方案》，文件强调：深入挖掘朱熹、冯梦龙、郑成功、林则徐、严复、陈嘉庚等历史名人文化资源，支持举办纪念名人、传承名人精神的座谈会、研讨会、展览会，大力宣传弘扬历代名人的先进事迹和精神理念，不断提升福建名人文化品牌的知名度和影响力。冯梦龙是福建流寓文化的重要代表人物，传承发展冯梦龙治理文化是传承发展福建优秀传统文化的必然要求。

三是传播闽东之光的必然要求。习近平在《摆脱贫困》一书中开创性地提出"闽东之光"概念，指出闽东的灿烂文化传统就是一种光彩，认识到自身的光彩，才有自信心、自尊心，才有蓬勃奋进的动力，如果我们充分认识了闽东之光，并把闽东之光传播开去，使更多的人——外地区，外省、市的朋友，海外的朋友，也对闽东之光有所了解，大家就会向往闽东，热爱闽东，把心血汗水浇灌在闽东。这一论断是文化自信的重要理论源头，也是闽东文化建设的根本遵循，为过去、现在、将来的闽东文化建设指明了正确方向。冯梦龙文化是闽东之光的重要组成部分，传承发展冯梦龙治理文化是新时代传播闽东之光的必然要求。

其次，传承发展冯梦龙治理文化需要把握"两个坚持"。

一是坚持创造性转化、创新性发展。党的二十大报告强调要"坚持创造性转化、创新性发展，以社会主义核心价值观为引领，发展社会主义先进文化，弘扬革命文化，传承中华优秀传统文化"。创造性转化、创新性发展是传承中华优秀传统文化的根本原则，就是要对传统文化取其精华、弃其糟粕，并为之灌注新时代的精、气、神，使之"活"起来，为当下服务，为人民服务。冯梦龙治理文化中有一些落后的东西，如忠君思想、风水信仰，需要理性辩证地看待、批判；但精华是主要的，要大力传承发扬其精华部分，使之生动地融入中国特色社会主义文化。

二是坚持因地制宜、结合实际。传承中华优秀传统文化需要因时制宜、因地制宜，古为今用，为我所用。以闽东历史文化名人为例，蕉城可传承发展黄鞠文化、戚继光文化，福安可传承发展薛令之文化、谢翱文化，古田可传承发展朱熹文化、陈靖姑文化，寿宁可传承发展冯梦龙文化、黄槐文化，屏南可传承发展甘国宝文化，柘荣可传承发展游朴文化，等等。就传承发展冯梦龙治理文化而言，这是一个内涵丰富、外延广阔的概念，纪检监察部门可以传承发展冯梦龙廉政文化，政法部门可以传承发展冯梦龙法治文化，教育部门可以传承发展冯梦龙教育文化，立足实际，各取所需，不断深入挖掘、继承、创新其具体内容。

总之，冯梦龙治理文化是中华优秀传统文化宝库中的一颗宝珠。当前，传承发展冯梦龙治理文化正当其时，我们要坚持创造性转化、创新性发展，使之成为中国特色社会主义文化的有机组成部分，并在全面建设社会主义现代化国家中发挥出应有作用。

（郑万江，福建省寿宁县人民法院法官）

文学巨擘　廉政楷模
——纪念冯梦龙诞生450周年

许金龙

明万历二年（1574），冯梦龙出生于南直隶苏州府长洲县理学名家。他从小受到很好的文化教育，年轻时酷嗜经学，才华横溢，童年和青年时代把主要精力放在诵读经史以应科举上。虽在青年时期高中秀才，但长期没有考中举人。

万历二十四年（1596）开始，冯梦龙利用与都市底层人民接触之机，广泛搜集民歌、民谣、谜语、民间故事等民间文学作品，走上了文学创作之路。他热衷于小说、笔记小品、散曲、诗歌、戏曲、民歌、笑话等多种通俗文学和史志、史传、史论及史评的创作、搜集、整理、编辑，为中国文学作出了独特的贡献。冯梦龙一生创作了近3 000万字的小说、戏曲，其"三言"堪称脍炙人口的杰作，是中国白话短篇小说的杰出代表，冯梦龙被誉为"中国古代白话小说先驱""中国通俗文学之父"。2015年，我国发行《中国古代文学家》纪念邮票，第二枚即为冯梦龙。

山水镇江，文脉悠长。历朝历代都在镇江城内的寿邱山上建书院。明嘉靖四年（1525），寿邱山上曾建有一座规制齐全的文庙，是当时镇江最著名的孔门圣殿。此后数百年，这里也是县学所在地，终日书声琅琅，成为封建时代镇江培育士子的重要基地。

明崇祯三年（1630），冯梦龙入国子监为贡生。但他这个贡生不能做县令，只能当吏员，遂以岁贡去了丹徒（今镇江）县学做训导，开启官宦生活。按照明代体制，县儒学是县级教育的最高机关，设教谕一人，训导二人，训导协助教谕工作，共同负责教育生员。冯梦龙在丹徒县学训导任内曾劝县令石景云为民落实升科不实之事，还编撰过《四书指月》。丹徒县儒学训导相当于现代的县教育局局长职务，但是这位"局长"并不是一本正经的儒学先生，而是一位难能可贵的多产作家。

丹徒县学紧邻清风桥（习称范公桥），与梦溪园隔关河相望。从县学码头乘船过清风桥，经古运河回长洲十分方便。可是镇江的山山水水、风土人情深深地吸引着冯梦龙这位文学巨匠，所以他很少回乡。同年，冯梦龙与里居在家乡丹徒的阮大铖同登北固楼甘露寺，欣赏万里长江的壮丽景色，感受北固山文化，更加钟情于古城镇江。

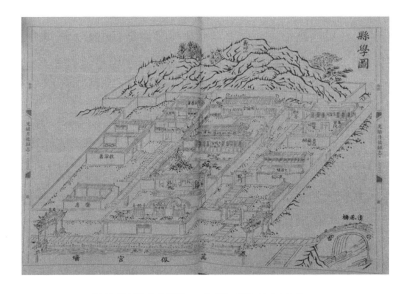

丹徒县学鸟瞰图（光绪《丹徒县志》）

冯梦龙在寿邱山下生活的 5 年正是他编写、修订、刊刻"三言"的时期，也是他一生创作的高峰期。他把镇江的风土人情、经济文化、语言习俗、故事传说，生动传神地写进了"三言"的故事中，成就了很多篇当时的流行小说。著名的《白蛇传》之"水漫金山寺"故事，最早即见于他所编写的短篇小说集《警世通言》第二十八卷《白娘子永镇雷峰塔》，故事里留下了不少与镇江有关的地名、民俗等历史文化资料。冯梦龙把金山寺、法海、五条街编入其中,还增加了"卖豆腐""开药店"等情节,加深了"白蛇传"与镇江的渊源关系;他给民间传说中的主人公起了人名,使得长期流传在镇江的《白蛇传》故事变得有血有肉,最终定型。镇江能够成为民间故事《白蛇传》传说的发源地,冯梦龙的这篇小说功不可没。"三言"中的《蒋兴哥重会珍珠衫》《杨谦之客舫遇侠僧》《王安石三难苏学士》等篇均述及镇江,可见他对镇江印象之深、感情之厚。冯梦龙留给镇江的不仅有当今中国四大民间故事传说之一的"水漫金山寺",还有镇江丰富的地方历史文化。他在镇江不仅编撰了"三言",还编撰了长篇历史演义小说《新列国志》及《智囊全集》等。

冯梦龙在镇江虽是微末小吏,但在当时已是一位名人。因此,光绪《丹徒县志》卷十九《学校》记载:"崇祯五年壬申(1630),知县张文光从训导冯梦龙等议……迁尊经阁移置敬一亭。"① 他在镇江任职四年,得到了恩师祁彪佳的赏识,这位上司遂向皇上举荐冯梦龙。但是此时的冯梦龙已年届六十,而且他既不是举人,更不是进士,硬件条件缺失,于是朝廷决定将冯梦龙派往福建寿宁。

崇祯七年(1634),冯梦龙从丹徒县学训导升任福建寿宁知县。古代,车岭、九岭是福建宁德寿宁县的交通要道,"车岭车上天,九岭爬九年。三日三夜三望洋,三支蜡烛过岩洞。"这首民谣生动描述了旧时进出寿宁之艰难。漫漫古道,幽幽路亭,群山蜿蜒,溪水潺流,这位花甲老者经过几个月的辛苦跋涉,来到寿宁为官。他在四年知县任内本着"一念为民之心","不求名而求实",以及"大事小事,俱用全力;有事无事,俱抱苦心"的态度,努力治理寿宁,留下了千古佳话。

《寿宁待志》城隍篇、学宫篇、虎暴篇记录了冯梦龙在寿宁为黎民百姓兴办的诸多实事,至今深入人心。

冯梦龙常说:"余虽无善政及民,而一念为民之心,惟天可鉴。"

---

① 高洪钧. 冯梦龙集笺注[M]. 天津:天津古籍出版社,2006:290.

他在上任伊始便不顾年迈体弱,翻山越岭,细致观察各地的物产、耕作、建屋乃至墓葬,访贫问苦,了解民情民意,寻求致富之道。他还大力整顿吏治,革除陈腐弊端;大力发展经济,改善民生,推进社会治理,促使稳定和谐;化解社会矛盾,推动民风好转。通过短短几年夙夜在公的艰苦努力,使昔日匪寇猖獗、饥民成群、诉讼纠纷不断的管辖区域,出现了"无寇""无饥""无讼"的"三无"景象,政风民风得到了改善。

冯梦龙在体察民情时,发现寿宁地方财政境况极度穷困,县城连个城门都没有,匪寇如入无人之境,影响到社会安宁和老百姓的正常生活。前几任县令也都曾想过修复城门,可苦于县里缺钱。往上打报告拨款结果如石沉大海,城门还是一直没有修成。冯梦龙到任后,面对寿宁"民无余欠,库无余财"的窘境,决定首要任务是修好城门,但向上级申请款项仍旧无果。于是他就带头捐出自己的薪俸,并发动吏属共同集资办实事,终于凑够了钱款。这样一来不仅修好了城门,还修复了东坝蓄水耕田,改革仓储之弊,使寿宁百姓温饱问题得以解决。针对当地官员收缴辞旧迎新肩舆费和修衙门用少报多坑害百姓的情形,冯梦龙提出"画为定规,自行备办",减轻了百姓负担。

冯梦龙在《智囊》一书中写道:"吏治其最显者,'得情'而天下无冤民,'诘奸'而天下无戮民";"古之良吏,化有事为无事,化大事为小事,祈于为朝廷安民而已";"上不害法,中不废亲,下不伤民"①。面对海寇四起,盐商逃逸,私盐泛滥的现状,冯梦龙广泛征求盐商意见,秉言上书,提出治理良策。他到任后拒收民间礼物,却收下了一位老人送来的一把芹菜、一包糍粑和一包莲子。此礼虽不值钱,却寓意深刻。冯问老人为何要送这三样东西?老人解释道,芹谐音"勤",希望县太爷勤政为民;糍谐音"慈",希望县太爷仁慈为怀;莲谐音"廉",希望县太爷清廉为官。主政期间,冯梦龙始终牢记芹、糍、莲这三样礼

---

① 魏同贤.冯梦龙全集·智囊[M].南京:凤凰出版社,2007:241,77,17.

物,将勤政为民、仁慈为怀、清廉为官的信念铭记于心,时时回味,时时自勉,以勤补缺,以慈辅严,以廉代匮,为老百姓兢兢业业做实事,尽心竭力解难题。

当他了解到寿宁昔日因无城门,老虎直接溜进城来,屡有伤人事件发生,还咬伤过家畜牲口等事后,他决定"捐俸造数具,置虎常游处,各畀二羊,责令居民守视,获一虎赏三金。"① 他还亲自深入民间调查,拜访当地很擅长捕兽的周姓猎户,发现了"阱"的妙用。于是专门请来周猎户制作捕兽陷阱,最终除掉了寿宁的虎患,百姓始得安宁。

肃清了虎患之后,冯梦龙着手解决倭寇入侵。寿宁县东南部为福安和宁德两县,北面为浙江的景宁、泰顺和庆元,"盖两省之瓯脱,五界之门户"②,南部再出去就是大海。嘉靖年间,倭寇曾三次窜犯寿宁县城。冯梦龙在《寿宁待志》中明确指出四道关隘的要害之处,并实地勘察后提出:"守隘之具,铳第一,弩次之,虽弓矢亦不逮也。多畜(蓄)硝磺,此最紧着。"③ 于是冯梦龙部署先修城墙,重立四门谯楼,又置大鼓一面,设司更一名于县之门楼。他还详细了解到寿宁县兵员实存一百名,且只够充当衙役、公差之用,待遇也无法保障。对此,冯梦龙加强了兵员的扩充和日常军事训练,取得了一定效果。从而解决了从嘉靖四十一年(1562)倭寇毁城以来长达72年未解决的问题。

冯梦龙发现寿宁县原先虽设学校,但学宫久已倾圮,读书者甚少。于是他与教谕、训导商量,利用上级下拨的修学专用基金二十八金,又从十分拮据的县财政中拨出二十余金,将原学宫前移、扩大,"堂宇载整,学门重建"④。学宫梁柱缺乏木材,冯梦龙慷慨"捐俸"雇人砍伐大树后运抵县城。学宫建好后,冯梦龙又把自己在镇江当训导时编写的《四书指月》翻印出来,作为教材,且"立月课","亲为讲解",使

---

① 魏同贤. 冯梦龙全集·寿宁待志 [M]. 南京:凤凰出版社,2007:71-72.
② 魏同贤. 冯梦龙全集·寿宁待志 [M]. 南京:凤凰出版社,2007:2.
③ 魏同贤. 冯梦龙全集·寿宁待志 [M]. 南京:凤凰出版社,2007:3.
④ 魏同贤. 冯梦龙全集·寿宁待志 [M]. 南京:凤凰出版社,2007:5.

"士欣欣渐有进取之志。"①

此外,冯梦龙还处理了作为古代县令不一定需要过问的移风易俗问题。他发现当时的寿宁存在重男轻女、溺女婴的恶习,在封建社会根除这种民间恶习绝非易事。但是冯梦龙认为此习事关民生,一定要管。于是乎贴出禁溺女婴的告示,并且情真意切地讲述了一番道理。然后颁布行政、司法措施,各乡定期来县衙汇报情况。规定如有溺婴者,周围人等须当举报,若有隐匿定予追究。从此禁溺女婴成了全县人人皆知的一条规矩。

明崇祯十一年(1638),冯梦龙任期届满,辞别寿宁的父老乡亲,踏上返乡之路。清顺治三年(1646)春,冯梦龙逝世,终年72岁。

"县在翠微处,浮家似锦棚。三峰南入幕,万树北遮城。地僻人难到,山多云易生。老梅标冷趣,我与尔同清。"② 这首《戴清亭》诗是冯梦龙在寿宁知县任上写就的,表达了自己愿与梅花同清白的心境和高洁志向。如今,在寿宁县南阳镇的南山顶上,伫立着一尊老者的塑像,老者左手捋须,右手握卷,脸庞清癯,眉头紧蹙,一副忧国忧民的神态,这就是寿宁百姓心目中的冯梦龙。

冯梦龙在短短四年的为官生涯中,以谋求民生福祉为己任,充满激情,竭尽全力,挺身而出,勇于担当,不辞劳苦,不怕挫折,始终站在风口浪尖之上,经历了各种艰难困苦的磨炼,从容应对化解了各种社会矛盾。业余时间,他坚持写作,带着儿子一起研究儒学,这是他在寿宁为官之外的精神寄托。后人称道他四年的宦寿生涯——"政简刑清,首尚文学,遇民以恩,待士有礼"。

冯梦龙一生的仕途虽然短暂,为官品级也仅仅是训导、知县之类的小官,但他抱着"做一分亦是一分功业,宽一分亦是一分恩惠"的理念,为官一任,造福一方,深受百姓爱戴。

---

① 魏同贤. 冯梦龙全集·寿宁待志 [M]. 南京:凤凰出版社,2007:28.
② 魏同贤. 冯梦龙全集·寿宁待志 [M]. 南京:凤凰出版社,2007:5.

近年来，寿宁县委、县政府高度重视挖掘和弘扬冯梦龙文化，将"冯梦龙"作为文化名片进行打造，冯梦龙在寿宁的纪念地和纪念活动随处可见。三峰公园内建有纪念冯梦龙的"五里亭"，不远处的梦龙书院、冯梦龙纪念馆吸引着游客前来；寿宁县相继成立了冯梦龙文化研究会、冯梦龙文化研习基地；举办了梦龙戏剧展演、梦龙文化讲坛、国学经典诵读展演、"闽东之光·寿宁梦龙"之廊桥开馆仪式暨寿宁旅游推介会等系列活动；由歌唱家阎维文主演的影片《冯梦龙》在县城反复上映。1985年和2014年先后两次举办冯梦龙高峰论坛，分别出版了《冯梦龙在寿宁》《寿宁待志注译》《梅影清风》《冯梦龙治县》《史海探珠——冯梦龙时期寿宁概貌》等书籍；2020年又举办了纪念冯梦龙入闽宦寿386周年活动；摄制了动漫电影《冯梦龙智捉陈伯进》和微电影《断牛案》《冯梦龙智断血案》。通过文学、电影、戏曲、国学诵读等多种艺术形式宣传冯梦龙文化，不断增强优秀传统文化品牌的生命力和影响力，有力推动冯梦龙文化的传承发展。

冯梦龙"心怀百姓爱黎民，主政美名扬寿邑"的从政美德受到了历史学者高度评价。作为封建社会的一位小官，冯梦龙的为官之道在中国大地上留下了浓墨重彩的一笔，他的为政实践对当前的党风廉政建设具有一定的启示作用。他的政德理念对于当今中央倡导的每一个党员干部应该恪守"为官四要"，牢记初心使命，肩负责任担当，保持干事创业的精气神，也具有十分重大的现实意义。

（许金龙，中国民间文艺家协会会员、镇江市作家协会会员）

冯梦龙与白蛇文化

李德柱

明崇祯三年（1630），冯梦龙来到镇江，被丹徒①知县张文光任命为县学训导。县学在今江苏大学梦溪校区内。县学此前是佛门之地，有镇江著名寺庙普照寺（南朝陈初创寺，名慈和，南宋绍兴年间改名普照）、龙华寺，最早曾是南朝宋开国皇帝刘裕用以教育子孙的丹徒宫，丹徒宫是宋武帝刘裕（小名寄奴）微时的宅业。

冯梦龙做了四年丹徒县学训导，对县学周边人文及镇江名胜古迹了如指掌。他从事文学创作，用镇江特有的人文故事训教学子。其中收入《警示通言》的《白娘子永镇雷峰塔》便是训导学子，影响后世的代表作之一。

白娘子是白蛇（白蟒、白龙）化身，据镇江《金山志》记载，唐朝武则天侄孙灵坦法师在金山修行时，遇白蟒吐毒气如烟蕴，人过则亡。武氏就在白龙洞里打坐参禅，用厌胜②之法制服了毒蛇，白蟒就避走了，毒气也没有了。《金山志》又载，唐朝裴头陀在金山修行时，遇到一遍体是伤的白蟒，裴头陀用中草药治愈并将其放生，白蟒东归大海，还调头摆尾以表感谢，宋徽宗宰相张商英有诗赞曰："半间石室安禅地，盖世功名不易磨。白蟒化龙归海去，岩中留下老头陀。"③

蛇分有毒和无毒两类。云南西双版纳民间有美女蛇之说，一是天天

---

① 明清时期的丹徒县隶属镇江府，管辖镇江府主城区及郊区；现丹徒区隶属镇江市，镇江主城区在京口、润州二区，不在丹徒。
② 厌胜又称压胜，《辞海》释义：古代方士的一种巫术，谓能以诅咒制服人或物。"厌"字此处念 yā，通"压"，有倾覆、适合、抑制、堵塞、掩藏、压制的意思。
③ 中国民间文艺研究会研究部. 民间文学论文选［M］. 长沙：湖南人民出版社，1982：178.

捕食野兽和人畜、浑身布满花纹的巨蟒花蛇王，常变成美女，却对女色特别迷恋，听说哪里有美女，它便想法去抢来，藏在洞中；二是被花蛇王抢的龙女，傣语称之"易武"，是一条化成美女的蛇，"易武"善良、与人和谐相处，从无害人之心。冯梦龙在《白娘子永镇雷峰塔》中歌颂老头陀法海，将白娘子视为害人的美女蛇。后来的戏剧《白蛇传》、电视连续剧《新白娘子传奇》则视白娘子是无毒的蛇，法海破坏白娘子与许仙的婚姻，白娘子被镇雷峰塔是封建礼教所致，白娘子"水漫金山"是反封建、保卫自由恋爱的正义行动。

冯梦龙《白娘子永镇雷峰塔》中的许宣，是白娘子的受害者，许在五条街开保和堂，是可能的。五条街是镇江最繁华的地段，谚有"五条街，挤不开"之说，"五条街"坐落在古运河"嘉定桥"旁，沿河东北向是第一楼街，西北向为中街，东南向为网巾桥河边（网巾桥河边南段为梦溪园巷），西南向为南门大街、梳儿巷。"嘉定桥"二旁称之五条街（现为中山东路）。五条街，车水马龙，商店林立，至今仍有清康熙初年所建"唐老一正斋"药店。"保和堂"设在五条街合乎情理。

冯梦龙塑造的法海、雷峰塔形象，皆为镇江元素。金山法海，实为鹤林寺高僧。鹤林寺是镇江名刹，唐朝高僧法海在此修行，法海俗家名张文允，是镇江人氏，《宋高僧传》中有关于他的记载。法海曾写有《坛经》，提到僧龙（蛇）斗法，龙说他可以变大，于是顶天立地，僧说：你能变大，不能变小，于是龙就变小，钻到僧的钵中。僧让龙出来，龙使足力气就是出不来。僧便为龙讲佛，龙终认错。中国佛教禅宗典籍，亦有弟子法海集录、禅宗六祖慧能说的《六祖法宝坛经》。

冯梦龙因镇江元素滋润，将法海移花接木为金山和尚，白娘子（白蛇）成了妖孽，许宣为受蒙蔽者，最后法海将白娘子镇在雷峰塔（钵中），永世不能害人。小说写得鲜活感人，并被后人改编成故事、戏剧、诗歌、漫画、电影，其中《白蛇传》被誉为中国古代四大爱情故事之一。随着时间推移，《白蛇传》被改编成电视连续剧《新白娘子传奇》,此后又被改编成了动画片、影视歌曲等,家喻户晓,人人皆知。

镇江、杭州是《白蛇传》发源地,"白蛇传传说"系中国非物质文化遗产。2013年,镇江与河南鹤壁联合举办"我听到过的《白蛇传》故事、歌谣、谚语征文"并出了专集。2017年,镇江与江苏省民间文艺家协会、中国民间文艺家协会故事委员会举办"白蛇传传说(全国)故事会征稿活动"并推出了优秀作品集,《白蛇传》已成为"白蛇文化"的一个组成部分。人们将冯梦龙的"白蛇文化"视为"白学",与曹雪芹的《红楼梦》"红学"并肩比美。冯梦龙,在镇江的训和导,提升了镇江知名度和美誉度,冯梦龙将永远活在镇江人民心中。

(李德柱,中国民间文艺家协会会员、镇江市历史文化名城研究会会员)

光阴的故事
——大运河与冯梦龙文化

顾雪珺

都说姑苏"上有蝴蝶琉璃瓦,下有翡翠碧流水",穿过乌衣雨巷,踏过青石板路,流水门前,姑苏的水不知道浸润了多少人的一生。

古韵·千年繁华

细数千年,清晨微凉的阳光下,运河的水,不知收藏了多少文人墨客的念想和故事,成为多少隐士贤者的归宿?

运河的水可入诗。姑苏台畔,花开花落,时间回溯到 1 200 多年前,曾见过,在这儿停舟失眠的张继,仅 28 字的诗篇,写出了一首不朽的姑苏咏唱。隋炀帝也曾写过那么一首诗:"我梦江南好,征辽亦偶然。但存颜色在,离别只今年。"《喻世明言》的《新桥市韩五卖春情》中提到:"当时,隋炀帝也宠萧妃之色。要看扬州景,用麻叔度为帅,起天下民夫百万,开汴河一千余里,役死人夫无数。造凤舸龙舟,使宫女牵之,两岸乐声闻于百里。后被宇文化及造反江都,斩炀帝于吴公台下,其国亦倾。有诗为证:千里长河一旦开,亡隋波浪九天来。锦帆未落干戈起,惆怅龙舟更不回。"① 由此可见,隋炀帝时开凿运河,水路已有极大的发展,其沟通南北经济,促进文化交流的目的也实现了。

运河为文学创作提供了无数灵感。在冯梦龙的作品中,运河成为不可取代的存在。《警世通言》中,《杜十娘怒沉百宝箱》的故事就发生在运河之上,李甲与杜微,也就是杜十娘相遇,带着她从潞河坐船,一

---

① 冯梦龙. 喻世明言 [M]. 北京:华文出版社,2019:53.

路南下，来到瓜洲。"李公子同杜十娘行至潞河，舍陆从舟，却好有瓜洲差使船转回之便，讲定船钱，包了舱口。"① 由此可见，运河为冯梦龙小说中故事的推进提供了场所。《醒世恒言》的《刘小官雌雄兄弟》中写到："这镇（指河西务镇）在运河之旁，离北京有二百里田地，乃各省出入京都的要路。舟楫聚泊，如蚂蚁一般，车音马迹，日夜络绎不绝。上有居民数百余家，边河为市，好不富庶。"② 由此可见，河西务镇地位之显要，冯梦龙通过对河西务镇的描写，体现运河给沿路城市带来的繁华异常，百姓富庶。

今风·传承文化

姑苏的古运河，是秋水伊人，月光衣以华裳，她曾繁华潋滟，亦曾沧桑悲凉，真正令她动容的是千古繁华如一梦。如今的运河，春去秋来，唯见流水潺潺，恍如画境，成了多少人的家园！

看得见青山绿水，留得住乡愁。《醒世恒言》的《小水湾天狐诒书》中记载道："那扬州隋时谓之江都，是江淮要冲，南北襟喉之地，往来樯橹如麻。岸上居民稠密，做买做卖的，挨挤不开，真好个繁华去处。"③ 冯梦龙笔下描绘了宋元时期运河岸边的繁华熙攘，以及浓浓的烟火气。而现在的乡村，白叟垂钓河畔，孩童溪流濯足。夏夜，蝉声悠远，月光如水。庭院里，清凉甘甜的井水，瓜果香甜可口，运河为江南水乡滋养了太多的柔情与灵秀。

《喻世明言》的《李公子救蛇获称心》中写道："渡江至润州，迤逦到常州，过苏州，至吴江。是日申牌时分，李元舟中看见吴江风景，不减潇湘图画，心中大喜，令梢公泊舟近长桥之侧。元登岸上桥，来垂虹亭上，凭栏而坐，望太湖晚景。李元观之不足，忽见桥东一带粉墙中有殿堂，不知何所。却值渔翁卷网而来，揖而问之：'桥东粉墙，乃是

---

① 魏同贤. 冯梦龙全集·警世通言 [M]. 南京：凤凰出版社，2007：491.
② 魏同贤. 冯梦龙全集·醒世恒言 [M]. 南京：凤凰出版社，2007：194.
③ 魏同贤. 冯梦龙全集·醒世恒言 [M]. 南京：凤凰出版社，2007：109.

何家？'渔人曰：'此三高士祠。'李元问曰：'三高何人也？'渔人曰：'乃范蠡、张翰、陆龟蒙三个高士。'"① 这反映出苏州景色之美，名人之多，而且，冯梦龙本就出生于苏州吴县长洲县一带。这些名人、风景都是运河文化中浓墨重彩的文化符号，都有着丰富的文化内涵，是当下传承运河文化、冯梦龙文化的优秀资源。

人间草木，万物通灵，寂静山河，悠悠千年。"三言"中有"春为花博士，酒是色媒人"，有"梅标清骨，兰挺幽芳，茶呈雅韵，李谢浓妆"，亦有"时常共饮春浓酒，春浓酒似醉。似醉闲行春色里，闲行春色里相逢"。风流落在青砖黛瓦间，是一种姿态，意为在匆忙的岁月中依旧保持着精致婉约的模样。

冯梦龙是一位勤政爱民、政简刑清的清官廉吏，"兵事以民为本"。冯梦龙的为官生涯都献给了民众，消除匪祸虎患，抵御倭寇，尽最大努力减轻民众负担，解决百姓温饱问题。在当前大运河文化带建设的背景下，冯梦龙作品中的运河文化也需要在继承的基础上进一步地发展，冯梦龙的思想理念可以成为一个非常好的载体，引导大众进一步保护运河，探讨冯梦龙思想理念，弘扬运河文化。

"君到姑苏见，人家尽枕河。古宫闲地少，水港小桥多。"江南的运河，是一条条洁净澄澈的河流，长长地流过整个姑苏，远远看去，青砖黛瓦的房舍被绿水环绕，于淡淡的云雾中，美到无言。这条运河尽管历尽沧桑，却浸润着江南独有的吴侬软语，显得温柔繁华，风雅多情，精致婉约。

展望·绿水青山

千年以后，漫天红霞映照，运河的水，依旧风华绝代、明净澄澈。白衣飘飘的孩子们是否会听外婆说说远去的过往？

天地沙鸥，微如芥子，日往月来，星移斗换，大地经历了无数次的

---

① 冯梦龙. 喻世明言[M]. 北京：华文出版社，2019：430.

更改,沧海无数次变换了桑田,勾勒出人民富裕、国家繁盛的壮美景象。党的十八大提出建设社会主义文化强国,一个国家、一个民族的强盛总是以文化兴盛为支撑的,中华民族伟大复兴需要以中华文化发展繁荣为条件。毋庸置疑,随着时代的高速发展,未来发展有功能性、时代性的运河和景点村落显得十分必要。但是,也需要将尊重自然、敬畏生命置为前提,贯彻人类命运共同体理念,体现人与自然和谐相处的文化精髓。

一越数年,冯梦龙笔下的运河依旧在流淌,人们像保护眼睛一样保护运河,改善生态环境,顺应自然,给运河留下更多修复空间,也给自己留下一个纯净的富有文化气息的美好家园。

(顾雪珺,苏州旅游与财经高等职业技术学校学生)

图书在版编目（CIP）数据

冯梦龙与江南文化／苏州市冯梦龙研究会编.
苏州：苏州大学出版社, 2024.9. -- （冯梦龙与江南文化研究系列丛书）. -- ISBN 978-7-5672-4951-6
Ⅰ．K825.6；K295
中国国家版本馆 CIP 数据核字第 2024G1R151 号

书　　名：	冯梦龙与江南文化
	FENGMENGLONG YU JIANGNAN WENHUA
编　　者：	苏州市冯梦龙研究会
责任编辑：	刘荣珍
装帧设计：	吴　钰
出版发行：	苏州大学出版社（Soochow University Press）
社　　址：	苏州市十梓街 1 号　邮编：215006
印　　刷：	苏州工业园区美柯乐制版印务有限责任公司
网　　址：	http://www.sudapress.com
邮　　箱：	sdcbs@suda.edu.cn
邮购热线：	0512-67480030
销售热线：	0512-67481020
开　　本：	700 mm×1 000 mm　1/16　插页：1　印张：15.25　字数：220 千
版　　次：	2024 年 9 月第 1 版
印　　次：	2024 年 9 月第 1 次印刷
书　　号：	ISBN 978-7-5672-4951-6
定　　价：	86.00 元

凡购本社图书发现印装错误，请与本社联系调换。服务热线：0512-67481020